増補新版

# イスラーム法とは何か?

中田 考

作品社

# 序 「イスラーム法」などというものは存在しない

「イスラーム法」などというものは実のところ幻想にすぎず、どこにも実在しません。と言えば、極論にも聞こえるかもしれません。しかし、イスラーム法とは Islamic law（英）、droit islamique (droit musulman)（仏）、Islamishe Recht（独）など、ヨーロッパ諸語からの翻訳語であり、クルアーンの言語であるアラビア語には、そもそも「イスラーム法」にあたる言葉はありません。

イスラームについてほとんど知識がない日本人でも、イスラームでは豚が食べられない、女性は髪を隠さなければならない、といった話は、たいていどこかで聞いたことがあり、「イスラーム法とはそういうものだ」、という漠然としたイメージをもっているのが普通ではないでしょうか。

❖01　「イスラーム法」とは「イスラーム」と「法」の複合語であり、法という一般概念をイスラームによって限定したもの。→「シャリーア」はそうした複合語ではない。
「シャリーア」→定冠詞「al」を付けて用いられる場合はアッラーから預言者ムハンマドに啓示された教え、すなわちイスラームを指す。
＊事実、現代アラビア語で「法」を意味する言葉は、ギリシャ語に由来するカーヌーン（qānūn）→現代語のカーヌーンは国家の制定する法。

本書の目的は、これまで日本人が漠然ともってきたそうした「イスラーム法」のイメージを脱構築し、イスラームには、日本人が考えるような法は存在しないことを明らかにしたうえで、ムスリムの生き方を規定しているところのイスラームの教え、「真のイスラーム法」と言うべきものとは何か、を示すことにあります。

イスラーム法など存在しないなら、「真のイスラーム法」について語ることにも意味などないのではないか、と言われるかもしれません。しかしそうではありません。確かにイスラーム法は実在しないのですが、「イスラーム法」という幻想は強固に存在します。しかもそれは時に学問の装いをまとっているため、それが幻想であることにはなかなか気づきません。そして、イスラーム法という幻想が存在するにはそれなりの理由があり、イスラームをよく知らない人々が「イスラーム法」として表象してしまうような何かが存在するのは事実です。そしてその何かは「真のイスラーム法」とでも仮に呼ぶべきものであるため、多くの人々が抱いているイスラーム法のイメージがたとえ幻想であっても、今の時点では「真のイスラーム法」について語ることには意味があるのです。

日本人がイスラーム法といったものがあると思ってしまういちばん大きな原因は、著者自身の『イスラーム法の存立構造――ハンバリー派フィクフ神事編』（ナカニシヤ出版、二〇〇三年）を含めて、新聞やテレビなどのマスメディアだけではなく、イスラームについての入門書、概説書、学術書でも、「イスラーム法」の語が使われているからです。日本だけではなく、英語でも Islamic Law の名を冠した概説書、学術書は多数存在します。**Islamic Law** の書名は非イスラーム教徒のオリエンタリストだけではなく、ムスリムによっても用いられています。それらのなかには *Sharīʻah - Islamic Law* と題したものもあります。

　それではアラビア語のシャリーアがイスラーム法なのではないか、と訝しむ人がいるかもしれません。そうではありません。「イスラーム法[❖01]」とは「イスラーム」と「法」の複合語であり、法という一般概念をイスラームによって限定したものです。ところが、「シャリーア」はそうした複合語ではありません。シャリーアは定冠詞「al」を付けて用いられる場合はアッラーから預言者ムハンマドに啓示された教え、すなわちイスラームを指しますが、定冠詞を付さない場合は、「ムーサー（モーセ）のシャリーア」や「イーサー（イエス）のシャリーア」のように、預言者たちに下された教えを指し、法と訳すことはできません。事実、現代アラビア語で「法」を意味する言葉は、ギリシャ語に由来するカーヌーン（qānūn）ですが、前近代においてはこの語は「基準」、「音律」、「税」などを意味し、一般的な法の意味はもちませんでした[▼01]。ちなみに、同じ語根から発生したラテン語の Canon は西欧ではカノン法（Canon law）として教会法の意味になっています。

　現代語のカーヌーンは国家の制定する法を意味します。それにイスラームを形容詞にして修飾したカーヌーン・イスラーミー（あるいは所有格として付したカーヌーン・アル＝イスラーム）は、

▼01　ただし、オスマン朝のスライマーン大帝がカリフの勅令《フェルマーン》を編集した行政命令集は『行政法典《カーヌーン・ナーメ》』と呼ばれ、スライマーン大帝は「法治者《カーヌーニー》」の尊称をもって知られている。

▼02　シャイバーニー（804年没）。ハナフィー派。アブー・ユースフと並ぶアブー・ハニーファの高弟。

▼03　サラフスィー（1097年没）。ハナフィー派。大著『マブスート』はその半分が獄中で口述筆記されたという。

国家が制定したイスラーム法を意味することになり、アッラーから預言者ムハンマドに啓示された教えとしてのシャリーアとはまったく別の概念となってしまいます。ですから、ムスリム世界では「カーヌーン・イスラーミー」という語は流通していないのです。

日本のイスラーム法の研究者の堀井聡江が現代のムスリム諸国の法制を論じて、「シャリーア、すなわちイスラーム法」（大河原知樹・堀井聡江『イスラーム法の「変容」——近代との邂逅』イスラームを知る17、山川出版社、二〇一五年）と最初に定義しておきながら、「シャリーアに基づいて制定された法律はシャリーアとは言えないということだけは、確かである」と断言していることも、あえて「イスラーム法」を現代アラビア語に訳した「カーヌーン・イスラーミー」が、シャリーアではないことを示しています。

人間は未知なものを理解する場合にまず、それに似ている自分が知っているものから類推して、その概要を把握することは自然です。それゆえ、ムスリム世界と地理的に遠く、近代以前にはムスリムとの直接の接触がほとんど皆無であった日本人が自分たちの法の概念の枠組みをあてはめ、シャリーアをムスリムたちの法、「イスラーム法」と考えるのも無理はありません。しかしシャリーアと現代の日本人が考える法の間に類似があるとしても、両者の間に本質的な違いがあることもまた事実です。

イスラームが、アッバース朝時代の法学者シャイバーニー▼02、サラフスィー▼03らによって、西欧で「国際法の父」と呼ばれるソーゴー・グロティウス▼04に大きく先立って、「国際法」を体系化していた、といった認識は、イスラームの先進性に目を開かせ、西欧中心主義への再考を促す意義を有し、イスラームの学びの出発点としては間違っていないでしょう。

しかしシャイバーニーらがシャリーアから演繹したそのいわゆる「イスラーム国際法」は、具体的な歴史的文脈から切り離され、西欧の国際法と比較されるとき、シャリーアと西欧の国際法の表面的な類似と相違にばかり目が向き、両者が前提とする世界観、社会観、人間観、言語観の根本的な相違が捨象され隠蔽されてしまう恐れがあります。

どのような社会、文化においても、自明の前提であるためにかえって語られないばかりか、当人たちが意識さえしていないことがあります。それはイスラームでも、現代日本でも同じです。

あえて「イスラーム法」の語を問題とすることで、本書は、いわゆる「イスラーム法」についての表面的な情報を与えるのではなく、これまで「イスラーム法」の入門書や概説書だけでなく専門書においてすら語られてこなかったシャリーアと日本の法のそれぞれの暗黙の前提を明らかにし、「イスラーム法」としてのシャリーアの理解を超えたイスラームの本質を示し、同時に日本文化についての反省的自己認識をもたらすことを目標としています。

▼04　フーゴー・グロティウス（1645年没）。自然法を基礎にした国際法を唱え、「国際法の父」と言われる。代表的な著作に『戦争と平和の法』（全3巻、一又正雄訳、酒井書店、1989年）、『自由海論』。

一、本書は、旧版の本文については誤字脱字などを適宜訂正し、新たな論考「イスラーム法の未来」を増補したものである。
一、❖は、重要と思われる箇所の要点をまとめたものである。
一、▼は註釈である。
一、引用は、一般の読者がアクセスしにくいと思われるもの以外は著者名と書名のみ示した。
一、クルアーンからの引用は、断りがない場合、『日亜対訳クルアーン――［付］訳解と正統十読誦注解』（中田考監修、中田香織・下村佳州紀訳、黎明イスラーム学術・文化振興会責任編集、松山洋平「正統十読誦注解」訳、作品社、二〇一四年）からのものである。
一、収録されている写真は、すべて著者が撮影したものである。

# 第Ⅰ部 イスラーム法の基礎

ダマスカス大学構内にあるイブン・タイミーヤの墓

# 第一章　イスラーム法とは何か

## ――これだけは知っておこう、基本的なこと

### 序

イスラームとは、世界のあり方にほかならず、特に人間のあり方です。ですから、世界について、人間についての正しい洞察をもたずしてイスラームについて理解することはできません。イスラーム法も同じで、法とは何か、を知らずして、イスラーム法について語ることはできません。

「法とは何か」についても古来より多くの議論が積み重ねてこられており、現代でも法哲学、法社会学などの法理学の諸分野において、活発に論じられており、それらの学問の蓄積を無視しては、我々は自分たちの文化の語彙を用いてイスラーム法を適切に理解し表現することはで

きません。しかし本書はシャリーアの内在的理解を目的としているため、イスラーム法を論ずるにあたり、本章において、特殊現代日本的な法認識の自覚化に必要なかぎりにおいてのみ、法の一般理論に言及するにとどめたいと思います。

## ❶日本の法文化

日本では前近代において、現代の法律にあたるものは、中国伝来の儒教の影響を受けた律令であり、唐の律令を参考に七〇一年には大宝律令が作られましたが、律はおおむね現代の刑法、令は行政法にあたります。しかし、「法」とはまず、真理、法則などの意味をもつサンスクリット語「ダルマ」の訳語であり、仏教用語でした。「法《ダルマ》」が指す範囲は広く、仏教の中心概念の一つですが、「仏法／王法」の用法では、仏の教えに対して、王法は、王の法、すなわち世俗の法をも意味しました。

しかし、明治維新により、西欧の法が継受されたことにより、前近代の日本の法慣習、法文化はほぼ完全に払拭され、現在では日本で「法」という言葉でまず念頭に浮かぶのは国家が制定した法令、特に法律でしょう。立法権、行政権、司法権の三権分立のイデオロギーによって、法令は、国会が定めた法律、行政府が定めた政令、条例などの行政命令、裁判所の規則などに形式的に分類されていますが、どれも暴力装置である国家が制定し、その暴力を背景に強制されることにおいて違いはありません。

▼05 井筒俊彦（1993年没）。日本を代表するイスラーム思想研究者。日本におけるイスラーム研究にいまだ多大な影響を及ぼしている。代表的な著作に『意識と本質――精神的東洋を索めて』（岩波文庫、1991年）。

現代の日本で、法というとまずは法律であり、国が定めた様々な命令であるとしても、宗教との関係において、法は特別なニュアンスを有しています。日本の仏教は、南伝仏教、戒律重視の上座部仏教を小乗仏教として貶める北伝仏教、大乗仏教です。つまり、戒律の軽視は日本仏教のアイデンティティとも言え、浄土真宗の悪人正機説という極端な戒律否定思想もそうした思想風土から生まれたものです。そして明治以降の近代化、西欧化の流れのなかで、宗教にも西欧のキリスト教の思想が流入しましたが、キリスト教もまたその母体となったユダヤ教をパリサイ人の律法主義として否定するものでした。つまり、現代の日本人には、大乗仏教とキリスト教の影響で、戒律や律法、つまり「法的なもの」を宗教の精神性において一段劣るものとみなすことが当然の「常識」となっているのです。

こうした戒律、律法蔑視の法理解を土台として、世界的に高名なイスラーム学者であった井筒俊彦▼05が哲学的スーフィズムをイスラームの戒律、律法シャリーアの上に位置づけられるものとして紹介したことも相俟って、日本におけるイスラーム認識のなかで、シャリーアは「イスラーム法」、すなわち精神性を欠く宗教が形骸化した些末な形式主義の産物、とみなされるようになっていったと考えることができます。

またイスラーム文明と比較した場合、日本の法文化の特徴として浮かび上がってくるのは、日本における法教育の不在です。日本においては義務教育である小中学校では、科目としての法学が存在しません。法が教えられるのは社会科の一部としてであり、そこで取り上げられるのは法のなかでも市民の日常生活とは関係の薄い憲法だけであり、民事、刑事の訴訟法は言うに及ばず、最も重要な刑法の殺人や窃盗の規定すら教えられていません。憲法とは人々の法ではなく、国家のあり方を規定するものである以上、義務教育で教えられているのは、法ではなく、むしろ日本という国家についてであり、法自体は教えられていない、と言わざるをえません。

## ❷法と国家

「法とは何か」については、様々な定義が存在します。古今東西のあらゆる社会に法が存在する、との立場から、法が道徳などから区別された独自の体系である、と考える二〇世紀の英米法圏を代表する法哲学者H・L・A・ハート[06]は、人々の行為を強制的に統制する第一次ルールと、①それが法にあたるルールであることを決定する承認のルール、②ルールの変更の決定を示す変更のルール、③ルールの解釈に対立が生じた場合にどの解釈が正しいかを決定する裁判のルールというメタルールと言うべき三つの第二次ルールを備えたルールの体系を法と定義しました。このような定義は、シャリーアのルールのなかにハートの言う第一次ルールと第二次ルールを見出すことができれば、シャリーアを法とみなすことが可能になり、法の比較分析に適しています。

しかし、シャリーアというよりは近代法の特殊性を明らかにするうえでは、日本の法学界に

▼06　H・L・A・ハート（1992年没）。イギリス出身の20世紀最大の法哲学者。分析哲学から法実証主義を発展させた。代表的な著作に『法の概念』（長谷部恭男訳、ちくま学芸文庫、2014年［第3版］）。

も大きな影響を与えたハンス・ケルゼン▼07の純粋法学が最も有用である、と著者は考えます。ケルゼンによると、法とは不法行為に対して強制を生じせしめる強制規範です。日本の刑法一九九条「人を殺した者は、死刑又は無期若しくは五年以上の懲役に処する」を例にとれば、殺人という不法行為に対して、死刑又は無期若しくは五年以上の懲役に処する、と強制する規範が、法であり、ケルゼンはこれを第一次規範と呼びます。一方、この法の存在から、人々が殺人の禁止を読み取るとしても、それは第二次規範であり、法規範ではなく社会規範にすぎないということになります。ケルゼンの分析は、常識に反して、近代法においては、殺人罪とは、人々に殺人を禁ずる法ではなく、殺人犯に対して死刑か懲役を科すことを国家に命ずる法であることを教えてくれます。近代法の名宛人は、匿名の国家です。殺人罪の場合、死刑、懲役に処すことを命じられているのは、具体的にはその判決を下す裁判官であり、判決を執行する獄吏となるのです。また近代法は規範の体系であり、明示的には主語を欠きます。しかし、法の制定者は匿名の国家であり、法とは、具体的には主権者の名の下で、行政府の法務官僚と立法府の議員たちが共同で作成したものなのです。

つまり、近代法とは、国家が国家に対して定める規範の体系なのであり、人々が主体的に関わる余地は構造的に排除されているのです。そうであるならば、日本における法教育の不在は納得できます。法が制定法を意味するなら、法は国家のものであり、人々が関わるものではなく、そうであるならば義務教育で万人に教えられる必要はありません。もし法が制定法を超え

▼07　ハンス・ケルゼン（1973年没）。オーストリア出身の法哲学者。根本規範にもとづいた「純粋法学」を創設。代表的な著作に『民主主義の本質と価値　他一篇』（長尾龍一・植田俊太郎訳、岩波文庫、2015年）、『純粋法学』（長尾龍一訳、岩波書店、2014年［第2版］）。

たものであり、時に国家の振る舞いをも批判的に判断する基準であるとすれば、そのような法は、国家、あるいは役人の立場からすれば、教えない方がよい、あるいはむしろ人々が知ることを積極的に抑圧すべきだからです。

国家の制定法たる法律も、国家を超えた法も教えられない者には、法の支配は言うまでもなく、法治国家すら実現することはできません。しかるに、法律についても法についても知識を欠く市民を裁判員に仕立て上げて裁判を行わせようとしているのが現在の日本です。

シャリーアを「イスラーム法」と呼び、法の一種とみなすことは、近代法を自明視し法一般の典型と考えている者にとっては、知らず知らずのうちに、この特殊近代法的な法理念をシャリーアのなかに読み込んでしまう危険があるのです。❖02

## ❸シャリーアと法教育

前節で、日本の義務教育には法教育が不在であることを指摘しましたが、イスラーム文明では、伝統的に、法学を神学（イルム・カラーム、イルム・ウスール・ディーン）、霊学《スーフィズム》（イルム・タサウウフ）と並ぶ、すべてのムスリムが必ず学ぶべき義務教育の三本の支柱❖03の一つとみなしてきました。

法学をアラビア語でイルム・フィクフと言いますが、イルムは学問で「フィクフ」の字義は「理解」です。イスラーム諸学の中の法学はイルム・フィクフであって、イルム・シャリーア

❖02　近代法は国家が国家に対して定める規範の体系だが、人々が主体的に関わる余地を構造的に排除してしまう。＊シャリーアを「イスラーム法」と呼び、法の一種とみなすと、特殊近代法的な法理念をシャリーアのなかに読み込んでしまう危険がある。

❖03 **法学《イルム・フィクフ》**　「イルム」の字義は「学問」で、「フィクフ」の字義は「理解」。イスラーム諸学における法学はイルム・フィクフと言えるが、イルム・シャリーアとは言えない。フィクフは「個別的な典拠から演繹されたシャリーアに基づく行為規範の学」。→行為の判断《フクム》を導出する学問が「法学《フィクフ》」、神についての判断《フクム》を導出する学問が「神学」。

**神学（イルム・カラーム、イルム・ウスール・ディーン）**　神学はシャリーア、すなわちアッラーの使徒ムハンマドが伝えたクルアーンとハディースの教えに基づき、アッラー、預言者、来世などムスリムが信ずべき事柄を学ぶ。

**霊学《スーフィズム》（イルム・タサウウフ）**　霊学《スーフィズム》は神学と法学を学んだ後で、人格陶冶のための修行論、正しい信仰の心理分析などを行う。

ではありません。七六七年没のハナフィー法学派の学祖アブー・ハニーファ▼08の神学書は『大フィクフ』と名づけられており、イスラーム暦二世紀には、いまだ、神学と法学は未分化でしたが、後にフィクフは「個別的な典拠から演繹されたシャリーアに基づく行為規範の学」と定義され、行為の判断《フクム》を導出する学問が「法学《フィクフ》」、神についての判断《フクム》を導出する学問が「神学」と呼び分けられるようになります。

神学はシャリーア、すなわちアッラーの使徒ムハンマドが伝えたクルアーンとハディースの教えに基づき、アッラー、預言者、来世などムスリムが信ずべき事柄を学び、霊学《スーフィズム》は神学と法学を学んだ後で、人格陶冶のための修行論、正しい信仰の心理分析などを行います。クルアーンとハディースのテキストを学ぶと同時に、この神学、法学、霊学が必修科目として教えられる場がイスラーム学校《マドラサ》です。このマドラサ制度は九世紀頃に成立しましたが、一一世紀にはアッバース朝の支配下にニザーミーヤ学院と呼ばれる多くのマドラサが建設されました。マドラサ制度が確立した時代は、イスラーム学の完成期でもあり、この時代に整備されたマドラサのカリキュラムは、大きな変更を蒙ることなく今日までイスラーム世界各地で教えられています。法学のカリキュラムにおいては一二、一三世紀に書かれた

▼08　アブー・ハニーファ（767年没）。ハナフィー派の名祖。教友の次世代とも次次世代とも言われる。ペルシア人の祖父ズーターは奴隷だったがアラブ人のタイムによって解放されたため、アブー・ハニーファも「ワラーゥ（保護・被保護関係）によるタイミー（タイム家の人）」と呼ばれる。「見解の徒の長」、「イラクの民のファキーフ」として知られ、ハディースの採否に厳格であり、類推《キヤース》と利益衡量《イスティフサーン》をよく用いた。

▼09　ナワウィー（1277年没）。シャーフィイー派。ハディース学者としても高名。

ハナフィー派のマルギーナーニー（一一九七年没）の『導き《ヒダーヤ》』、マーリキー派のアブドゥッラー・ブン・アブー・ザイド・カイラワーニー（九九六年没）の『論考《リサーラ》』、シャーフィイー派のナワウィー▼09の『学徒の道《ミンハージュ・ターリビーン》』、ハンバリー派のイブン・クダーマ（一二二三年没）の『満足させるもの《ムクニウ》』などのアラビア語の古典法学綱要は今日に至るまで読み継がれています。

こうした法学教育がムスリムの法リテラシーの基礎となっており、またアラビア語の古典法学綱要が現在でも世界各地のイスラーム学校《マドラサ》で読み継がれており、世界のムスリムの間で共有されてきたことが、イスラーム法の国家からの独立を保証しているのです。

伝統イスラーム学の構造のなかでは、法学は、聖典クルアーンとハディースのテキストと共に、神学、霊学《スーフィズム》とセットで教えられてきました。イスラーム学の一般的定義では「シャリーア」とはクルアーンとハディースの教えそのものですが、スーフィズムの用語では、「シャリーア」は修行道《タリーカ》、真理《ハキーカ》の下に位置づけられています。スーフィズムで言う「シャリーア」とは、必ずしも行為規範に限られませんが、クルアーンとハディースの教えの表面的な理解を意味しており、真理《ハキーカ》に至る最初の一歩であり、そこに至る道が、修行道《タリーカ》ということになります。そして真理に至る修行の前提が、シャリーアの表面的な行為規範を守ることであるため、シャリーアの行

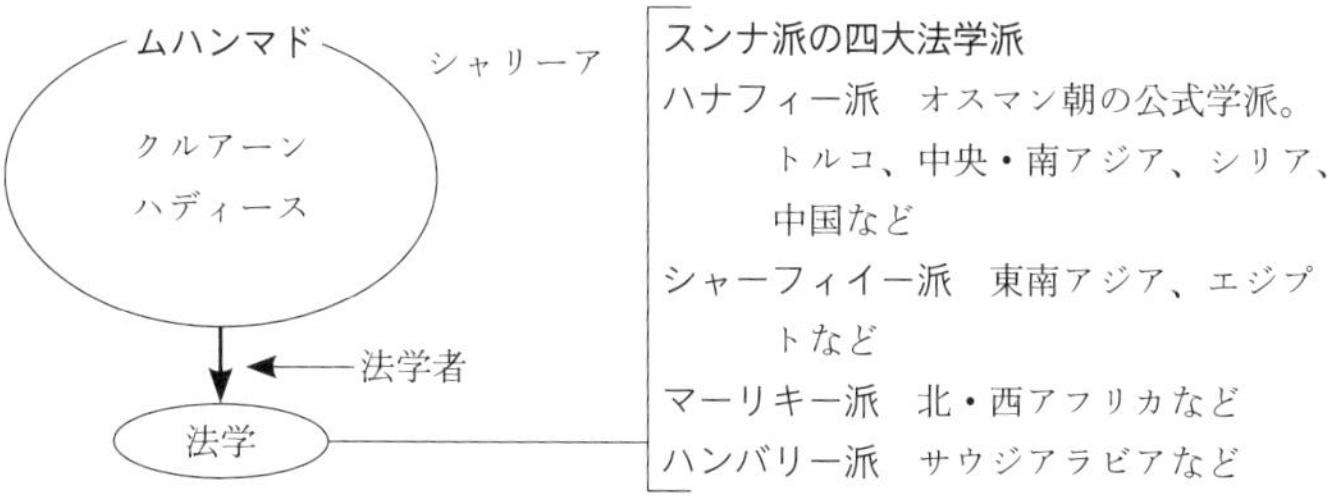


**図1**　シャリーアと法学者、スンナ派の四大法学派

為規範を扱うフィクフは、スーフィズムと並ぶシャリーアの真理に至る実践の学であり、イスラームにおいては、法と道徳、宗教の連続性が確保されていると言うことができ、その構造的連関を無視して「法」だけを取り出しても、それを理解することはできません。この意味では、法の遵守を人格の完成、真智の認識に比べて一段劣るものとみなす、とのスーフィズム理解もまったく無根拠というわけでもないのです。

## ❹フィクフとシャリーア

シャリーアがイスラーム法ではないとしても、フィクフを法学と訳す以上、法学の対象となるイスラーム法があることになります。前述のように、フィクフは「個別的な典拠から演繹されたシャリーアに基づく行為規範の学」と定義されます。であれば、イスラーム法とは、個別的な典拠から演繹されたシャリーアに基づく行為規範の体系ということになります。シャリーアは具体的にはクルアーンとハディースのかたちを取った預言者ムハンマドに啓示されたイスラームの教えそのものです。クルアーンとハディースは一義的には絶対神アッラーについて教えるものであり、行為規範に限られないので、イスラーム法はシャリーアの全体ではなく、シャリーアの行為規範の部分にのみ関わるものです。またクルアーンとハディースは文盲の商人であった預言者ムハンマドが、学校制度もなく学問の場もなかった当時のアラブ人に語りかけたものであり、法的な明晰性を備えた文言は多くありません。それゆえ、イスラーム法と呼びうるものは、シャリーアの行為規範に関わるものそれ自体でもなく、そこから法学者たちが演繹し、明晰な法学用語によって表現しなおした行為規範ということになります。このような行為規範体系、すなわちイスラーム法は、スンナ派の四大法学派であるハナフィー派、マーリキー派、シャーフィイー派、ハンバリー派の法学綱要が編集され、法学《フィクフ》の対自的考察である法理学《ウスール・フィクフ》が生まれた西暦一〇世紀には確立したと言うことができます。

前述のハートによる法の存在の条件に照らし合わせると、最後の審判まで妥当する不変の天啓の教えであるシャリーアは、そもそも変更がありえないために、法の条件を満たしませんが、フィクフの行為規範のレベルでは、イスラーム法裁判官《カーディー》が学説の取捨選択を行うことが変更のルールとなるため、フィクフの行為規範、つまり法学的規範《アフカーム・フィクヒーヤ》をイスラーム法として扱うことが可能になります。

ただし、現代では、シャリーアをイスラームの法律の意味で使う「シャリーアの施行《タトビーク》」のような表現は定着しているのも事実です。またサウディアラビアのマディーナのイスラーム大学、リヤドのイマーム・ムハンマド・ブン・サウード・イスラーム大学は、シャリーア学部を有していますが、これらのイスラーム大学のシャリーア学部は、ウスール・ディーン（宗教の基礎、神学）学部と並立されており、フィクフを専攻する学部であり、シャリーアはフィクフの規範の意味とほぼ同義に使われています。なお、スンナ派イスラーム学の最高学府とも目されるアズハル大学にはシャリーア&法律《カーヌーン》学部が存在し、シャリーアと共にエジプトの法律が教えられています。これも、シャリーアがカーヌーンの一種ではなく、似て非なる別物であることを示しています。

以上にみたように、現在ではイスラーム世界でも、シャリーアをイスラーム法の意味で使うことがあります。それゆえ、シャリーアとフィクフの行為規範の意味をしっかりと理解したうえであれば、便宜的にシャリーアをイスラーム法と互換的に使ってもさほど目くじらをたてる必要はありません。

## ❺シャリーアの制定者とイスラーム法

ハートは、ジョン・オースティン▼10の法の統治者命令説を批判し、法とは第一次ルールと第二次ルールの結合であると唱えました。法の統治者命令説とは、法とは強制力を伴う統治者の命令である、との考え方です。ハートの統治者命令説の批判は多岐にわたりますが、最も重要なのは、法は命令とは違って統治者自身をも拘束する、ということです。法の統治者命令説とハートの批判は、イスラーム法の分析にも有用です。イスラーム学の用語ではシャリーアの制定者をシャーリウ、あるいはムシャッリウと呼びます。このシャリーア



▼10　ジョン・オースティン（1859年没）。イギリスの法哲学者。道徳と法を明確に分け、法実証主義の基礎理論を構築したと言われる。その基礎理論は、「法とは、何者からも独立した支配者、つまり主権者の命じる命令」、「法において、命令と罰則は表裏一体」、「主権者は、常に支配する側」の3つに要約される。

制定者（シャーリウ、ムシャッリウ）は、アッラーでもあり、預言者ムハンマドでもあります。シャリーア制定者は、究極的な意味では、アッラー以外にはありませんが、実証的なレベルで言うと、アッラーの啓示の独占的な伝え手である預言者ムハンマドになります。イスラーム学の伝統では、アッラーの言葉であるクルアーンだけでなく、預言者ムハンマド自身の言行もすべてアッラーの啓示に基づくものである、とみなされているからです。ただし、ローマ教皇の無謬性が教義に関わる聖座からの宣言に限られるように、預言者ムハンマドの無謬性も教義に関わる事柄に限られる、というのが通説です。

シャリーア制定者をアッラーと考えた場合、法の統治者命令説に照らすと、イスラームはアッラーの命令の束であって法ではないことになるのでしょうか。この問題を考えるには、「強制」の概念を厳密に考える必要があります。法は、行為の「自由」を論理的に前提します。物理的に不可能な行為、あるいは物理的に不可避的に必然な行為には、法が介入する余地はありません。「法が強制する」、という言い回しでは、「強制執行」のように公権力が物理的に法を執行する場合を除き、通常は、統治者が罰の強制による威嚇によって人々に法の遵守を強いることを指します。それはいかなる強大な権力をもった統治者、それればかりか、自然人を超えた地上における可死の神たる法人国家「リヴァイアサン」であれ、すべての人間の一挙一動を監視し法の遵守を物理的に強いることは現時点では不可能だからです。ところが、全知全能の絶対神アッラーは、お望みであれば、すべての人間に法の遵守を物理的に強制することができます。しかし、アッラーはそうされず、法の違反に対しては来世での罰で威嚇するのみで、強制されることはなく法の遵守を人間の選択に任されました。

人間である統治者の強制による法においては、命令されたことが実行され、禁じられた事態が生じないことが目的であり、そのために刑罰による威嚇によって強制しようとするわけですが、全能のアッラーが制定したイスラーム法においては、目的は、命令されたことの実行、禁じられた事態が起きないこと自体ではありません。それが目的なら人間とは違い、アッラーにはそれを物理的に強制することが可能だからです。イスラーム法の目的は命令されたことの実行、禁じられた事態が起きないこと自体ではなく、人間が「自らの自由な意志で」命令の実行、禁止されたことの不履行を選択することなのです。その意味で、イスラーム法を犯しうることは、イスラーム法の存在の内在的条件であるだけでなく、目的とすら言うことができます。なぜならイスラーム法を犯すことができないということは、イスラーム法を順守することを自ら選び取ることもできないということであり、それはアッラーに帰依《イスラーム》するために創造された人間の存在理由の否定に等しいからです。

このイスラーム法の論理的前提を理解すれば、イスラーム法が施行されさえすれば犯罪のないユートピアが実現するなどという幻想をムスリムが抱くはずがないことが分かります。理想の時代であった預言者ムハンマドの時代にも強盗殺人、姦通などの犯罪はあり、それに対して預言者が刑罰を執行した先例がイスラーム刑法の法源となっていることからも、それは自明、かつ当然です。フランスの社会学者のエミール・デュルケム[▼11]が看破したように、一定の犯罪が存在することは人間の社会にとって正常な状態です。犯罪が存在しえない人間が完全な監視と統制のもとにある強権警察国家のディスユートピアは、イスラーム法が目指すところから最も遠い社会なのです。

法と統治者の命令の最大の違いが、法が統治者自身をも拘束することだとすると、イスラーム法についてはどうでしょうか。立法者がアッラーである場合、礼拝の命令、飲酒の禁止のような命令がアッラーを拘束しないことは言うまでもありません。アッラーは絶対神ですので、アッラーに命令を下す者はいませんが、アッラーの自己自身に対する自己拘束はありえます。クルアーンにも、「(アッラーは)御自身に慈悲を書き留め給うた」(第6章第12節、第54節)とあるように、アッラーは礼拝や禁酒を自己に課されはしませんが、人間に対して公正に慈悲深く振る舞うことは自らに課されたので、イスラーム法を守った人間に対して天国の報償の約束を反故にして火獄に落とされるようなことはされません。なお、アッラーが公正であることについてはムスリムの間で異論はありませんが、アッラーがその本性上公正であることが義務、あるいは必然である、というのが、シーア派、ムウタズィラ派の立場であるのに対して、スンナ派は、アッラーは絶対的に自由で人間の基準によってはかられることはなく、本性に命じられてではなく、自らの自由な意思によって公正に振る舞われる、と考えます。

シャリーアの制定者を預言者ムハンマドと考えた場合、イスラーム法は制定者であるムハン

▼11　エミール・デュルケム（1917年没）。フランスを代表する社会学者。社会学の分析対象は「社会的事実」であることを主張し、「方法論的集団主義」を唱えた。代表的な著作に『自殺論』（宮島喬訳、中公文庫、1985年）。

マド自身をも拘束します。クルアーンはアッラーから預言者ムハンマドへの啓示ですので、クルアーンで、「信ずる者たちよ」、「人々よ」などと特に呼びかけの相手が示されていない命令はアッラーから預言者ムハンマドへの命令ということになります。一日五回の礼拝が義務であること、酒を飲んではいけないことなどにおいて、一般の信徒も預言者ムハンマドも変わりはなく、むしろイスラーム法の遵守において預言者ムハンマドは他の信徒たちの模範となるべく、誰よりも厳しく法を守っていました。例外は、結婚で、アッラーからの啓示により、ムスリム男性が妻の数が四人に制限されたのに対し、預言者ムハンマドへの制限人数はそれ以上であり、また彼の逝去後はその未亡人たちは再婚が禁じられています。

シャリーアの制定者は、アッラーあるいはその預言者ムハンマドですが、シャリーアからイスラーム法体系を演繹したのはイスラーム法学者たちであり、ある意味では彼らがイスラーム法の制定者とも言えますが、イスラーム法学者もイスラーム法の遵守において他の信徒たちとまったく変わりません。イスラーム法学者だからといって、免除される義務があるわけではありません。また逆に仏教の僧侶やカトリックの神父のような聖職者とは違い、イスラーム法学者だけに課される戒律もなければ、神との仲介者としての特別な権能もありません。イスラーム法の執行者であるカリフとその代理人たちも同様で、イスラーム法の遵守の義務において一般の信徒と変わるところはありません。

## ❻存在と当為、法実証主義

現代世界の法といえば国家が制定した法、実定法であり、それを基礎づける考え方は実証主義です。西欧ではなお一定の影響力を有する自然法思想[▼12]の前提となるキリスト教を文化的に共有しない日本においては特にそうだと言ってよいでしょう。

西欧の法実証主義には、法統治者命令説を唱えたオースティンからそれを分析哲学によって補強したハートへと続く英米系の潮流と、存在（Sein）と当為（Sollen）を峻別するケルゼン、グスタフ・ラートブルフ[▼13]らの新カント派[▼14]のドイツ系の二大潮流がありますが、いずれも事実としての「である」から、「でなければならない」との価値判断は導かれない、とする点において一致しています。

西欧の法哲学の伝統では、法実証主義は、法が自然の秩序から理性によって導かれるとの自然法理論に対立します。法実証主義によると、法が法であるのは、統治者による制定という手続きを経ることによってでしかありえません。

イスラーム学の伝統のなかでは、善悪が物自体に客観的に内属する事実であり、理性によって知りうる、という主知主義[❖04]の立場を取ったのが、

---

▼12　**自然法思想**　自然本性《ピュシス》から導かれる法の総称。①普遍性（自然法は時代と場所に関係なく妥当する）、②不変性（自然法は人為によって変更されない）、③合理性（自然法は理性的存在者が自己の理性を用いることによって認識される）の3つの特徴を原則的にもっているとされるが、これらに当てはまらない例外もある、という議論もある。

▼13　グスタフ・ラートブルフ（1949年没）。ドイツの法哲学者、刑法学者、刑事政策家。20世紀の3大法学者とも評される人物。

▼14　**新カント派**　19世紀後半に台頭し、20世紀、ハイデガーが登場する頃まで主にドイツで勢いをもっていたカントへの回帰を掲げた哲学者たち。ヘーゲル主義やマルクス主義などに抗して、哲学者たち数学や科学基礎論を重視するマールブルク学派と、価値哲学を重視する西南学派の二大潮流があった。

❖04　**主知主義**　ムウタズィラ派とシーア派の立場。イスラーム学の伝統のなかでは、善悪が物自体に客観的に内属する事実であり、理性によって知りうる、とする。

❖05　**神的主意主義**　スンナ派の立場。善悪は神の意志によってのみ決まる、つまり善はアッラーが命じられたこと、悪とは禁じられたことにほかならず、それゆえ啓示によってしか知りえないとする。スンナ派のこの神的主意主義の立場から法を神学的に基礎づけたのが、ハンバリー派の碩学イブン・タイミーヤ（1328年没）。

▼15　イブン・タイミーヤ（1328年没）。ハンバリー派。シーア派や外来思想としての哲学・神学、またスーフィズムにおける聖者崇敬を激しく批判した。イスラームに改宗したもののシリアに侵攻したイル・ハーン朝との戦いをジハードと認定、自らも剣を執ったと言われる。また、法学派の権威を否定してイジュティハードの義務を説き、通説に反するファトワーを出したが、学者たちからの批判を受けて投獄され、最後は獄死した。その思想は近代以前には傍流であったものの、イスラーム圏の劣勢が明らかになった近代になって再評価され、サラフィー主義に大きな影響を与えた。

ムウタズィラ派とシーア派です。一方、スンナ派の立場は、善悪は神の意志によってのみ決まる、つまり善はアッラーが命じられたこと、悪とは禁じられたことにほかならず、それゆえ啓示によってしか知りえない、とのいわば神的主意主義です。

スンナ派のこの神的主意主義❖05の立場から法を神学的に基礎づけたのが、ハンバリー派の碩学イブン・タイミーヤ▼15です。イブン・タイミーヤによると、アッラーには、生成的意思《イラーダ・カウニーヤ》と、立法《イラーダ・》的意思《シャルイーヤ》という互いに還元不能な二種類の意志があり、生成的意思によって存在者の世界が生じ、立法的意思によって規範としての法が生じます。そしてこの二種類の神意に対応し、アッラーには、造物主《ラッブ》としての側面と、規範定立者《イラーフ》としての二つの側面があることになります。そしてイブン・タイミーヤはアッラーのみが造物主であり、規範定立者もアッラー以外に存在しないと認めることが、イスラームが唯一神教であることの意味である、と述べます。アッラーのみが造物主であると認めることを造物主性における唯一神崇拝《タウヒード・ルブービーヤ》、アッラーのみを規範定立者と認めることを立法者性における唯一神崇拝《タウヒード・イラーヒーヤ》と呼びますが、イブ

▼16　ロナルド・ドゥオーキン（2013年没）。アメリカ出身の法哲学者。「平等」に関する議論などで、政治哲学にも多大な影響を与えた。
▼17　ロン・ロヴィウス・フラー（1978年没）。アメリカの法哲学者。「法と道徳」をめぐるハートとの論争は法思想史に重要な意味をもった。

ン・タイミーヤによると、タウヒード・ルブービーヤは造物主の他にも下位の神々を認める多神教徒や理神論者も認めているのであり、イスラームの唯一神教としてのメルクマールはタウヒード・イラーヒーヤにほかなりません。そして善悪が啓示によってのみ知られるとのスンナ派の立場に基づくなら、アッラーのみを立法者とすることを意味するのでタウヒード・イラーヒーヤとは神意の啓示であるシャリーアだけを法源とすることになります。

こうしてイスラームにおいて、存在と当為はそれぞれアッラーの生成的意思と立法的意思によって神学的に基礎づけられ、神的主意主義に基づき、まずタウヒード・イラーヒーヤの理論によりアッラーの啓示したシャリーア以外を法源とする立法が唯一神教に反する多神崇拝として禁じられ、次いで啓示を媒介とせずに人間が理性の働きのみによって事物に内在する善悪の判断から法を発見することも不可能とされます。国家の制定する実定法のみを法とするのが西欧の法実証主義であるなら、アッラーの啓示したシャリーアを法源として演繹されたイスラーム法のみを法とするイスラームの立場もまた一種の法実証主義と言うことができるでしょう。そしてスンナ派のイスラーム学の構造において、シャリーア以外を法源とすることを拒否しシャリーアのみを基本として専一的に実践することをイスラームと多神教とを分けるメルクマールとすることにより、イスラーム法はイスラームを生きるうえで最重要な留意事項とみなされるようになるのです。

▼18　ルドルフ・フォン・イェーリング（1892年没）。「権利＝法の目標は平和であり、そのための手段は闘争である」の有名な一節で知られる『権利のための闘争』（村上淳一訳、岩波文庫、1982年）で近代法に多大な影響を与えたドイツの法学者。

▼19　フィリップ・ヘック（1943年没）。概念法学とは一線を画する利益法学を展開した法学者。利益法学は、関係者や社会的な「利益」関係を視野に入れながら法解釈しようとする。

## ❼司法裁量とイジュティハード

ハートは、法のルールには明確な核心部と、明確なルールがない半影部があり、その半影部には司法裁量の余地がある、と述べます。ハートの司法裁量を批判したのがロナルド・ドゥオーキン▼16です。「裁判官は明確な法のルールがないところでも勝手な裁量を行っているのではなく、『何人も自己の不法から利益を得ることができない』という法格言を援用するなど、公序良俗や信義誠実のような、より一般的な法原理（principle）に指針を求めている」、とドゥオーキンは言います。

他方、法と道徳を峻別するハートの法実証主義を批判し、①一般性、②公布、③遡及法の禁止、④明晰性、⑤無矛盾性、⑥服従可能性、⑦相対的恒常性、⑧公権力による遵守のような内在道徳を備えていないかぎり、法は法たりえない、と述べたのはロン・ロヴィウス・フラー▼17です。法は人間に役立つ目的に適わなければならないとフラーは考えます。これは「目的はあらゆる法の創造者である」というルドルフ・フォン・イェーリング▼18の言葉に代表される目的法学の立場とも通底しますが、目的法学からは利益衡量を重んずるフィリップ・ヘック▼19の利益法学が生まれることになります。

そしてこれらの議論は、実は、イスラーム法学《フィクフ》にもそれぞれ、おおまかにそれらに対応するものが存在します。

預言者ムハンマドは、高弟ムアーズ・ブン・ジャバル▼20をイエメンに裁判官《カーディー》として派遣したとき、「何によって裁くか」と尋ね、ムアーズが「クルアーンに則って」と答えると、「それが見つからなければ（何によって裁くか）」と問い、「アッラーの使徒の言行《スンナ》に則って」と答えると、さらに「それも見つからなければ（何によって裁くか）」と問い質したところ、ムアーズは「自分の考えで努力し、怠りません」と答え、預言者ムハンマドはその答えに満足した、と伝えられています。

ここで「努力」と訳したアラビア語はイジュティハードですが、この「イジュティハード」は後にイスラーム法学の専門用語となり、クルアーンとハディースの明文《ナッス》がない場合の自己裁量を意味することになります。このイジュティハードについては、「イジュティハードを行った者が正解すれば二つの報償があり、間違っても一つの報償がある」という有名なハディースがあります。つまり、クルアーンとスンナに明文の法規定がない時に、自分の知恵を絞って神意を推し量ること《イジュティハード》とは、それ自体が、正解に達するのと同じだけの報償がいただける神に嘉される行いだということです。

クルアーンと預言者ムハンマドの言行の総体は、私たちが考える法律のような明晰な形式をとってはいません。ムアーズの言葉「クルアーンに則って」、「アッラーの使徒の言行に則って」、とは、イスラーム法による定義にあるとおり、クルアーンと預言者のスンナのテキストなかでも特に法学的に明晰な表現をとった法的規定を指している、と考えられます。そうした明確な法的規定がない場合に、イジュティハードが求められるわけです。「イジュティハー

▼20　ムアーズ・ブン・ジャバル（639年没）。ハラールとハラームについて知悉していたとされる。

ド」は自己裁量と訳されますが、自分勝手な判断ではありません。自分のクルアーンとスンナの知識を総動員して、それでも具体的、個別的に直接当てはまる法規定が見出されない場合に、その理念、総則に照らし合わせて最も神意に適う、と思われる答えを探し求めることにほかならないのです。

イジュティハード[❖06]は、おおまかに言って、欧米の法哲学では、法律の明文規定がなく解釈の余地がある「半影部」における「司法裁量」にあたるものです。しかし、行政と司法の明確な分離がないイスラームにおいては、イジュティハードは司法裁量よりは広く行政裁量も含みますし、後で詳述するとおり、イスラーム法は欧米では宗教儀礼のようなものも含みますので、「一般市民」の個人的宗教儀礼における独自判断もイジュティハードになる、という欧米の司法裁量論との大きな違いもまた存在します。

ちなみに、預言者ムハンマドがイエメンにムアーズを派遣した時点では、行政職と司法職の分化はまだ生じていません。「裁く」と訳した「タフクム」も、「判決を下す」とも「統治する」とも訳せます。専門職としての裁判官が、地方行政長官からはっきり分化するのはイスラーム暦で二世紀／西暦八世紀になります。

しかし、後にイジュティハードとしてイスラーム法学の重要な専門用語となる裁量をめぐる問題意識は、既に預言者ムハンマドの時代に生じており、そこから、イスラーム法学においても、欧米の法原理、法の目的、利益衡量に相当する議論が展開されることになるのですが、そ

❖06 **イジュティハード**　アラビア語で「努力」を意味する。クルアーンとハディースの明文がない場合の（神意に沿うような）「自己裁量」。おおまかには、欧米の法哲学における法律の明文規定がなく解釈の余地がある「半影部」における「司法裁量」にあたる。

図２　実定法学と基礎法学

れについては次章であらためて述べたいと思います。

## ❽イスラーム法における原理、目的、利益

「イスラーム法学」と訳することができるアラビア語が「フィクフ」であることは既に述べましたが、実はフィクフの下位分野として基礎法学《ウスール・フィクフ》という分野があります。「ウスール」の語義は「根」であり、対義語「枝《フルーウ》」をフィクフに冠した「フルーウ・フィクフ」が具体的な法規定を扱う実定法学であるのに対して、「枝」である法規定が生ずる「根」が何であるかを研究する学問ウスール・フィクフは「法源学」とも訳せます。

事実、ウスール・フィクフの最初の作品とみなされているシャーフィイー[21]の『論考《リサーラ》』は、ムスリムが行為規範を導き出すべき方法論を定めたものであり、イスラーム法が、ケルゼンに倣って言うと動態法学的に、第一法源としてのクルアーンによって第二法源であるハディース（スンナ）が授権され、そのクルアーンとハディースにより、第三法源であるコンセンサス《イジュマーゥ》、次いで第四法源

である類推《キヤース》が授権されて行為規範が導出されるイスラーム法の生成構造が分析されています。

　スンナ派四法学派が共通に認める法源はクルアーン、ハディース、イジュマーゥ、キヤースの四つだけですが、後の基礎法学においては、法学派によって法源と認めるか認めないかで見解が分かれるものが現れます。そのような一部の法学派だけが認める法源には、利益衡量《イスティフサーン》、利益《マスラハ》、原状継続《イスティスハーブ》、教友（預言者の直弟子）の意見、ムハンマド以前の預言者たちのシャリーアの法規定などがあります。

　実は、イスラーム基礎法学《ウスール・フィクフ》はイスティフサーン、マスラハなどの概念の分析のなかで欧米の法哲学が論じてきた目的や利益衡量を論じてきました。しかし欧米でも実定法学に対して基礎法学がマイナーな分野であるようにウスール・フィクフの専門家はあまり多くありません。四つの共通法源クルアーン、ハディース、イジュマーゥ、キャースはイスラーム学徒なら誰でも学びますが、前近代のイスラーム学の教育カリキュラム、研究パラダイムのなかでは、イスティフサーンやマスラハは、前者がハナフィー派、後者がマーリキー派がその法源性を論ずるのみであり、それらが法学派を超えてムスリムが直面する問題に対する解決の方法として主題的に取り上げられ多角的に論じることはほとんどありませんでした。

　しかし法の原理、目的、利害衡量といった問題がイスラーム学のなかで主題的に論じ

▼21　シャーフィイー（820年没）。シャーフィイー派の名祖。ガザ生まれのシャーフィイーはマッカで成長し学問を修め、マディーナに移りマーリクに師事した。その後、バグダードで独自裁量《ラアィ》派のフィクフを学び、ヒジャーズ地方とイラクのフィクフを統合したとも評価される。信憑性において不可謬多数《ムタワーティル》未満のハディース（アーハード）に従うべきことを立証したため、スンナの擁護者とも呼ばれた。

▼22　スユーティー（1505年没）。シャーフィイー派。当時のイスラーム圏を広く遊学し、ムジュタヒドの位階に達したと宣言。多作で知られ、40歳頃よりナイル川の中州のローダ島に隠棲した。

られてこなかったわけではありません。一つは「法原理《カワーイド・フィクヒーヤ》」という学問分野です。この分野では一二～一六世紀にかけてマーリキー派のカーディー・イヤード（一一四九年没）、アフマド・カラーフィー（一二八五年没）、シャーティビー（一三八八年没）、シャーフィイー派のスユーティー▼22、ハナフィー派のイブン・ヌジャイム（一五六二年没）、ハンバリー派のイブン・ラジャブ（一三九三年没）らが専門書を著しています。

これらの法原理のなかには、「クルアーンとハディースの明文規定があるところには裁量《イジュティハード》の余地はない」のような特殊イスラーム的なものもありますが、法諺としての普遍性を有するものも少なくありません。いくつかの代表的な法原理には以下のようなものがあります。

「何事も意図による」、「契約において重要なのは文言や形式ではなく目的と意味である」、「それなくしては義務が果たすことができないことは、それもまた義務となる」、「原状は責任の不在である」、「確実性が憶測によって否定されることはない」、「害悪の阻止は利益の取得に優先される」、「害の少ない方を選ぶ」、「疑わしきは罰せず」、「訴人には証拠が求められ、被告（訴えを否認する者）には宣誓が課される」。

法原理の研究においては、福利《マスラハ》の法源性を論じてきたマーリキー派が大きな貢献をなしてきましたが、なかでも特筆すべきはシャーティビーで、シャリーアの立法目的を、①宗教、②生命、③理性、④血統、⑤財産、という人類の生存に不可欠な五つの事項の保護にある、と要約しました。つまり、①背教に対する死罪は宗教の保護のため、②殺人に対する同害報復刑は生命の保護のため、③飲酒に対する笞刑は理性の保護のため、④姦通に対する石打ち刑は血統の保護のため、⑤窃盗の手首切断刑は財産の保護のため、といった具合です。ヨーロッパに植民地化され、社会、政治、経済構造の激変を蒙り、イスラーム法学の伝統のなかに先例のない未曾有の事態に直面し、できるかぎり現世での生活を犠牲にすることなくイスラームの教えを守って生きる道を模索するためにシャリーアの一般原則に立ち戻ってラディカルにイスラーム法を再考しようとの潮流にシャーティビーのシャリーアの立法目的論は強いインスピレーションを与えています。また上記の五事項の保護は現代イスラーム人権論の基礎にもなっています。

シャリーアの立法目的論を中心とする法原理は、現在のイスラーム法学における最重要テーマの一つになっている、と言うことができます。しかし法原理《カワーイド・フィクヒーヤ》は古来多くの専門書が書かれており、前近代においても大法学者の碩学たちの間では知られていましたが、イスラーム実定法学《フルーウ・フィクフ》、イスラーム基礎法学《ウスール・フィクフ》と違って伝統的にはイスラーム学校《マドラサ》の標準必須カリキュラムには入っていなかったため、法原理は法学者たちの間でさえ周知されてはおらず、たとえ知っていたとしても表層的にしか理解していなかったことが問題です。そのため現代イスラーム法学の法原理をめぐる議論の質は残念ながらまだ低く、欧米の法学との理論的整合性を欠く妥協、折衷の域を脱していない場合が多いことには注意が必要です。

欧米の基礎法学で論じられている人権、司法裁量、立法目的、利益衡量などの問題は、イスラーム古典法学にもそれに対応する議論があり、現代イスラーム法学はそれに則って議論を展開しています。ですので、現代イスラーム法学の議論を欧米の基礎法学の議論に引きつけて理解することは、イスラーム世界を知るための第一歩としては間違っていません。しかし、文脈から切り離してそれだけを取り出して比較すると一見してよく似て見えても、欧米法とイスラーム法では、それぞれの背景にある世界観、社会観、価値観、言語観などが根本的に違うため、表面的な類似に目を奪われると、欧米法とイスラーム法における人権などの概念の本質的な相違を見落とすことになります。

そこで次章以下では、イスラーム法に対して欧米法の枠組みを投影することから生ずる誤解の危険性を指摘し、正しくイスラームの文脈に差し戻したうえで、イスラーム法について内在的に理解することができるような説明を試みたいと思います。

# 第二章　オリエンタリストのイスラーム法研究の問題点

## ——私たちの「考える枠組み」を考えなおす



### 序

オリエンタリストとは東洋学者のことです。ヨーロッパにおけるオリエンタリストの研究領域オリエンタル・スタディーズは、古代オリエントから北アフリカ、インド、中国、日本に至る広大な領域を指しています。ヨーロッパのイスラーム研究者はオリエンタリストと呼ばれます。イスラーム世界の伝統イスラーム学《ウルーム・シャルイーヤ》を修め、それを自らの方法論とするイスラーム学者《ウラマーウ》と区別して、私はヨーロッパのオリエンタル・スタディーズを方法論とするイスラーム研究者をオリエンタリストと呼びます。私自身は、ウラマーゥに師事してイスラーム法学《フィクフ》やクルアーン釈義学《タフスィール》を学びましたが、制度的にはイスラーム学校《マドラサ》で学んだわけではなく、日本の大学の学部と修士課程でイスラミック・スタディーズを修めたオリエンタリストです。

オリエンタリストとは東洋学者のことだ、と言いましたが、実はヨーロッパのオリエンタル・スタディーズと日本の東洋学はぴったりとは重なりません。日本の高等教育の伝統のなかで、日本研究は東洋学には含まれないからです。

日本の現在の教育制度は欧米の学制からの直輸入であり、大学も制度だけでなくその内容も欧米から取り入れたものです。日本が欧米の学問を急速に吸収できたのは、明治維新による西洋化以前に独自の学問の伝統を有していたからです。仏教では既に最澄が開いた延暦寺が仏教の高等教育機関になっていましたが、室町時代には壇林《だんりん》と呼ばれる僧侶の教育機関が広まりました。儒学は平安時代に大学寮のような国立の教育機関が設置され、江戸時代に儒学を講ずる藩学が作られました。伊勢神宮の神官たちによって始められた神道学からは、江戸時代に本居宣長らの手により国学が生まれました。

しかし、新しく作られた日本の大学では、仏教はそれまでの教学・宗学とは断絶したヨーロッパに留学しオリエンタル・スタディーズの仏教学を学んだ高楠順次郎▼23らオリエンタリストによって講じられるようになっていきます。

本章では、イスラームの理解の妨げになるオリエンタリストによるイスラーム法研究の問題点を明らかにします。

▼23　高楠順次郎（1945年没）。日本の仏教学者。出版ならびに教育機関の設立にかかわり、仏教学の発展に貢献した。エスペラント語の普及にも尽力した。

▼24　エドワード・サイード（2003年没）。パレスティナ系アメリカ人の比較文学者。主著『オリエンタリズム』で、ポストコロニアリズムとオリエンタリズムの理論を確立した。

## ❶オリエンタリストのイスラーム研究

日本のオリエンタリストのイスラーム法研究の問題点を知る前に、まず欧米のオリエンタリストのイスラーム研究の特徴について知る必要があります。欧米のオリエンタリストのイスラーム研究のイデオロギー的性格については、パレスティナ出身のアラブ・クリスチャンのアメリカの比較文学者エドワード・サイード▼24の『オリエンタリズム』（上下巻、今沢紀子訳、平凡社ライブラリー、一九九三年）によって広く知れわたることになりました。

オリエンタル・スタディーズは古代オリエントから中国、日本までを研究領域とするものですが、サイードはもっぱら欧米の中東・イスラーム理解をオリエンタリズムと呼んで批判しました。サイードによると、オリエントとは、実在というよりは、欧米人が自分たちが不気味で異質と考えるものを投影した想像上の存在です。そしてオリエンタリズムとは単なる認識様式ではなく、政治的にヨーロッパの植民地支配を正当化するイデオロギーでもあります。

サイードのオリエンタリズム批判の詳細に踏み込む必要はありませんが、ヨーロッパ・キリスト教文明にとって歴史的にイスラーム世界が、インド、中国、日本とは違う位置を占めたことは確かです。それは預言者ムハンマドがイスラームの宣教を始めてわずか五〇年ほどの間に、ヨーロッパが新興のイスラーム帝国にキリスト教の聖地エルサレムを含む東ローマ帝国の文化的経済的先進地帯であった南半分を、次いで八世紀にはヨーロッパのイベリア半島を奪われ、西ヨーロッパがイスラーム勢力に征服される危機に晒されたことによります。そしてイベリア半島で再征服《レコンキスタ》が行われている間にも一四五三年には東ローマ帝国がオスマン帝国に滅ぼされ、神聖ローマ帝国の首都ウィーンが一五二九年、一六八三年と二度にわたりオスマン帝国軍に包囲されています。

また文化的にも、西欧一四〜一六世紀のルネサンスは、実はイスラーム世界に保存されていたギリシャ科学のアラビア語からの重訳の逆輸入によって生起したのであり、西欧は軍事的にも文化的にもイスラーム世界に後れを取っていたのでした。

西欧キリスト教文明は先進文明であり強大な敵であった隣人イスラームに対して恐怖と劣等感をもっていました。ところが、ルネサンス以降、次第に西欧とイスラーム世界の力関係は逆転し、二〇世紀に入るとイスラーム世界のほとんどが西欧による植民地支配を蒙るようになってしまいました。こうした敵対関係の歴史を有する相手を客観視することが難しいことは、日本と中国、朝鮮半島の関係を考えても容易に理解できるかと思います。イスラームと欧米の関係もそうであり、オリエンタリズムは単なる異文化理解の困難とは質が違う特殊な認識の歪みをもたらすことになります。

前近代において西欧キリスト教文明はムハンマドを偽預言者、イスラームをキリスト教の異端とみなしていました。たとえば七〜八世紀の神学者ダマスクスのヨアンネス▼25はムハンマドを偽預言者、イスラームをキリスト教の一〇一番目の異端「ハガル派」、「イシュマエル派」と呼んでいます。世俗化の進んだ近代西欧のオリエンタリストは、もはやイスラームにキリスト教

▼25　ダマスクスのヨアンネス（749年頃没）。キリスト教の教義を初めて体系的にまとめた神学者。東方正教会では最後の教父とされる。シリアのダマスクスで生まれ、イスラーム・カリフ王朝下で役人を務めた。イコン崇敬を擁護し、それがイコン擁護派の理論的根拠を提示した。

神学の枠組みをあてはめ、その異端とみなすことはありませんが、西欧流の人権、政教分離、男女平等などの枠組みをあてはめて、ムスリムを未開で野蛮とみなすのが常です。

オリエンタリズムの問題は、イスラームを未開で野蛮とみなすこと、そして西欧が政治的文化的ヘゲモニーを握っているために、自分たちの価値観が普遍的に妥当すると思いなしており、未開で野蛮との自分たちのイスラームの評価が客観的事実であると考えて疑わないことだけではなく、自分たちが抑圧する内なる未開、野蛮を幻想のオリエントに投影することなのですが、ここではその問題には踏み込みません。

またオリエンタル・スタディーズとは世界システム論の主導者ウォーラーステイン[26]が指摘するとおり、「教会に出自をもち」、「福音伝道の補助者として自己を正当化した」キリスト教的偏向を有すると同時に、「近代とまったく対立し、それゆえ科学的エートスのうちにほとんど捕捉されることはなかった」（イマニュエル・ウォーラーステイン＋グルベンキアン委員会『社会科学をひらく』山田鋭夫訳、藤原書店、一九九七年、五一－五三頁）と言われる西欧の学問体系のなかでも最も遅れた学問領域でもあります。

オリエンタル・スタディーズが描き出すネガティヴなイスラーム像は、イスラームの実像というよりは、むしろ西欧の知性の限界を体現するオリエンタリストの陰画なのではないか、と疑う必要があるのです。



---

▼26　イマニュエル・ウォーラーステイン（1930年－）。アメリカ合衆国を代表する社会科学者。政治学、経済学、社会学、歴史学を包摂し、巨視的な観点から世界を単一のものとして把握する「世界システム論」を提唱した。

## ❷日本のイスラーム研究とオリエンタリズム

既述のとおり、日本の学問は欧米からの直輸入であり、日本人は仏教のような「自分たちの」伝統さえ、欧米のオリエンタル・スタディーズの目を通して見るようになりました。イスラームも同様です。クルアーンの邦訳も手がけた戦前の代表的イスラーム学者大川周明も欧米の言語で書かれたイスラームの概説書、研究書を通じてイスラームを学んでいます。大川のクルアーンの邦訳もアラビア語からの訳ではなく、各国語訳を参照した重訳でした。

自分たちの伝統である仏教を一旦他者の目を通して見ることには、客観化、新たな気づきのメリットがあるかもしれません。しかし、そもそも未知の他者であるイスラームを、他者（西欧）の他者（イスラーム）に対する目を通して見ることには、何の意味もありません。ただ、近代化＝西欧化によって、我々は西欧的視点をある程度内面化しているため、我々の理解を超えたイスラームそれ自体を理解しようと努めるよりも、西欧の認識枠組みによって裁断されたイスラームの虚像の理解ですませるほうが楽である、との知的怠慢があるだけです。

特に欧米のオリエンタル・スタディーズは、十数世紀にわたる西欧キリスト教世界のイスラームへの根深い敵意と蔑視の刻印を色濃く残すばかりか、イスラーム世界の植民地主義的支配のための道具でもあったことを考えると、西欧の視点でイスラームを見ることの危険性は明らかです。

日本のイスラーム研究は、このような西欧のオリエンタル・スタディーズの価値観を内面化することにより、西欧文化のレンズを通して見たイスラームを日本文化のレンズを通して見るという、いわば二重のヴェールによって対象を覆い隠すものとなっているのです。

一方、第二次世界大戦の敗戦後にイスラーム研究を始めた板垣雄三、三木亘らは、戦前のイスラーム研究が日本の植民地支配の道具になった反省から、イスラーム研究を通して、欧米のオリエンタリズムに潜む支配と搾取による認知の歪みを鋭く批判する学風を切り拓きました。しかし彼らの研究は日本の世界史、国際関係の理解の問題点を暴き出すうえでは一定の貢献を果たしましたが、イスラーム自体の内在的理解をもたらすものにはならなかったため、結局のところ、日本のイスラーム研究はオリエンタリズムの影響を払拭することはできていません。

しかし日本のイスラーム研究が、欧米のオリエンタル・スタディーズの模倣を脱することができないのは、イデオロギー的な問題である以前に日本の高等教育制度の構造上の問題です。伝統イスラーム学は、神学（カラーム、ウスール・ディーン）であれ、法学《フィクフ》であれ、専門課程に進むには、アラビア語、クルアーン、ハディースをはじめ、イスラーム諸学の基礎を十数年にわたって学ぶ必要があります。ところが、日本にはそのようなイスラーム教育機関はありません。日本で唯一のイスラーム学の教育機関である一九八二年創設の東京大学のイスラム学科でも、イスラームの「イロハ」を学び始めるのは学部三年生であり、修士課程への入学試験でもアラビア語すら必修になっておらず、修士に入ってからアラビア語の文字の読み書きを始める者さえいる始末です。ところが現在の大学のシステムでは、学科や専門にかかわらず、修士の二年間で専門的な学術論文を書くことを強いられます。その結果、アラビア語も満足に読めず、イスラーム諸学の初歩さえ知らない者が、欧米や日本のオリエンタリストが書いたものを読んだだけでほとんど一次資料を読むこともなく学位論文を書くことになるのが、日本のイスラーム研究の現状なのです。

異文化理解の学問としての人類学には参与観察という方法論があります。イスラームのような現代の日本とはまったく異質な思考、行動様式を有する文明、文化を理解するには、最低でも数年の参与観察を行い、イスラームの語彙がいかなる宇宙観を背景としてどのような社会的文脈で用いられているかを理解する必要があり、それなくしてはわずかばかりのアラビア語文献に目を通しても概念の表面的な類似に引きずられて我々の世界観をイスラームに投影する誤解に終わるしかない、と私は考えています。

実は、欧米と比較しても日本のオリエンタリズム、イスラーム研究には際立った特徴があります。欧米のオリエンタリズムはキリスト教神学から生まれた、と書きましたが、実は現在では研究遂行上語学の能力において圧倒的に有利なアラビア語その他のムスリム諸民族の言語を母国語とするイスラーム世界出身のムスリム移民が中心となっています。その理由としては、世界の大半を植民地化した欧米の覇権により、欧米のムスリム移民たちの多くが、欧米の旧宗主国の欧米の言語に習熟していることが大きいわけですが、マレーシア、インドネシアを除きイスラーム世界に植民地をもたず、それも第二次世界大戦によって失った日本にはそのような条件がありません。「外国人」の研究者がほとんどいないのは、日本の人文社会科学の特徴ですが、イスラーム研究においては特にそうです。

また日本の宗教学界においてキリスト教、仏教、神道の研究者はほとんどがキリスト教、仏教、神道の信徒であるのに対して、イスラーム研究者にムスリムはほとんどいません。私事になりますが、一九八二年に創設された東京大学文学部イスラム学科には、二〇一五年八月に至るまで、ムスリムの学生は一期生の私以外に一人もいません。これは他の宗教の研究状況と比べて「異常」とも言うべき事態です。

つまり、日本のオリエンタリズム、イスラーム研究は、ムスリム移民も日本人ムスリムもほとんどおらず、主として非ムスリムによって行われているということです。そして既述のように制度的にも日本ではイスラーム学を十分に学ぶことはできないようになっており、その結果として、日本のイスラーム研究には、イスラーム自体を語るよりも、イスラームに自らの思いを描くユートピアを仮託して語る傾向があったのも事実です。そしてその反動として、前述の板垣雄三、三木亘及びその弟子たちに対して、自らの反帝国主義、反米、反イスラエルの構図のなかに落とし込むためにイスラームを理想化している、との批判が、反動として池内恵ら新世代のイスラーム研究者の間に生まれたのも理解できます。このことは、戦後復興期の世代の研究者の改革を目指すあまり現実から目を逸らすユートピア志向と、衰退期の世代の既得権の喪失を恐れ現状維持を望むイデオロギー志向の対立という、カール・マンハイム[27]が指摘した知識

▼27　カール・マンハイム（1947年没）。ハンガリー出身の社会学者。知識社会学を構想し、「思想の存在非拘束性」概念を唱えた。代表的な著作に『イデオロギーとユートピア』（高橋徹・徳永恂訳、中公クラシックス、2006年）。

社会学的状況の典型として興味深いものですが、両者ともにその語るイスラームが「イスラームそのもの」ではなく、自分たちの問題関心、あるいは利害関心に合わせて裁断されたイスラームでしかないことは同じです。

## ❸オリエンタル・スタディーズのイスラーム法研究の問題点

私見ではオリエンタル・スタディーズのイスラーム法研究の最大の問題点は、まさにその「イスラーム法（Islamic Law）」という用語それ自体にあります。既に述べたとおり、伝統イスラーム学には、行為規範の学としてのフィクフという学問領域はありますが、厳密に言うと「イスラーム法」という概念は存在しません。しかし、「イスラーム法」という用語の問題は、単なる翻訳の問題ではありません。

オリエンタリズムの「イスラーム法」研究を代表するヨセフ・シャハト（Joseph Schacht）の『イスラーム法入門（*An Introduction to Islamic Law*）』は、神事《イバーダート》の全体を非‐法的要素として彼の「イスラーム法」の概説から完全に削除しフィクフの人事《ムアーマラート》のみを扱ったものであり、オリエンタリストのイスラーム法の研究は、ほぼムアーマラートのみに偏っています。

フィクフの研究領域は、イバーダートとムアーマラートに大別されます。イバーダートとは「崇拝行為」を意味し、儀礼的浄化《タハーラ》、礼拝《サラー》、浄財《ザカー》、斎戒《サウム》、巡礼《ハッジ》を指します。ハンバリー派では場合によってはそれに聖戦《ジハード》を加えることもありますが、一般にはイバーダートとは儀礼的浄化、礼拝、浄財、斎戒、巡礼を指します。これはスンナ派が信徒の最低限信ずるべきこと、行うべきことをまとめた六信五行の五行、①信仰告白、②礼拝、③浄財、④斎戒、⑤巡礼のなかの、むしろ信仰に関わる信仰告白を外し、礼拝の条件となる儀礼的浄化を加えたものです。つまり、イバーダートとは、オリエンタリストの感覚では、狭義の宗教儀礼にあたるものですが、イスラーム学の枠組みのなかでは、ムスリムが行うべき行為のなかでも最も重要なこととして位置づけられます。

　シャーフィイー派法学の大成者とも言われるナワウィーは、信徒が学ぶべきことを要約した小著『目標《マカースィド》』のなかで、信仰箇条とスーフィズムの原則と並べて、イバーダートの儀礼的浄化、礼拝、浄財、斎戒、巡礼の五章を設けています。またフィクフにおいては、シャーフィイー派のアブドゥッラー・バー・ファドル（一五一二年没）の『ハドラミー入門書《ムカッディマ・ハドラミーヤ》』、ハナフィー派のシュルンブラーリー（一六五九年没）の『解明の光《ヌール・イーダーフ》』、マーリキー派のアブドゥッラティーフ・アシュマーウィー（一六七五年頃没）の『アシュマーイーの韻文要約《アシュマーイーヤ》』のようなイバーダートのみの入門書がまとめられています。

　つまり、ムアーマラートではなくイバーダートが重要なのは、イスラーム学の全体構造においてのみではなく、フィクフという学問自体においても、イバーダートこそフィクフの基本なのであり、イバーダートだけの要点のみの抜粋でフィクフの要綱を編むことはできても、イバーダートを省いてムアーマラートのみでフィクフの入門書を書くことはできない、ということです。

この一点から見ても、イスラーム学のフィクフの規範が、オリエンタル・スタディーズが「イスラーム法」と呼ぶものと似て非なるものであることが分かるでしょう。以下に、ナワウィーの『目標《マカースィド》』の記述に即して、フィクフの規定と「イスラーム法」の違いを見てみましょう。

まず、フィクフの規範の範疇が、欧米の法のように「合法 - 違法」の二値ではなく、義務、推奨、禁止、自粛、合法の五値であることが教えられます。①義務は「行うことで報酬を得、行わないことで罰を受ける行為」、②推奨は「行うことで報酬を得、行わなくとも罰されることはない行為」、③禁止は「行わないことで報酬を得、行うことで罰される行為」、④自粛は「行わないことで報酬を得るが、行っても罰されることはない行為」、⑤合法は「行っても報酬を得ず、行わなくとも罰されることはない行為」、と定義されます。ここでいう罰、報償とは、復活して来世で最後の審判にかけられた後の楽園での報償と火獄での懲罰のことです。禁止と命令を共に懲罰を被るもの、推奨と自粛を報償がもらえるもの、とまとめることで三値と考えることもできます。❖07

欧米の法は強制力を伴う威嚇を本質としますので、フィクフでそれに対応するのは来世での懲罰を伴う義務と禁止だけであり、推奨と自粛は欧米の法文化ではすべて合法であり、法的判断ではなく、道徳判断に近いものです。

次に、儀礼的浄化の章の最初の規定には、「浄化は真水でのみ有効であり、使用済みのもの、

❖07　フィクフの規範の範疇は、禁止と義務（命令）の①懲罰、推奨と自粛の②報償、そして③合法の三値とも考えられる。

混合によって変質したもの、二クッラ（約一九〇リットル）以下の量で不浄物が触れた汚水によっては不可」と書かれています。フィクフを初めて読む人には分かりにくい文章ですが、これは礼拝を行う前に、手足と顔を清めるために使うことができる水の説明です。フィクフの解説書を読むと、「真水《マーゥ・ムトラク》」とは「水の本質を保っており、他の形容詞を伴わずに無条件に『水』と呼ばれる液体のことである。味、色、匂いのいずれかが変わると無条件には『水』と呼べないため、それは真水でなくなる」と定義されており、無味無臭な透明な水のことです。「使用済み」とは、たとえば真水を汲んだ洗面器で手を洗えば、手が綺麗で、洗った後でも水が無味無臭で透明なままでも、その水は二度と儀礼的浄化には使えないことを意味します。混合による変質とは、何か異物が混入して色か味か匂いが変わったものです。「二クッラ以下の量で不浄物が触れたもの」とは、豚、犬、排泄物などの不浄物が触れたことが確認されたものであれば、たとえ無色無味無臭であっても汚水とみなされ儀礼的洗浄には用いることはできないが、二クッラ以上の量なら、不浄物と触れていても、無色無味無臭であるかぎり、儀礼的浄化に用いることができることを意味します。

　この規定自体は、義務でも禁止でもありませんが、義務である礼拝を行うためには、礼拝が有効に成立する条件である儀礼的洗浄を行う必要があり、そのためには真水を使わねばならず、それには「真水とは何か」をまず知ったうえで、真水を探して儀礼的浄化を行う義務がある、ということです。

崇拝行為《イバーダート》❖08とは、神と人間の関係です。儀礼的浄化の規定の例からも分かるように、義務の名宛人は、責任能力のあるすべてのムスリムです。このことが、欧米の基礎法学の前提とまったく異なることは強調しておく必要があります。

既に述べたように、ケルゼンによると法規範とは強制力を伴う規範であり、その名宛人は行政府です。一方、ハート、ドゥオーキン、フラーなど英米法圏の基礎法学者にとって、「法とは裁判所がなすであろうことの予想である」とのホームズ判事▼28の言葉に明らかなように、司法府こそが法の担い手です。いずれにしても、欧米の法は、なによりも国家のものであって、一般の人々が日常的に関わるものではありません。しかしフィクフの行為規範は、すべてのムスリムがいつでも意識すべき生の指針です。

オリエンタリストがフィクフのムアーマラートのみを取り出して「イスラーム法」と呼ぶのは、法とは国家のものである、という欧米の法概念をイスラームに投影しているからにほかなりません。オリエンタリストが、フィクフ文献のムアーマラートの他に、裁判官《カーディー》法廷の裁判記録や寄進文書を資料として偏重するのも、欧米の法の対応物をフィクフのなかに見出そうとするからです。しかし社会関係行為《ムアーマラート》❖09の規定に関わる裁判は確かに現世での紛争解決に役立つものですが、その本当の目的は神の命令に従い来世での懲罰を免れ、報償を得ることです。

❖08　神事‐崇拝行為。神と人間の関係。儀礼的浄化《タハーラ》、礼拝《サラー》、浄財《ザカー》、斎戒《サウム》、巡礼《ハッジ》を指す。ハンバリー派では場合によってはそれに聖戦《ジハード》を加える。義務の名宛人は、責任能力のあるすべてのムスリム。

▼28　オリヴァー・ウェンデル・ホームズ・Jr.（1935年没）。パース、ジェイムズとほぼ同年代のプラグマティズムのグループ「形而上学《メタフィジカル》クラブ」のメンバー。法律家で、弁護士、ハーバードのロー・スクール教授、マサチューセッツ州最高裁判事等を経て、1899年に連邦最高裁判事に就任。ホームズが関わった有名な判決に「ロックナー判決」（1905年）がある。

❖09　人事 - 社会関係行為。オリエンタリストのイスラーム法の研究は、ほぼムアーマラートのみに偏っている。他方、イスラーム学の枠組みのなかでは、ムスリムが行うべき行為のなかでも最も重要なこととして位置づけられるのは神事である。＊イスラームと他の宗教とではまったく違うイバーダートと違い、ムアーマラートはイスラーム法と他の文化圏の法との差が相対的に少ない。

責任能力のあるムスリムが来世での懲罰を免れ報償を得るために神の命令に従って生きるための指針である点において、フィクフはムアーマラートとイバーダートを区別しません。ところが、オリエンタリストの用いる「イスラーム法」の語は、フィクフがカーディーのような法学者だけではなく、一般の人々の日常生活の生きる指針であることを隠蔽し、そのイスラーム法もまた欧米の法と同じく裁判のような特別な場でしか問題にならないものだとの誤解を与え、ムスリムの生活のすべてに広がり西欧では「宗教」や「道徳」と呼ばれる領域にもまたがる広い射程を有するフィクフの意義を矮小化してしまう恐れがあるのです。

## ❹フィクフと法律

オリエンタル・スタディーズの一分野としての「イスラーム研究（Islamic Studies）」は、まずオリエンタリストの書いたイスラーム思想、イスラーム（中東）史、イスラーム（中東）地域研究などの入門書を学びます。その後、大学院の修士課程に進学し研究者の道を歩む者は、専門領域の欧米言語、自国語の二次資料、場合によってはアラビア語などの現地語の一次資料を数点読むのが、標準的なオリエンタリストの研究生活のスタートです。

一方、ムスリム世界のイスラーム学《ウルーム・シャルイーヤ》は総合的な学問です。大学院などでイスラーム法学《フィクフ》を専門にするといっても、その前に少なくとも、学部で、多くの場合は、初等・中等教育（マドラサ）の段階からアラビア語学を修め、クルアーンを暗記し、クルアーン《アスバーブ・》釈義学《ヌズール》、クルアーン啓示史学、主だったハディース、ハディース伝承者列伝、ハディース批判学、神学、霊学《スーフィズム》などと並行してフィクフと基礎法学《ウスール・フィクフ》を学びます。

既述のようにフィクフは、大別してイバーダート（神事、崇拝行為）とムアーマラート（人事、社会関係行為）に大別されますが、邦訳もある『満足を求める者の糧《ザード・ムスタクニウ》』の目次により、フィクフの内容を概観しておきましょう。

『ザード・ムスタクニウ』は①浄化、②礼拝、③葬儀、④浄財、⑤斎戒、⑥巡礼、⑦聖戦、⑧売買、⑨寄進、⑩遺贈、⑪遺留分、⑫奴隷解放、⑬婚姻、⑭離婚、⑮イーラーゥ離婚、⑯ズィハール離婚、⑰リアーン離婚、⑱待婚期間、⑲授乳、⑳扶養、㉑傷害殺人応報刑、㉒傷害殺人賠償、㉓法定刑、㉔食物、㉕誓言、㉖証言、㉗認諾の二七の章に分かれています。⑦聖戦〜㉗認諾は、欧米法なら、商法、民法、身分法、刑法、民事訴訟法、刑事訴訟法、戦時国際法、保健法などを含んでいます。

尤もこの章立てはあまり整理されておらず、⑭離婚、⑮イーラーゥ離婚、⑯ズィハール離婚、⑰リアーン離婚の四章を「離婚」章としてまとめることができますし、㉑傷害殺人応報刑と㉒傷害殺人賠償も本来セットで一つです。

一方、⑧「売買」章は長く、①約款、②取消権、③不等価《リバー》交換と両替、④果実と元物、⑤先物売買、⑥消費貸借、⑦質、⑧連帯保証、⑨債務引受、⑩和解、⑪禁治産、⑫委任、⑬組合契約、⑭果樹撒水契約、⑮賃約、⑯競争、⑰使用貸借、⑱侵奪、⑲先買権、⑳寄託、㉑無主荒蕪地の開墾、㉒懸賞、㉓拾得物、㉔拾い子の二四節に分かれます。

たとえば、「売買」章は以下のように「売買」の定義から始まります。

> 売買とは、たとえ権利義務上のものであれ、財物、あるいは通路のような合法的な用益を、不等価交換《リバー》や貸与ではなく、それぞれの等価なものと永続的に交換することである。その（売買の）申込と、その後あるいはその（申込の）前のその（商談の場）であるかぎり、それ（申込）に対して反応の遅いものであっても、承諾によって契約は成立する。ただし、商談の場を中断するようなことをすれば無効となる。それには言語による形式と商慣習、すなわち行為によるもの（形式）がある。

イスラームと他の宗教とではまったく違うイバーダートと違い、ムアーマラートはイスラーム法と他の文化圏の法との差が相対的に少ないと言うことができるでしょう。この売買の定義は、欧米法では利息にほぼ該当する「不等価交換《リバー》」が禁じられているのを除けば、どの時代のどの地域のものであってもおかしくないように思えます。

地理的に遠く離れ、歴史的に影響関係があったわけでもないアラビア半島、ヨーロッパ、日本で独自に類似した民法、商法が発展したことから、フィクフの行為規範を学んだオリエンタリストが、法には文化を超えた普遍的で自律的な論理が内在するのではないか、と考えるに至ったとしても不思議はありません。ですから、オリエンタリストが、欧米法との比較の興味に基づき、フィクフの規範の中から、欧米の法に対応するものを抽出し、「イスラーム法」という法体系を措定すること自体が間違っているわけではありませんし、それによって見えてくるものもあるかもしれません。しかし、そうして措定された「イスラーム法」とは、ムスリムではなくオリエンタリストの頭の中にある虚構であり、アッラーへの絶対服従、イスラームという文脈のなかでのムスリムによるフィクフの行為規範の生きた実践とは別物であること、そのようなイスラーム法を理解しても、ムスリムの生の内在的理解にはつながらないこともまた強調しておく必要があると思います。

## ❺オリエンタリストによる人定法《カーヌーン》とシャリーアの混同

オリエンタリストの「イスラーム法」の用語が、伝統イスラーム学のイスラーム法学《フィクフ》が研究対象としてきたムスリムの行為規範の一部を切り取り、その生の文脈から切り離し矮小化するものであることは前節で見ました。

しかし「イスラーム法」の用語にはもう一つのより大きな危険、つまりフィクフが対象とするシャリーアに基づく行為規範と、そうでないものを混同する危険があるのです。それは、フィクフの行為規範と、現代のムスリム諸国の法律を、同じ「イスラーム法」の名のもとに論じることです。

堀井聡江が「シャリーアに基づいて制定された法律はシャリーアとは言えないということだけは、確かである」と断言しながらも、イスラーム法の名のもとにムスリム諸国の法制度を論じていることは既に述べました。しかし堀井のようにシャリーアの国家制定法の本質的相違に自覚的であり、かつそれを明言しているオリエンタリストは少なく、オリエンタリストのイスラーム法研究では、現代のムスリム諸国におけるイスラーム法として、シャリーアは家族法（婚姻法、離婚法、相続法など）の一部で施行されている、と論ずるのが慣行となっています。

立法府が議員の意思によって制定し、行政府が警察力、軍事力の威嚇を背景に施行する人定法と、来世での懲罰と報償を手掛かりにアッラーだけに服従を捧げるフィクフの行為規範の間には共通点はありません。仮に、立法府が、イスラームとは無縁な数ある法律のなかで、伝統イスラーム学のフィクフに規定されているように男子の相続分を女子の二倍とする相続法を制定した場合、それをもともとイスラーム学の用語ではない「イスラーム法」と呼べば、フィクフの体系をよく知らない者が見るなら、イスラームにも国家が制定する法というものがあり、フィクフの規定と表面的に一致する規定がその制定法に盛り込まれればそれがイスラーム法なのか、と思い込んでしまうかもしれません。

しかしムスリム諸国の法律をイスラーム法と呼ぶことの問題はそれに尽きません。もっと重大な問題が存在するのです。既述のように、立法府の制定した法律を現代アラビア語で「カーヌーン」と言います。そうした人定法《カーヌーン》❖10を安易にイスラーム法と呼ぶことは、カーヌーンが、シャリーアに基づくフィクフの行為規範ではない以上、そのカーヌーンを国法とすることは、イスラーム法と呼べないだけではなく、イスラームの根本教義に反する背教にあたるのではないか、という現代のイスラーム学のきわめて重要な議論を無視しており、イデオロギー的偏向が疑われても仕方がありません。

サウディアラビアの元最高イスラーム教義諮問官《ムフティー》ムハンマド・ブン・イブラーヒーム・アール・シャイフ（一九六九年没）は、リヤドに商工会議所を設置することがシャリーアに照らして許されるかについて諮問を受け、以下のように回答しています。

> リヤド商工会議所設置に関する文書添付ヒジュラ暦一三七五年四月一一日（一九五五年一一月二四日）付第四九二六号貴信につき以下報告。添付書類の法令が検討され、「被告が登録されているか否かに関わらず、この商工会議所が、商人の係争者間の商業的紛争解決の最終権威である」と定める第三条d項が最重要条項であることを見出した。『サウディアラビア王国の商業法定法令』（マッカ一三七九年［第二版］）と題するテキストを入手し、その半分を検討したが、そのなかにあるのは、シャリーアではなく人定法《カーヌーン》の法令であるのを見出した。それに対して我々はこの商

❖10　立法府の制定した法律を指す現代アラビア語。人定法《カーヌーン》を安易にイスラーム法と呼ぶことは、カーヌーンがシャリーアに基づくフィクフの行為規範ではない以上、間違いである。＊カーヌーンを国法とすることは、イスラーム法と呼べないだけではなく、イスラームの根本教義に反する背教にあたるのではないか、という現代のイスラーム学のきわめて重要な議論がある。「人定」を強調する際にはカーヌーン・ワドイーと呼ばれる。

工会議所が紛争の最終権威であることから、そのなかに裁判所が設置されること、その裁定者たちがシャリーアの専門家ではなく、カーヌーンの法律家たちであることを確認した。そして疑いなく、これはアッラーがその使徒に携えさせて啓示されたシャリーアと対立する。そしてシャリーアこそ、そこから人々の信条、崇拝儀礼、許されたものと禁じられたものの知識を引き出す決定、係争が生じたときの紛争解決が、それだけの専管となるものであり、カーヌーンの一部であれ、それによって裁定するために考慮することは、たとえわずかであろうとも、疑いなくアッラーとその使徒の裁定に満足していないことであり、アッラーとその使徒の裁定に欠陥と紛争解決を正しく行い、正当な持ち主が権利を得させる能力の不在を帰し、カーヌーンによる裁定に、完全性と人々の問題の処理能力を帰すことになる。これはイスラーム共同体からの破門に値する不信仰であり、この問題は重大で、重要であり、自由裁量《イジュティハード》の可能な問題ではない。他の何物でもなくシャリーアだけに裁定を求めることは、他の何物でもなくアッラーのみを崇拝することとの兄弟である。なぜならイスラームの信仰告白句の内容は、他に共同者を有さないアッラーただ御独りのみが崇拝の対象であり、その使徒のみが、その齎したもの（啓示）が従われ、裁定を求められることであるからである。そしてジハードの剣は、そのため、そして行為であれ、不作為であれ、紛争における裁定を求めることであれ、それを実践するためのみに抜かれたのであるから。

アール・シャイフはまたその著書『人定法《カーヌーン》に裁定を求めること』（一九六〇年）のなかで「（イスラーム諸国の）支配者たちは人々をクルアーンとスンナに背くその人定法《カーヌーン》の諸法規によって裁き、人々にそれを強制し、彼らにそれを認めさせ、それを義務づけるのである。この不信仰よりも重大ないかなる不信仰があろうか。そして『ムハンマドはアッラーの使徒である』との信仰告白に対するいかなる違背があろうか。この違背以上の、預言者ムハンマド（彼にアッラーの祝福と平安あれ）に対するいかなる違背があろうか」と述べ、人定法《カーヌーン》の制定を、最悪の不信仰、背教にあたると断罪しています。

サウディアラビアはアール・シャイフの見解に従い、「クルアーンが憲法《ドゥストゥール》」（ファイサル国王）との立場で、現在に至るまで人定法《カーヌーン》は制定しておらず、法律にあたるものもカーヌーンではなく、シャリーアの施行細則である行政命令《ニザーム》であるとの建前をとっています。サウディアラビアは一九九二年に憲法にあたるものを発布しましたが、その名称も「統治基本令《ニザーム・アサースィー・リ・フクム》」です。

ムスリム諸国における人定法の問題は、イスラーム世界の根幹に関わる大問題です。オリエンタリストのイスラーム法研究は、ムスリム諸国の法律を「イスラーム法」として扱うことそれ自体によって、一つの立場にイデオロギー的に加担するだけでなく、この大問題の存在そのものから目を逸らさせる機能を果たしているのです。

# 第三章　解釈学としてのイスラーム法学

## ――「法」のみを切り取って理解はできない

### 序

欧米においては「法」とは、社会規範であると同時に、治安の維持と紛争解決の手段であり、それは裁判規範であるということでもあり、それが他の社会規範と法を分ける法の本質です。裁判規範が紛争解決の手段となるのは、その裁判所の背景には暴力装置である国家の権力があるからです。

フィクフの規範は、全知全能の創造主の力を背景としており、最後の審判の日の裁判規範と言うこともできるかもしれませんが、紛争解決の手段とは言えません。もちろん、フィクフのなかには民法、刑法、訴訟法なども含まれますので、それらは紛争解決の手段として機能します。しかし、それらの規定は特殊規定であって、フィクフの行為規範の全体に共通する性質ではありません。

フィクフの行為規範は社会における利害調節、紛争解決の必要から生まれたのではなく、クルアーンとハディース、シャリーアに表現されたアッラーの意思を知るために生まれたのです。

## ❶フィクフの成立

イスラームの征服に伴い、教友（預言者の直弟子）たちの多くが預言者の町マディーナを離れ新たな征服地へと移住し、預言者の教えを新天地に広めていきました。預言者ムハンマドがムアーズをイエメンに派遣した逸話は既に紹介しましたが、預言者と教友たちの時代にあって、イスラームは信仰と知と行為の統合体でした。しかしこのイスラームの統合性は時代の経過と共に解体し、修行道と学問と政治に分化し、さらに学問も細分化されていきます。

教友たちの次の世代には、マディーナ、クーファ、バスラ、マッカ、シリア、エジプトなどにフィクフの専門家として名を残した学者たちが現れました。なかでも最も有力であったのはマディーナ学派とクーファ学派でした。マディーナ学派は預言者と教友たちの伝統を伝える学風で、その代表がマディーナの七フィクフ学者と呼ばれたサイード・ブン・ムサイイブ（七一二年頃没）、ウルワ・ブン・ズバイル（七一二年頃没）、アブー・バクル・ブン・アブドゥッラフマーン・マフズーミー（七一二年頃没）、ウバイドゥッラー・ブン・アブドゥッラー・ブン・ウ

▼29　カースィム・ブン・ムハンマド（725年頃没）。初代正統カリフであるアブー・バクルの孫にあたる。

▼30　マーリク・ブン・アナス（795年頃没）。マーリキー派の名祖。マディーナにおける法学の権威で「マディーナにマーリクがいながらにして、（誰かにより）ファトワーが出されることはない」と言わしめた。政治とは距離を置き、ハールーン・ラシードに出講を求められたときも「学問とは出向かれるべきものなり」と返信し自宅で講義した。

▼31　アフマド・ブン・ハンバル（855年頃没）。ハンバリー派の名祖。アブー・ユースフやシャーフィイーに師事し、ハンバリー派の基礎はシャーフィイー派のそれに近いとされる。ムウタズィラ派の「クルアーン被造説」にハディースの徒の立場から反対したため、異端審問によって投獄される。自身は法学書を著さず、クルアーンとスンナからじかに学ぶことを奨励した。

トバ・フザリー（七一六年頃没）、ハーリジャ・ブン・ザイド・ブン・サービト（七一六年頃没）、カースィム・ブン・ムハンマド▼29、スライマーン・ブン・ヤサール（七二六年頃没）です。一方クーファ学派は独自裁量《ラアイ》を多用することで知られており、その代表はイブラーヒーム・ナハイー（七一五年頃没）でした。

　しかしフィクフが独立の学問として次第にかたちを整えるのは、アブー・ハニーファ、マーリク・ブン・アナス▼30、シャーフィイー、アフマド・ブン・ハンバル▼31らスンナ派フィクフの学祖たちの生きたヒジュラ暦二世紀から三世紀にかけてです。しかしこの時代にあってはフィクフとハディース学はまだ明確には分離していません。フィクフの語もまだ広くシャリーアの理解の意味でも使われており、既述のとおり、アブー・ハニーファの『大フィクフ』は法学書ではなく神学書であり、マディーナの七フィクフ学者も専門的な法学者というよりは、預言者ムハンマドの教えに通じた者を意味していました。

　フィクフの学派形成を語るときに、イブラーヒーム・ナハイーの系譜を引くアブー・ハニーファを学祖とするハナフィー法学派を独自裁量学派《アフル・ラアイ》、マーリク・ブン・アナスを学祖とするマーリキー法学派、シャーフィイーを学祖とするシャーフィイー派、アフマド・ブン・ハンバルを学祖とするハンバリー法学派を預言者の言行録の遵奉者《アフル・ハディース》と呼びます。しかし差異はあくまでも相対的なものであり、実際には大きな違いはありません。事実、アフル・ラアィの祖であるアブー・ハニーファは、フィクフの書は残していませんが、彼が伝えたハディースはハディース学者のアブー・ヌアイム・イスバハーニー（一〇三八年没）によって『アブー・ハニーファの遡及伝承集《ムスナド・アブー・ハニーファ》』としてまとめられており、彼の高弟でハナフィー派の大成者と言われるシャイバーニーも彼からハディースを伝えられています。またマーリキー法学祖マーリクのハディース集『踏みならされた道《ムワッタア》』について、シャーフィイー法学祖シャーフィイーは「クルアーンに次いで有益な書物」と呼んでおり、スンナ派で最も権威あるハディース集成の編者ブハーリー[▼32]は「最も信頼できる預言者ムハンマドに遡るハディースの伝承経路は、マーリクがナーフィウを介してイブン・ウマル[▼33]から伝えるものである」と述べています。またハンバリー法学祖アフマド・ブン・ハンバルは法学者である以前にハディース学の巨匠として知られています。つまり、フィクフの四法学祖はすべてハディース学者、伝承者でもあったわけです。

　法学祖たちの時代にはフィクフとハディースの伝承は明確に分離されていませんでした。フィクフの叙述スタイルがハディース伝承から完全に分離するのは、法学祖たちのフィクフにおける教説をその弟子たちが保存し、それを奉じてそれぞれの「学派」を形成するようになり、学祖とその高弟たちの研究の成果が学派の通説として「フィクフ綱要（matn）」のかたちにま

▼32　ブハーリー（870年没）。スンナ派で最も権威あるハディース集である『真正集』を編んだ。

▼33　イブン・ウマル（692年没）。第2代正統カリフ・ウマルの息子。教友。イスラーム初期の学的権威の一人。

とめられるヒジュラ暦三、四世紀のことです。基礎法学《ウスール・フィクフ》という学問領域が成立し、フィクフの基礎概念が反省的に定義され、術語が確定するのもこの時代ですので、独立の学問としてのフィクフの研究パラダイムが確立されたのは、ヒジュラ暦三、四世紀であると言うことができるでしょう。

次節では、具体的に創成期のフィクフとハディースの関係を見てみましょう。

## ❷フィクフとハディース

クルアーンは新約聖書よりは長くヘブライ語（旧約）聖書よりは短い書物ですが、正統カリフ時代に正典が成立しており、イスラーム学徒であれば誰もが暗唱しています。一方、ハディースは、そもそも書物ではなく、「預言者ムハンマドが～と言われた（～をなされた）、と某が私に伝えた、と某が私に伝えた、……、と某が私に伝えた」といった伝承の一つ一つがハディースであり、たとえば既述のアフマド・ブン・ハンバルはこうしたハディースを一〇〇万記憶しており、そのうち約二万六〇〇〇をその著書『遡及伝承集《ムスナド》』に編集して残した、と言われています。

ちなみにムスナドとは預言者ムハンマドからその言行を伝えた直弟子（教友）ごとに編集したハディース集成の編集形式のことでもあります。アフマド・ブン・ハンバルのムスナド以外にもイブン・アブー・シャイバ（八四九年没）のムスナドなどが有名であり、既述のとおりアブ

❖11　フィクフの行為規範は、社会における利害調節、紛争解決の必要から生まれたのではなく、クルアーンとハディースからシャリーアに表現されたアッラーの意思を知るために生まれた。

**独自裁量学派**（アフル・ラアィ）　ハナフィー法学派。

**預言者の言行録の遵奉者**（アフル・ハディース）　マーリク・ブン・アナスを学祖とするマーリキー派、シャーフィイーを学祖とするシャーフィイー派、アフマド・ブン・ハンバルを学祖とするハンバリー派。

**＊**差異はあくまでも相対的なものであり、実際には大きな違いはない。フィクフの四法学祖はすべてハディース学者、伝承者、フィクフとハディースの伝承は明確に分離されていない。

ー・ハニーファが伝えたハディースも伝承者別のこのムスナド形式で編集されています。

　クルアーンに記された法に関する章句は数も限られており、大きく見解が分かれる問題はそう多くありません。またクルアーンの法的記述はおおむね総論的であり、詳細な規定はありません。たとえばクルアーンは礼拝を行い、浄財を施すように繰り返し命じていますが、礼拝をいつどのような文言と動作で行うのか、浄財をいくら払えばよいか、などについては何も述べていません。つまりクルアーンを読んだだけでは崇拝行為《イバーダート》の最も基本的な義務である日々の礼拝すら、どうやって行ったらよいのかは分からないのです。クルアーンの教えを具体的に実践しようと思うとどうしても預言者ムハンマドの言行録、ハディースを参照しなければならなくなります。そしてハディースにしても、一つのハディースでマニュアルのように礼拝の仕方を網羅的に説明したものがあるわけではありません。あるハディースでは立った姿勢で何を唱えるか、別のハディースでは立った姿勢の手の位置はどこか、さらに別のハディースでは跪拝するときには何を唱えるか、というように断片的な情報を含み、時に矛盾する様々なハディースを照合することによって初めて預言者ムハンマドの礼拝の姿を復元することができるのです。

▼34　イブン・シハーブ（742年没）。預言者ムハンマドの教友の次世代。初めて本格的にハディースを書き留めた人物と言われる。

▼35　ウマル・ブン・アブドゥルアズィーズ（720年没）。ウマイヤ朝の第8代カリフ。日本や欧米ではウマル2世とも呼ばれてきた。その高潔さから「第5代正統カリフ」に相当するとの評価もある。金曜日にモスクの説教壇の上からアリーを罵るというウマイヤ朝の悪習を止めさせるなど、イスラーム的価値の実践に努めた。

それゆえ法学者《ファキーフ》の間で最も議論になるのは、どのようなハディースをどのように解釈して採用するか、[11]になります。ですからフィクフとハディース学は双子の学問として誕生した、と言うこともできるでしょう。マーリク、シャーフィイー、アフマド・ブン・ハンバルの四法学派の学祖のうちの三人までがハディース学の巨匠であることは既に述べました。

アフマド・ブン・ハンバルは、法学に関しては礼拝に関する短い書簡しか残しておらず、主著は純粋なハディース集成『ムスナド』です。ここではマーリクとシャーフィイーの主著『ムワッタァ』、シャーフィイーの『母書《キターブ・ウンム》』がどのような書であるのか、それぞれの冒頭を見てみましょう。

『ムワッタァ』の章立ては、後のフィクフの章立てと少し違い、「礼拝」章のうちの「礼拝の定刻」節が独立の章として「儀礼的浄化」章の前に置かれています。「礼拝の定刻」節は以下のように始まります。

（ウバイドゥッラー・ライスィーは）言った。

ヤフヤー・ブン・ヤフヤー・ライスィーが、マーリク・ブン・アナス経由で、イブン・シハーブ[34]から私（ウバイドゥッラー）に（以下のように）伝えました。

ウマル・ブン・アブドゥルアズィーズ[35]はある日礼拝を遅らせました。そこにウルワ・ブン・ズバイルが彼の許にやってきて言うには、彼がクーファにいたときに、ムギーラ・ブン・シュウバ[36]がある日、礼拝を遅らせたが、そこにアブー・マスウード・アンサーリー[37]がやってきて言った。「ムギーラよ、これは何だ。お前は（以下のことを）知らなかったのか」。

ジブリールが降臨して礼拝され、それに続いてアッラーの使徒が礼拝され、それから（ジブリールが）礼拝され、それに続いてアッラーの使徒が礼拝され、それから（ジブリールが）礼拝され、それに続いてアッラーの使徒が礼拝され、それから（ジブリールが）礼拝され、それに続いてアッラーの使徒が礼拝され、「私はこのように命じられた」と言われました。

そしてウマル・ブン・アブドゥルアズィーズは言った。「ウルワよ、お前が語ったことを理解せよ。ジブリールこそアッラーの使徒を礼拝の時刻に立たされた方でないか」。ウルワは言った。「バシール・ブン・アブー・マスウード・アンサリーも、彼の父からそのように伝えていた」。

これは邦訳もある『サヒーフ・ムスリム』（日本ムスリム協会）にも収められているハディースであり、これだけ読むとよく分かりませんが、他のハディースと照合すると、天使ジブリールが人間の姿をとって預言者ムハンマドのもとに現れ、夜明け前、真昼、午後、日没、夜の礼

▼36　ムギーラ・ブン・シュウバ（670年没）。預言者ムハンマドの教友。ウマル、ウスマーン、ムアーウィヤの代にクーファの総督を務めた。

▼37　アブー・マスウード・アンサーリー（660年没）。預言者ムハンマドの教友。第二次アカバの誓いやウフドの戦いに参加。

拝の定刻の幅を教えたことを意味しています。ここで、マーリクはハディースを伝えていますが、マーリクの法学的な解説は一言もなく、ただハディースをイブン・シハーブからヤフヤー・ブン・ヤフヤー・ライスィーに伝えているだけです。

ハディースの編集に伝承者ごとに配列するムスナド形式があることは既に述べましたが、ハディースの編集の主流は後のフィクフの章立てともほぼ重複する主題ごとに配列したムサンナフ形式であり、この『ムワッタァ』は最初期のこのムサンナフ形式のハディース集の一つでもありました。ただし、この時期のハディース集は純粋に預言者ムハンマドの言行だけではなく、教友の言行なども含んでおり、『ムワッタァ』もそうです。

次いで、シャーフィイーの『キターブ・ウンム』ですが、以下のように始まります。


ルバイウ・ブン・スライマーン▼38は我々に語った。（ルバイウは）言った。

シャーフィイーは我々に語った。（シャーフィイーは）言った。

「アッラーは仰せである。『お前たちが礼拝に立ったときにはお前たちの顔と両手を肘まで洗い、頭のところを撫でよ』（クルアーン第5章第6節）」。

シャーフィイーは言った。

「この節を語りかけられた者には、彼らを洗うことはただ水によるしかないことは明らかでしたが、それでこの節において水で洗うことが明示されたが、この節を語りかけられた

▼38　ルバイウ・ブン・スライマーン（870年没）。シャーフィイーの高弟。

者には、水とはアッラーが創造され人間の手が加えられていないもののことであることが理解されていた。それゆえ一般的に水と言われており、雨や川や井戸や水溜り、甘水のすべてと塩水の海の水であり、それで清めか沐浴をした者が浄化されることにおいて等しい。クルアーンの字義は、すべての水が清いことを示しており、海などの水については、預言者からクルアーンの字義に一致するが、私が知らない者を伝承者の経路のなかに含むハディースが伝えられている」。

シャーフィイーは言った。

「マーリクはサフワーン・ブン・スライム（七五〇年頃没）から、イブン・アズラク家の男であるサイード・ブン・サラマを介して（以下のように）我々に語った。

アブドッダール族のムギーラ・ブン・アブー・ブルダが彼（サイード）に（以下のように）語った。

（ムギーラは）アブー・フライラ▼39が（以下のように）言うのを聞いた。

一人の男が預言者に尋ねて言った。

『アッラーの使徒よ、私たちは海洋にでかけますが、水を少ししか積み込みません。それで浄め《ウドゥーゥ》を行うと渇きに襲われてしまいます。それで海の水でウドゥーゥができるでしょうか』。

そこで預言者は言われました。

▼39　アブー・フライラ（679年没）。預言者ムハンマドの教友。預言者ムハンマドの伝承を最も多く伝えた人物。

『それ（海）の水は浄化に使え、そこで死んだものは（食用が）許される』」。

『キターブ・ウンム』ではまずクルアーンの浄め《ウドゥーウ》の典拠となる第5章第6節を引用し、浄めが水で行われることを述べた後に、浄めに使える水が何かを説明し、海水が使えると述べた後で、海水で浄めが可能であるとの、マーリクが伝えるハディースを引用します。

なぜ、ここでマーリクのハディースが引用されているかというと、既述の『マカースィド』にあるように、後のフィクフの規定では、浄めに使える水のことを「真水」と呼び、「水の本質を保っており、他の形容詞を伴わずに無条件に『水』と呼ばれる液体のことである。味、色、匂いのいずれかが変わると無条件には『水』と呼べないため、それは真水でなくなる」と定義しているので、塩味のする海水は無色無味無臭の真水とは言えないため、それが浄めに使えるとするなら、真水でない水でも浄めに使えるという例外規定が必要となるため、海水で浄め《ウドゥーウ》ができる、というハディースが探し出されたというわけです。

ちなみに、『ムワッタァ』の「儀礼的浄化」節の冒頭には、サフワーン・ブン・スライムからマーリクが伝えるこのハディースがコメントなしに置かれていますが、シャーフィイーはマディーナでマーリクに師事し『ムワッタァ』を伝授されています。マーリクの『ムワッタァ』とシャーフィイーの『キターブ・ウンム』を読むことで、フィクフ、イスラーム法学という学問がハディース収集、ハディース学と同時に発生し、分化していった過程を垣間見ることができたかと思います。

## ❸フィクフの啓示志向性

これまでの節のなかで、イスラーム学徒が学ぶべき必修科目として、『マカースィド』のような神学と法学《フィクフ》、霊学《スーフィズム》（イルム・タサウウフ）の基本をまとめた要綱が編まれるようになったとき、フィクフの基本として学ぶとされたのは崇拝行為《イバーダート》であったこと、また『ヌール・イーダーフ』のようなフィクフの初心者向けの入門書としてイバーダートだけをまとめたものが編まれていること、フィクフとハディース集成の最初期の作品がイバーダートから始まっていることを確認しました。つまり、イスラーム学の全体構造においても、フィクフのみの学習課程においても、イバーダートこそがフィクフの基本であることは共通理解であり、フィクフを学ぶ者は、まずイバーダートを学ぶことで、いわば「イスラーム的リーガルマインド」を身につけるのです。

また歴史的にもフィクフはハディース集成と軌を一にして始まり、フィクフもハディースもムアーマラートではなくイバーダートから始まっています。つまり、フィクフの主要関心は、構造的にも歴史的にも、私たちが考えるようないわゆる法学的問題、紛争解決にあるのではなく、クルアーンとハディースのかたちで啓示されたシャリーア、つまり自分が何をすべきかについての神意を知ることにあるのです。それは別の事実からも証明することができます。

法学派の違いにかかわらず、フィクフには「背中離婚《ズィハール》」という章があります。これはクルアーンの章句「お前たちのうち妻たちを『私にとってお前は私の母の背のようである《アンタ・アライヤ・ザフル・ウンミー》』との宣告で遠ざけた者たち、彼女らは彼らの母親ではない。彼らの母親とは、彼らを産んだ者以外にはいない。そしてまことに彼らは、忌むべき言葉と虚偽を語っているのである。そしてまことにアッラーはよく免じ、よく赦し給う御方」（第58章第2節）に基づく特別な離婚の形式です。「お前は私の母の背中のようである」とは、妻とは性交渉をもたない、という意味のアラビア語の特殊な表現です。アラブ人以外で、「アンタ・アライヤ・ザフル・ウンミー」などと言う者はいませんので、アラブ人以外には意味がない規定ですが、ペルシャ人の法学者たちもアラブ人の法学者とまったく同じようにズィハール離婚の規定について論じています。また今日でも非アラブのムスリム諸国でもズィハール離婚の規定はやはり教えられ続けています。これは、フィクフの関心が紛争解決のような実用ではなく、クルアーンとハディースに表現されたシャリーアの神意の理解の探求にあることをよく示しています。また逆に言うと、フィクフの啓示志向性はハディースが不在な問題への関心の薄さによっても示されているということもできます。

　クルアーンの第6「家畜」章には「アッラーの御名が唱えられていないものは食べてはならない。そしてそれは背徳（邪《よこしま》なもの）である。またまことに悪魔たちは彼らの（被）後見たちを唆し、お前たちと論争させるのである」（第6章第121節）、「言え、『私は、私に啓示されたもののなかに、食べる者に食べることが禁じられたものを見出さない。ただし、死肉、流れる血、豚肉――ことにそれは不浄である――であれば別である。あるいは、アッラー以外のものの名を唱えられ（屠殺され）た邪《よこしま》なものだけである』」（第6章第145節）の二か所において、「アッラーの御名が唱えられていないもの」、「アッラー以外のものの名を唱えられた（もの）」が「邪なもの」と言われています。第6章第121節は、マッカの多神教徒たちが預言者のもとにやってきて、「羊が死んだら、誰がそれを殺したのか」と質問し、それに対して預言者が「アッラーが殺されたのである」と答えられると、「お前はお前やお前の仲間たちが殺したものは合法《ハラール》であり、お前たちの鷹や猟犬が殺したものもハラールなのにアッラーが殺されたものは違法《ハラーム》であると主張しているのか」と言ったのに対して啓示されたと言われています。つまり、ハラームである「邪なもの」とは、屠殺に際してアッラーの名前を唱えなかったか、あるいはアッラー以外のものの名を口にして屠殺した動物である、ということです。

日本のような農耕社会なら動物の屠殺ではなく作物を収穫するときに神の名を唱えて捧げることも珍しくはありません。創世記にもアベルが羊を神に捧げたのに対して、カインは農作物の初物を神に捧げた、と記されています。クルアーンの章句の字義を考えるなら、「アッラーの御名が唱えられていないもの」、「アッラー以外のものの名を唱えられた邪なもの」は、アッラーの名前を唱えて捧げられなかった農作物や、アッラー以外の神に捧げられた収穫物を含んでもおかしくはないはずですが、この章句に関しては動物の屠殺のハディースしかないため、植物についてはアッラーの御名を唱えることの必要性の有無は検討されていないのです。

▼40　イブン・アッバース（687年没）。預言者ムハンマドの教友の一人で、学識の深さにより広く知られた。

▼41　アブー・ダルダーゥ（652年没）。預言者ムハンマドの教友の一人。

預言者ムハンマドの高弟イブン・アッバース▼40は「アッラーはその預言者を遣わされ、その書（クルアーン）を下され、そのハラール（許されたもの）を許され、ハラーム（禁じられたもの）を禁じられた。それゆえアッラーが許されたものがハラールであり、禁じられたものはハラームであり、語られなかったものは、大目に見られたものなのである」と言って、この第6章第145節を読み上げた、と伝えられています。農産物に関しては、語られていなかったので、たとえハラールでなくとも大目に見られる、ということなのかもしれません。

ちなみにこのイブン・アッバースの言葉は、預言者ムハンマドの言葉が元になっています。アブー・ダルダーゥ▼41の伝えるハディースの異伝では、「語られなかった《アーフィヤ》ものは、大目に見られたもの《アフウ》なのである」の後に、「それゆえアッラーからのお目こぼしを頂戴しなさい」の語が付け加えられています。

以上の例からも、フィクフは自分たちが直面する現実よりもまず啓示を志向している、ということが分かると思います。啓示にあることは現実には存在しなくてもその意味が探求される一方、啓示に言及がないことには、あまり関心が払われないのです。

ズィハール離婚は実用性がなくとも啓示にあることは学ばれ続けることの古典的な例でしたが、現代の分かりやすい例は奴隷の解放でしょう。イスラームは債務奴隷を認めていませんので、ムスリムがムスリムを奴隷にすることはありえませんので、フィクフには自由人が奴隷になる規定は存在しませんが、奴隷の解放には一章が設けられています。現代ではサウディアラビアで一九六二年に奴隷解放令によって奴隷がすべて解放されて以来、公式にはもはやムスリム世界には奴隷は存在しないことになっています。しかし現在でもフィクフの学習では「奴隷解放」章をはじめとして奴隷に関する諸規定が教えられ続けています。

啓示志向のフィクフにおいて、廃止された奴隷についての規定が現在でも教えられていることには意味があります。ムスリム世界では一九六二年に奴隷制度が廃止され、公式にはもはやムスリム世界には奴隷は存在しない、と言いましたが、正確には間違っています。一九六二年に廃止されたのは、フィクフの規定する奴隷制《ウブーディーヤ》であり、いなくなったのはフィクフにより権利義務関係が規定された奴隷《アブド》です。シャリーアとイスラーム法が違うように「アブド」と「奴隷」も似て非なる概念です。いや、それ以前に、日本語の「奴隷」、英語の「slave」自体が実は曖昧な概念です。現在、世界には奴隷は存在しないことになっていますが、労働環境の改善を目的とする団体「ウォーク・フリー・ファンデーション（Walk Free Foundation）」の『国際奴隷制指標二〇一四（*The Global Slavely Index 2014*）』によると現代の奴隷人口は約三五八〇万人にのぼります。この指標によると奴隷の人口比上位五か国のうちの三か国はムスリム国で、一位はモーリタニアで四パーセント、二位はウズベキスタンで三・九七三パーセント、四位はカタールで一・三五六パーセントです。総人口ではパキスタンが一位のインド一四二八万五七〇〇人、二位の中国三二四万一四〇〇人に次いで二〇五万八二〇〇人で三位につけています。ちなみに日本は奴隷人口比一二七位で奴隷人口は二三万七五〇〇人です。

つまり、現実は、ムスリム世界から奴隷がいなくなったのではなく、ムスリム世界にはフィクフの規定に則って扱われる奴隷《アブド》がいなくなった代わりに、欧米から「現代の奴隷」と呼ばれるような過酷な待遇、「人権」侵害を強いられる人身売買が横行するようになった、ということにすぎません。そうであるならば、今日でもフィクフの奴隷《アブド》の規定を学ぶことは不要ではなく、大きな意味があります。

「従順で気に入ったアブドにはお前が食べる物を食べさせお前が着る物を着せなさい。気に入らないアブドは売りなさい。アッラーの被造物を虐めてはならない」とのアブー・ダーウード▼42が伝える預言者ムハンマドのハディースに基づき、アブドの主人には自分の扶養家族と同様にアブドの扶養義務があります。そればかりか、このハディースは気に入らないアブドに対するパワー・ハラスメントの禁止と転職の斡旋まで命じています。また「自分のアブドを殺した者を我々は同害報復で殺す。その手足を切った者はその手足を切る。去勢した者は去勢する」とのアブー・ダーウードなどが伝えるハディースはアブドの虐待を厳しく禁じています。

フィクフには「アブド解放」章はありますが「アブド化」章はありません。シャリーアの規定が施行されるイスラームの家《ダール・イスラーム》では、アブドになる者はいません。ダール・イスラームにいるアブドは、イスラーム時代以前からのアブドの子孫か、ダール・イスラームの外部から奴隷商人によって連れ込まれた者か、異教徒の戦争捕虜で処刑もされず保釈もされずアブドとされた者の三種類だけです。フィクフのアブドの規定を学ぶことは、イスラームにおける債務奴隷の

▼42　アブー・ダーウード（889年没）。スンナ派のハディース六大集の一つ、『スナン』を編纂した。

不在に目を向けさせますが、イスラームにおける債務奴隷の不在の理由を考えるとき、利子を禁じ、債務を返済できない者の返済を免じ、アブドの解放を推奨するシャリーアが蔵する経済思想を理解することができるでしょう。

## ❹啓示の解釈学

フィクフという学問はまず啓示の理解を目指すことから生まれた、と言いました。フィクフは一種の啓示の解釈学です。ところが実はイスラーム学には、「解釈」一般を指す専門用語がないのです。イスラーム学、特に神学では、字義的な解釈を指す「タフスィール」、比喩的な解釈を指す「タアウィール」という用語があります。しかし「タフスィール」の語は、クルアーンの註釈書の意味の専門用語にもなります。ハディースや、他のイスラーム学の文献の註釈書は「シャルフ」と呼ばれるのが普通です。しかし「シャルフ」は動詞や普通名詞として使われる場合は「解釈」というより、「説明」を意味します。

フィクフはある意味で啓示の解釈学ですが、フィクフには私たちが「法解釈学」と呼ぶような意味での、クルアーン、ハディースの啓示の解釈の方法論を主題的に論じた学問分野はありません。ところが、クルアーンには、イブン・タイミーヤの解釈の方法論についての論考『クルアーン釈義原則序説《ムカッディマ・フィー・ウスール・タフスィール》』があります。そこでフィクフにおける啓示の解釈の方法を論ずる前に、同書に依って、クルアーンの解釈の方法論を見ておきましょう。

▼43　アブー・バクル（634年没）。最初期の入信者で富貴の人として知られた。預言者ムハンマドの聖遷に同行（クルアーン 9：40）するなど物心両面で支えた。スンナ派初代正統カリフとなってからは、背教戦争の鎮圧に追われた。

▼44　ウスマーン・ブン・アッファーン（656年没）。第3代正統カリフ。

▼45　アリー・ブン・アブー・ターリブ（661年没）。第4代正統カリフ。シーア派における初代イマーム。

▼46　イブン・マスウード（653年没）。非常に小柄で香を好み、預言者ムハンマドの身の回りの世話をする従者として仕えた。カリフ・ウマルにより「知で満たされた器である」と評されるなど、その学識は教友たちのなかでもっとに知られていた。

イブン・タイミーヤによるとクルアーン釈義の最善の方法はクルアーン自体によってクルアーンを解釈することです。クルアーンの曖昧な箇所は別の箇所で詳細に説明されており、簡略に述べられている箇所は他の場所で敷衍されているからです。しかしクルアーン自体のなかにその解釈が見つからない場合には、預言者のハディースに解釈を求めなければなりません。なぜならスンナは、クルアーンと同じく預言者に下されたアッラーの啓示であり、クルアーンを説明するものであるからです。クルアーンの釈義がクルアーンにもハディースにも見つからない場合には預言者の直弟子である教友たち、特にアブー・バクル▼43、ウマル、ウスマーン・ブン・アッファーン▼44、アリー・ブン・アブー・ターリブ▼45の正統カリフたちやイブン・マスウード▼46、イブン・アッバースなどの高名な学者を参照しなければなりません。なぜなら彼らはクルアーンの啓示の生き証人であり、その釈義に最もよく通じており、それを完全に理解していたからです。教友の言葉にも釈義が見出されない場合には、クルアーン釈義学の学匠たちは、教友に教えを受けた世代の言葉を参照しました。しかし教友に教えを受けた世代については、彼らの見解が一致している場合には議論の余地なく釈義の論拠となりますが、相違が知られている場合には論拠とはなりません。その場合はクルアーンかスンナ、当時のアラビア語の用例、教友の言葉を参照しなければならず、それらの知識に基づかない自分自身の考えだけによるクルアーンの釈義は禁じられている、とイブン・タイミーヤは言います。

実はイブン・タイミーヤによるこのクルアーン釈義原則は、イスラーム基礎法学《ウスール・フィクフ》の創始者シャーフィイーが確立した法学基礎論、法源論と通底しているのです。既に述べたようにフィクフの成立期には、自由裁量学派《アフル・ラアイ》と預言者の言行録の遵奉者《アフル・ハディース》の対立がありました。シャーフィイーはアフル・ハディースの理論家として、自由裁量による法判断を禁じ、法を啓示に基礎づけようとしたのです。

イブン・タイミーヤは、クルアーンを理解するにはまずクルアーン自体によって、それでも明らかにならなければクルアーンを教えた預言者ムハンマドのハディースによって、それでも分からなければ預言者ムハンマドから直接学んだ教友の言葉によって理解しなければならない、と言います。イブン・タイミーヤにとって教友の見解は預言者からの教えであり、ある意味で預言者の教えと一つです。そして預言者の直弟子であった教友の時代の後のムスリムに関しては全員一致があった場合にのみクルアーンの正しい解釈とみなされます。シャーフィイーは行為規範の典拠、すなわち法源をクルアーン、ハディース、イスラーム学者のコンセンサス《イジュマーウ》、類推《キヤース》であるとしました。クルアーン、ハディース、イジュマーゥ、キヤースはシャーフィイー以降のウスール・フィクフの学者たちの間で異論なく承認された法源となります。

イブン・タイミーヤはスンナ派フィクフの四学派成立期におけるアフル・ハディースの代表的論客です。イブン・タイミーヤが論じたクルアーン釈義の原則とシャーフィイーの法学基礎論は、どちらも独断を排し預言者のハディースによって啓示を解釈しようとするアフル・ハディースの精神を共有しています。クルアーンの意味を預言者のハディース、イスラーム学者のコンセンサスによって補完することによって啓示の意味を知ることができる、というのがアフル・ハディースのクルアーン釈義と法解釈の共通の信念です。

ちなみに教友の見解が時として預言者のハディースに準ずるものとみなされるとのイブン・タイミーヤの釈義原則は、マーリクの『ムワッタァ』に教友の見解が含まれているのと同じ理由です。そして前節で、クルアーン第6章第145節の釈義における教友イブン・アッバースの言葉が預言者ムハンマドの言葉を伝えたものであることを見たように、教友の見解を預言者の教えとみなすことにはそれなりの正当性があるのです。

そこで具体的にフィクフにおける酒の禁止を例にとって、クルアーンの章句を預言者ムハンマドのハディース、教友の言葉で補完していかにして酒の禁止が導かれるかを見てみましょう。

クルアーンには酒に関して、第2章第219節「彼らは酒と賭け矢についてお前に問う。言え、『その二つには大きな罪と人々への益があるが、両者の罪は両者の益よりも大きい』」、第4章第43節「信仰する者たちよ、お前たちが酔っているときには、言っていることが分かるようになるまで礼拝に近づいてはならない」、第5章第90‐91節「信仰する者たちよ、酒と賭け矢と石像と占い矢は不浄であり悪魔の行いにほかならない。それゆえ、これを避けよ。きっとお前たちは成功するであろう。悪魔は酒と賭け矢によってお前たちの間に敵意と憎しみを惹き起こし、お前たちをアッラーの唱念と礼拝から逸らそうとしているにほかならない。これでお前たちも止める者となるか」、第16章第67節「また、ナツメヤシとブドウの果実からも。お前たちはそれから酔わせる物と良い糧を得る」の四つの章句があります。これらのクルアーン自体のなかには、これらの章句の啓示の順序を示す言葉もなく、最終的に神意がどこにあるのかを決定しうる文言は存在しません。神意の所在を知るためには、クルアーンの啓示された状況、預言者による説明などのクルアーン本文以外の情報が必要になります。

　最初に啓示されたのは「また、ナツメヤシとブドウの果実からも。お前たちはそれから酔わせる物と良い糧を得る」（第16章第67節）でした。イスラームの初期において飲酒は許されていたので、マッカのムスリムたちはそれを飲んでいたのです。その後、ヒジュラの後でウマル・ブン・ハッターブ▼47、ムアーズ・ブン・ジャバルたちがアッラーの使徒のもとを訪れ、「アッラーの使徒よ、酒と賭け矢について私たちに法判断を下してください。どちらも理性を去らせ、財産をなくさせるものです」と尋ねました。そこで「彼らは酒と賭け矢についてお前に問う。言え、『その二つには大きな罪と人々への益があるが、両者の罪は両者の益よりも大きい』」（第2章第219節）が下されました。そこである者たちは「罪が大きい」という言葉から酒を遠ざけましたが、別の者たちは「人々への益がある」という言葉からそれを飲

▼47　ウマル・ブン・ハッターブ（644年没）。第2代正統カリフ。イスラームへの激しい迫害者であったが、改宗後は熱心な擁護者となった。アブー・バクルの任期が短かったのに対し、カリフ就任（634年）後は外政と内政に力を注いだ。自己に厳しく、公正を旨とした統治は現代でもスンナ派で高い評価を得ている。

▼48　アブドゥッラフマーン・ブン・アウフ（652年没）。預言者ムハンマドの教友。「楽園の吉報を伝えられた10人」のうちの、また、第2代正統カリフ・ウマルが任命した第3代カリフ選出協議員兼候補者6名のうちの一人。

み続けました。

　その後、アブドゥッラフマーン・ブン・アウフ▼48が教友たちを食事に招き、客に食事を振る舞い、酒を飲ませました。夕方《マグリブ》の礼拝の時間が来たため人々は一人に礼拝の先導をさせて彼はクルアーンを読誦しましたが、「言え、『不信仰者たちよ』、『私はお前たちの仕えるものに仕える』」（正しくは「言え、『不信仰者たちよ』、『私はお前たちの仕えるものに仕えない』」）（第109章第1－2節）と否定詞を抜いて最後まで読んでしまいました。そこでアッラーは「信仰する者たちよ、お前たちが酔っているときには、言っていることが分かるようになるまで礼拝に近づいてはならない」（第4章第43節）を下され、礼拝時に酒を飲むことを禁じられました。そこで人々は礼拝時には酒を遠ざけましたが、ある者は夜《イシャーゥ》の礼拝の後に酒を飲み、酔ったまま朝を迎え夜明け前《スブフ》の礼拝をし、その後また酒を飲み、昼《ズフル》の礼拝時には素面に戻っていました。

　部族連合の戦いの数日後、イトバーン・ブン・マーリク▼49がサアド・ブン・アブー・ワッカース▼50らを酒宴に招き、焼いたラクダの頭を振る舞いました。人々は食べ、酔うまで飲み、その状態で家柄の自慢を始め、ある者たちが自分の一族を誇る詩を歌い、マディーナの住民を笑い者にしました。そこでマディーナの住人の一人がラクダの顎の骨でサアドの頭を殴って重傷を負わせました。そこでサアドはアッラーの使徒にその者を訴え、ウマルは「アッラーよ、われらに酒についてはっきりとした明証を示し給え」と言いました。する

▼49　イトバーン・ブン・マーリク（670年没）。預言者ムハンマドの教友の一人。
▼50　サアド・ブン・アブー・ワッカース（675年没）。預言者ムハンマドの教友。「楽園の吉報を伝えられた10人」のうちの、また、第2代正統カリフ・ウマルが任命した第3代カリフ選出協議員兼候補者6名の一人。

とアッラーは第5章第90－91節の「これでお前たちも止める者となるか」までを下され、そこでウマルは「主よ、われらは止めました」と言いました。

当時のアラブ人には飲酒の習慣が一般的だったため、酒は段階的に禁じられ、最終的に第5章第90－91節の啓示により厳禁とされるのですが、それはクルアーンだけを読んだのではいくら考えても分からず、啓示をめぐる預言者と教友たちの逸話を記したハディースを読んでクルアーンの啓示の歴史的文脈と順序を知ることによって初めて分かることです。

フィクフにおいて酒は禁止《ハラーム》、飲酒は厳禁とされ、その典拠はクルアーンなのですが、クルアーンから飲酒の禁止の規定を演繹するには、まずクルアーンの諸々の章句を読み比べた後に、それを説明するハディースと照会する必要があります。教友たちの言葉も参照されるのはハディースを伝えたのが教友たちだからです。

フィクフが啓示の解釈学である以上、フィクフを理解するために、まずクルアーン、ハディースを解釈する際の一般的な原則を心得ておくことが必要であると分かっていただけたかと思います。そこで次節では、特殊フィクフ、法学的な解釈について概観しましょう。

## ❺フィクフの解釈学

欧米、日本の法学には法解釈学という分野があります。有名な「この橋、馬車は通るべからず」の例文を用いると、馬車は通れない、というのが文理解釈、牛も馬のようなものだから牛車も通れない、というのが類推解釈、馬車がダメならもっと重い戦車はもっとダメだ、というのが当然解釈、禁じられているのは馬車だから馬車でない自動車は通っていい、というのが反対解釈、馬車は車の一種だから三輪車であれ自転車であれ車輪のあるものはすべて通行不可、というのが拡大解釈、ポニーの引く子供用の馬車なら軽くて小さいので通行可能だろう、というのが縮小解釈です。

フィクフは啓示の解釈学ですが、フィクフにはこのようにまとめられた解釈の種類の分類はありません。フィクフの議論で最も法解釈学に近いのは、シャーフィイーが定式化した四法源、クルアーン、ハディース、コンセンサス《イジュマーゥ》に次ぐ第四法源、類推《キヤース》でしょう。しかしその前に、イジュマーゥについて簡単に説明しておきましょう。

イジュマーゥとは「合意」を意味しますが、誰の合意であるのかをめぐってフィクフの学者の間でも見解が分かれています。多数説は各世代のイスラーム学者ですが、イブン・タイミーヤのように、教友のイジュマーゥしか認めず、しかも教友のイジュマーゥは預言者ムハンマドの教えがあったからにほかならないとし、事実上イジュマーゥを否定する学者もいます。

そもそもイスラーム学者を認定する制度もなければ、イスラーム学者の公認の組織としての公会議もないイスラームにおいて、厳密に制度化されたイスラーム学者の合意などというものは存在しようがありません。実際には、イジュマーゥと言われるものは学者たちの誰かがイジュマーゥであると言い出して、異論がないままに何世代かを経た学説のことです。代表的なも

❖12　**法源**　クルアーン、ハディース、イジュマーゥ（イスラーム学者のコンセンサス）、類推《キヤース》。

**イジュマーゥ（コンセンサス）**　イジュマーゥは、合意を意味する。誰の合意であるのかをめぐってフィクフ学者の間で議論がある。実際には、イジュマーゥと言われるものは学者たちの誰かがイジュマーゥであると言い出して、異論がないままに何世代かを経た学説。イジュマーゥは、法解釈論としては、ほとんど意味がない。

**類推《キヤース》**　類推《キヤース》は、共通の事因《イッラ》を意味するクルアーンとハディースの明文規定を明文にないものに類推適用すること。クルアーンとハディースの規定には事因《イッラ》が明言されていないことがほとんどであるため、その同定は見解が分かれることが少なくない。ウスール・フィクフの法解釈論では、キヤースよりむしろ重要なのは、クルアーン、ハディース解釈の言語論→一般的な言語分析が中心。フィクフの解釈学の最初の役割は、クルアーンとハディースの啓示に込められた神意をアラビア語の日常言語分析によって解明することであり、フィクフは私たちが考える法解釈学であるよりも、まず啓示の解釈学であり、いわゆる法的解釈がそのなかで占める割合は決して大きくはない。

のが、預言者ムハンマドの主だった高弟たちがアブー・バクルを預言者の後継者《カリフ》に選び、マディーナの教友たちがそれを追認したことです。後代のフィクフにおいて、カリフ選出の義務の典拠は教友たちのイジュマーゥとされます。

　イジュマーゥは、法解釈論としては、ほとんど意味がありません。イスラームの法解釈論として、まず論ずるべきは、第四法源である類推《キヤース》です。キヤースとは共通の事因《イッラ》によって、クルアーンとハディースの明文の規定を明文にないものに類推適用することです❖12。

　たとえば酒《ハムル》の禁止から、禁止の事因《イッラ》である酩酊作用が共通することから、麻薬の禁止を類推するのがキヤースです。しかし、クルアーンとハディースの規定にはイッラが明言されていないことがほとんどであるため、イッラの同定は見解が分かれることが少なくありません。たとえば利息と訳されることの多い不等価交換《リバー》の禁止となる以下のタハーウィーが伝えるハディースがその例です。

> 金と金は同じ重さで、銀と銀は同じ重さで、大麦と大麦は同じ嵩で、小麦と小麦は同じ嵩で、ナツメヤシはナツメヤシで、塩は塩で、ただし、小麦とナツメヤシならナツメヤシのほうが多くてもその場での現物交換なら問題はない。それで増量するか、増量を求めるかした者がいたとすれば、その者は不等価《リバー》交換を行ったことになる。

このハディースは金、銀、大麦、小麦、ナツメヤシ、塩について、それぞれ同じ種類のものについては、同量でその場での現物交換以外を禁じる典拠となります。たとえば、一〇〇グラムの金貨を一年後に対価を払うという条件で二〇〇グラムの金貨を対価に売ったとすれば、年利一〇〇パーセントで一〇〇グラムの金貨を借りたのと同じです。だからリバーを利息と訳すこともあるわけです。実はリバーと利息は別の概念で、だから私は不等価交換と訳しているのですが、その詳細についてはここではふれず、本題のキヤースに話を戻します。

リバーの禁止のイッラが何であるのかに関して、フィクフでは学説が二つに分かれます。一説では、イッラは「量り売りできること」、「種類の一致」で、これはハナフィー派はこの説を取ります。第二の説ではイッラは「食べ物であること」あるいは「通貨であること」であり、シャーフィイー派はこのように考えます。第一の説に従うなら、およそすべてが等質で重量や容積単位で売買される石油やダイヤモンドもリバー禁止財にあたりますので、石油と石油、ダイヤモンドとダイヤモンドの交換は等量どうしでその場での現物交換以外には許されないことになります。第二の説が正しいなら、米と米、砂糖と砂糖のような食物どうし、紙幣と紙幣のような通貨どうしは、等量どうしでその場での現物交換以外には許されないことになります。紙は、どのような紙でも同じに扱って同一価格で量り売りされるものではありませんので、第一の説では、紙切れである紙幣は別の量の対価で後払いで交換しても、つまり、高利で貸しても、リバーの禁止に抵触しませんが、第二の説に従うなら、それが通貨であるためにリバーにあたり、禁止されることになります。

基礎法学《ウスール・フィクフ》にはイッラの発見に関する議論がありますが、リバーの禁止のイッラについて見解が分かれているように、客観的にイッラを確定できる厳密な方法はありません。したがって、類推《キヤース》を法源として認めない学者もいます。シーア派（一二イマーム派）はキヤースを認めません。またハンバリー法学祖アフマド・ブン・ハンバルもキヤースを否定したとも言われ、キヤースを全否定しないまでもハンバリー派はキヤースより教友の法見解や信憑性の薄弱なハディースを優先します。

ウスール・フィクフの法解釈論として、キヤースよりむしろ重要なのは、クルアーン、ハディース解釈の言語論です。例えば古典フィクフ基礎論の標準的教科書であるバイダーウィー▼51の『基礎論の知識に関する到達の道《ミンハージュ・ウスール・フィー・マアリファ・イルム・ウスール》』の章立ての第一章「クルアーン」では、第一節は、意味設定、語の分類、派生語、同義語、多義語、本義と比喩、難解語の対立、文字、語の表意の形態、と言語論にあてられており、第二節は、命令と禁止で、命令法、禁止命令法とその他の命令表

▼51　バイダーウィー（1286年没）。シャーフィイー派。クルアーンの註釈家としても知られる。

現が分析され、第三節は、一般語と特殊語、第四節では明瞭語と不明瞭語の違いが説明されます。第五節は廃棄者と被廃棄者となっていますが、これはローマ法の格言の「後法は前法を廃する」にあたるものです。前節で述べた酒の禁止において、クルアーン第16章第67節「また、ナツメヤシとブドウの果実からも。お前たちはそれから酔わせる物と良い糧を得る」が第4章第43節「信仰する者たちよ、お前たちが酔っているときには、言っていることが分かるようになるまで礼拝に近づいてはならない」によって廃され、さらにそれが第2章第219節「彼らは酒と賭け矢についてお前に問う。言え、『その二つには大きな罪と人々への益があるが、両者の罪は両者の益よりも大きい』」によって廃され、さらにそれが第5章第90-91節「酒と賭け矢と石像と占い矢は不浄であり悪魔の行いにほかならない。それゆえ、これを避けよ。……これでお前たちも止める者となるか」によって廃され、最終的に全面禁止になったのが、フィクフにおける「後法は前法を廃する」との法原則、この「廃棄者と被廃棄者」の議論によるものです。

つまり、特殊クルアーン的な第五節「廃棄者と被廃棄者」を除き、ウスール・フィクフのクルアーンの法解釈学は、一般的な言語分析が中心なのです。

例として第二節の命令法の分析を取り上げてみましょう。動詞の命令法の基本的な意味は義務負荷ですが、バイダーウィーは命令法には、次のように一六とおりの用法があるといいます。①**義務負荷**：「礼拝を行え」（第2章第43節）、②**推奨**：「彼ら（奴隷）に（自己身請け契約書を）書いてやるがよい」、③**指導**：「二人の証人に証言を求めよ」（第2章第282節）、④**許可**：「良きものから食べよ」（第23章第51節）、⑤**威嚇**：「好きなようにするがよい」（第41章第40節）、⑥**恩恵**：「アッラーがお前たちに糧として与え給うたものから食べ」（第6章第142節）、⑦**表敬**：「安全な者として平和にそこに入れ」（第15章第46節）、⑧**嘲弄**：「猿になれ」（第2章第65節）、⑨**不可能性立証**：「言え、『一章でももってきてみよ』」（第10章第38節）、⑩**軽侮**：「味わえ、まことにお前は偉大で高貴な者だ」（第44章第49節）、⑪**平等化**：「忍耐せよ、あるいは忍耐するな」（第52章第16節）、⑫**祈願**：「われらが主よ、われらとわれらの民を正義をもって判定し給え」（第7章第89節）、⑬**期待**：「いや、長い夜よ、いや、明けよ」（古詩）、⑭**軽蔑**：「ムーサー（モーセ）は彼らに言われました。『投げてみよ』」（第26章第43節）、⑮**創造**：「『あれ』。するとそれはあった」、⑯**叙述**：「もしお前が恥じないなら、お前は好きなようにせよ」（ハディース）。

　つまり、動詞命令法が使われているからといって、義務とは限らない、ということであり、法学的に重要なのは、①の例の義務負荷と、②の推奨の区別です。また逆に動詞命令形が用いられていない平叙文であっても義務負荷になる場合もあります。法令集ではないクルアーン、ハディースは、義務負荷の規定であるか否かが一義的に分かる表現で書かれているわけではありません。ですから、フィクフの解釈学の最初の役割は、クルアーンとハディースの啓示に込められた神意をアラビア語の日常言語分析によって解明することであり、フィクフは私たちが考える法解釈学であるよりも、まず啓示の解釈学であり、いわゆる法的解釈がそのなかで占める割合は決して大きくはないのです。

## コラム◎勉強の風景

イスラーム世界では、預言者ムハンマドの時代以来、イスラームを学ぶ最初の場はモスクです。イスラーム世界では田舎の村の小さなモスクでも、小さな子供たちがクルアーンを学ぶ姿を目にすることができます。こうしたモスク付属のクルアーン学校を寺子屋《クッターブ》と呼びます。クッターブではアラビア文字の読み方を習い、クルアーンの正確な発音での読誦を学びます。同時にクッターブでは有名な短いハディース、礼拝のやり方なども学ぶのが常です。

通常、クッターブは子供たちが学ぶ場ですが、きちんとしたカリキュラムがあるわけでもなければ修学年限が決まっているわけでもありません。年齢制限もありません。クッターブは教える内容がクルアーンの読み方など初歩的であるだけでなく、規模的にもモスクの導師《イマーム》が一人で教えている場合がほとんどです。寺子屋《クッターブ》が初等教育の場であるなら、区別する基準が厳密にあるわけではありませんが、それより進んだ中等・高等教育の場が学校《マドラサ》です。

マドラサはクッターブの初等教育を終えた者たちが学ぶ場で、クルアーンとハディースのテキストに加え、神学（カラーム、ウスール・ディーン）、法学《フィクフ》、霊学（タサウウフ、アフラーク）などが教えられましたが、最も重要なのは法学でした。このマドラサ制度は九世紀頃に成立しましたが、一一世紀にはアッバース朝の支配下にニザーミーヤ学院と呼ばれる多くのマドラサが建設されました。

マドラサは内容のレベルも規模も様々で、下はローカルな村の小学校といったレベルから、上はイスラーム世界全土から俊英が集まり「博士《アーリム》」を輩出する国際的に有名な大学レベルまで、千差万別です。ちなみに世界最古の大学とも言われ、現在スンナ派イスラーム学の最高学府とみなされているエジプトのアズハル学院はシーア派イスマーイール派のファーティマ朝によって建てられたアズハル・モスクに九八八年に併設されたマドラサを母体としています。

マドラサ制度が確立した時代は、イスラーム学の完成期でもあり、この時代に整備されたマドラサのカリキュラムは、大きな変更を蒙ることなく今日までイスラーム世界各地で教えられています。前近代において教えられていたイスラーム学の古典は今日でも教えら

マレーシアのポンドク（イスラーム寄宿学校）

れていますが、マドラサ制度自体は大きな変質を被っています。

現代アラビア語では小学校を初等学校《マドラサ・イブティダーディーヤ》、中学校を中等学校《マドラサ・ムタワッスィタ》、高校を二次学校《マドラサ・サーナウィーヤ》、大学を総合校《ジャーミア》、大学院を高等研究校《ディラーサート・ウルヤー》と言いますが、古典アラビア語にはマドラサ以外の専門用語はなく、初等教育寺子屋《クッターブ》に対して学校《マドラサ》は中・高等教育機関の総称でした。

現代アラブ世界では、教育制度はほぼ完全に西欧化され、小学校・中学校・高等学校・大学・大学院という学制が導入されており、伝統的なマドラサはほぼ消滅しています。モスクの付属機関として始まったものであり、マドラサは一義的に神に仕える場であり、学生たちは教師でもあるイマームの先導で礼拝し共に学びます。特に名声の高いマドラサでは、イスラーム世界全土から学生が集まりますが、それはマドラサが寄進《ワクフ》制度によって運営され、教師の給料、学生の奨学金が支給されるだけでなく、遠来の学生には寮も用意されるからです。またイスラームの知を求めることはムスリムとしての義務であるため、学ぶ意思があるかぎり、年齢に関わらず学ぶことが許され、修学年限もありませんでした。

アラブ諸国ではこのようなマドラサはほぼ姿を消していますが、非アラブ諸国のなかには現在でもまだマドラサが存在するところがあります。著者は一九九〇年代からアフガニスタン、パキスタン、インドネシア、マレーシア、イランでこうしたマドラサを見学してきましたが、インドネシアではプサントレン、マレーシアではポンドク、イランではハウザと呼ばれています。著者が見学したこれらの国々のマドラサに共通する特徴は、どこでも全寮制であり奨学生たちが教師たちと生活を共にして学んでいることです。

これらのマドラサは前近代のマドラサの伝統を受け継いでいますが、決定的な違いがあります。前近代のマドラサは、イスラーム学者《ウラマーゥ》について学生たちが学ぶ「場」であって、法人、組織ではなく、学生たちは、マドラサで、ウラマーゥ個々人から学んで修学免状《イジャーザ》を得たのであり、特定のマドラサを卒業したわけではなく、高名なウラマーゥから学ぶためにマドラサを遍歴するのが通例でした。ところが、私が目にした時点では、上記の国々のマドラサはイランのハウザを除いて既に学校組織になっており、マドラサにはカリキュラムや修業年限があり、学生たちはマドラサに入学登録をしてマドラサを卒業するようになっていました。現在ではイランのハウザも西欧の学制に合わせて再編されており、古典イスラーム学のマドラサの伝統を完全なかたちで伝える学びの場はもはやどこにもありませ

著者が訪れたトルコ国内のシリア人難民学校での一コマ（2014年）

ん。

　イスラームの学びはモスクから始まりましたが、現在でも、イスラーム世界各地で、モスクで礼拝を終えた信徒たちがウラマーゥを囲んで勉強をしている光景が見られます。こうした講座を円座《ハルカ》と呼びますが、ハルカは先生一人と生徒一人の一対一のものから、何百人も聴衆が集まるものまで大小様々です。ハルカはモスクという開かれた場所で行われるものであることから、誰でも参加できる自由な学びの場であり、伝統的マドラサの精神を一部伝えるものであるとも言うことができます。

　しかし、現在では非イスラーム世界だけでなく、ムスリム諸国でも、こうしたモスクのハルカに対しても、「イスラーム原理主義」の伸長を防ぐための口実のもとに、国家による干渉、弾圧が強まりつつあります。

# 第II部 イスラーム神学と法学の交差

ハラーム・モスク

# 第四章　言葉として顕現する神――誰が「責任」を負うのか？

## 序

モーセの十戒[52]の第一戒は唯一神崇拝であり、第二戒は偶像を作ることの禁止です。セム系一神教、あるいはアブラハム的一神教において、神は唯一無比であり、私たちの想像を超えた存在です。神は空間によって限定されず、いかなるかたちも取ることはありません。それゆえ神の具象化は厳しく禁じられます。イスラームも同じです。では空間のなかに姿を顕さない神はどうやって人間に知られるのでしょうか。

空間のなかに姿を顕さない神は声、言葉として人間に臨みます。声が本質的に音の順序であるとすれば、声とは時間的存在であるとも言えます。そうであるなら、空間のなかに場を占めない神は、時間のなかに顕現する、と言うこともできるしょう。それは空

▼52　モーセがシナイ山で神から授けられた、ユダヤの民に課された10の戒律。旧約聖書『出エジプト記』第20章に示さている。①神が唯一の神である、②偶像を作ってはならない（偶像崇拝の禁止）、③神の名をみだりに唱えてはならない、④安息日を覚えて、これを聖なる日とせよ、⑤あなたの父と母を敬え、⑥殺してはならない、⑦姦淫してはならない、⑧盗んではならない、⑨偽りの証言をしてはならない、⑩貪欲になるな。

間から時間へと超出する存在であることが意識の本質であり、人間の人間たる所以であるからかもしれません。

## ❶神の言葉

ヨハネによる福音書は「初めに言葉があった。言葉は神と共にあった。言葉は神であった。この言葉は初めに神と共にあった。すべてのものは、これによってできた。できたもののうち、一つとしてこれによらないものはなかった」という難解な言葉で始まります。この言葉はイエスを指すと言われます。いわゆるロゴス・キリスト論▼53です。

聖書には、ロゴス・キリスト論は明言されていませんが、実はクルアーンには、イエスは神の言葉である、と明記されています（第4章第171節）。しかし、当然ながら、クルアーンにおいてイエスが神の言葉とされているのは、キリスト教におけるロゴス・キリスト論とはまったく違う意味においてです。

クルアーンのなかで、自分が処女であるのになぜ子供ができるでしょうか、と言うマリヤに対して、天使が言います。

> そのようにアッラーはお望みのものを創り給う。事を決め給うたときには、ただ『あれ』と仰せられるだけでそれはある。（第3章第47節）

▼53　**ロゴス・キリスト論**　ヨハネによる福音書冒頭の「初めにロゴス（言）があった。ロゴスは神とともにあり、ロゴスは神であった」のロゴスをイエスと同定する神学説であり、キリスト教神学によるイエスの神化の手掛かりとなった。

また言われます。

まことにイーサーの様《さま》はアッラーの御許ではアーダムの様のようである。彼を土くれから創り、それから彼に「あれ」と仰せられると、彼はある。（第3章第59節）

アラビア語には「創造」の命令法という概念があることについては、前章の最後の節でふれました。イエスは「あれ」との神の言葉によって創造されたため「アッラーの言葉」の尊称で呼ばれることになったのですが、創造の命令によって存在するのは、イエスだけではありません。

われらがあるものを欲したとき、それに対するわれらの言葉は、それにわれらが「あれ」と言うだけで、そうすればそれはある。（第16章第40節）

イスラームにおいては「あれ」との創造の命令は万物の創造の原理なのです。ロゴス・キリスト論のイエスは、創造の原理そのものですが、クルアーンのイエス（イーサー）は創造の命令がかたちをとった被造物にすぎません。実は創造の原理ロゴス・キリスト論にあたるものは、イスラームの霊学《スーフィズム》のなかにも存在します。それは「アッラーの言葉イエス（イーサー）」ではなく、「ムハンマドの光《ヌール・ムハンマド》」、「ムハンマド的真理《ハキーカ・ムハンマディーヤ》」と呼ばれるもので、この理論によるとムハンマドは世界に先在し、世界はこのムハンマドの光、あるいは真理によって創造された、ということになります。

　しかし、異端の嫌疑が常につきまとう「ムハンマドの光」、「ムハンマド的真理」と違い、スンナ派イスラーム学の正統学説としてコンセンサスが成立しているのが、ムスリムでない者には奇妙に聞こえるクルアーン非被造物説です。クルアーンが被造物であるとのムウタズィラ派神学▼54を公認学説としようとしたのがアッバース朝カリフの第七代マアムーン▼55（八一三－八三三年在位）でした。ムウタズィラ派を奉ずる第七代マアムーン、第八代ムウタスィム▼56（八三三－八四二年在位）、第九代ワースィク（八四二－八四七年在位）の三代にわたるアッバース朝カリフたちによる異端審問、投獄、迫害にさらされながらもクルアーン非被造物説を擁護したのがアフマド・ブン・ハンバルであり、彼の不屈の戦いにより、第一〇代カリフ・ムタワッキル（八四七－八六一年在位）がスンナ派に復帰することで、クルアーン非被造物説はスンナ派正統学説の地位を確立したのでした。

　もちろん、私たちがクルアーンと呼んでいる書物《ムスハフ》、それに書かれたクルアーンのテキストの文字、声に出して読誦されたクルアーンの音が被造物であることは疑いありません。しかし、この世界に書物や音のかたちをとって現象したクルアーンそのものは神の言葉であり、神の言

▼54　**ムウタズィラ派神学**　8世紀前半から、主に現イラクのバスラで発生した、イスラーム史上初めて体系的に神学を整えた学派。当時のユダヤ教徒にも影響を与えるほどアッバース朝で勢力をもったが、あまりにも抽象的な議論を展開したため庶民からは反発が生まれ、しだいに衰えていった。

▼55 マアムーン（833年没）。アッバース朝第7代カリフ。設立した「知恵の館」によるギリシア語文献の翻訳活動はアラビア科学に貢献したが、ムウタズィラ派を公認しその教義への反対者には異端審問を行った。

▼56 ムウタスィム（841年没）。アッバース朝第8代カリフ。正確にはムウタスィム・ビッラー――アッラーの加護を求める者――であり、以後のアッバース朝カリフの名前には「ワースィク・ビッラー」（第9代）、「ムタワッキル・アラッラー」（第10代）のように「アッラー」の語が冠される。サーマッラーを造営、遷都する。



葉は神の属性です。そして神にあっては本体と属性は一つであり、神の属性は神の本体と不可分の一体であるため、クルアーンはアッラー御自身と一体であり、それゆえ被造物とみなすことはできない、ということです。

キリスト教において神はそのロゴス・イエスの姿をとって（受肉して）この世に姿を顕したと考えられているのに対して、イスラームにおいては、神は文字どおりその言葉であるクルアーンとして人の声を通じてこの世に顕現したのです。

## ❷啓示、啓典、霊感

クルアーンは神の言葉であり、神学的には、クルアーンにおいて神御自身がこの世界に顕現した、ということになります。しかしクルアーンが神の言葉であるとしても、クルアーンだけが神の言葉であるわけではありません。クルアーン自体がそれを証言しています。

そしてたとえ地上にあるところのものの木（地上のすべての木）がペンで、一つの海と、その後に七つの海がそれに（インクを）供給するとしても、アッラーの御言葉は（書き）尽くされはしない。（第31章第27節）

❖13　アッラーに直接的に帰される神の言葉として、以下が挙げられる。
①**クルアーン**　文字どおりには「本《キターブ》」という意味。現存する啓典としてムスリムすべてが知るべきとされる。
②**神聖ハディース**　アッラーに直接的に帰される神の言葉だが、啓典ではない。神学的内容が多く、法学的神聖ハディースはほとんどない。イスラーム学者には知られていても、ムスリムの誰もが知っているわけではなく、公共性に欠ける。
③啓示によって導かれた間接的な神の言葉としての、**預言者の言葉**。
④**アッラーの聖者《ワリー》の霊感《イルハーム》の言葉**。その者が本当に聖者《ワリー》なのか、その言葉が真正な霊感《イルハーム》に基づく言葉なのかは、ムスリムの間でも共同主観的に知る手段がないために公共性を欠く。それゆえ、すべてのムスリムが従うべき規範とはならないため、法源にはならない。

世界のすべてがアッラーの創造の言葉からなっているなら、神の言葉はこの世界自体と同じく無限であることになります。もし万象がすべて神の言葉であるなら、あらゆる人間の言葉もすべて神の言葉であることになります。だからアッラーの言葉にもいろいろな種類、段階があることを知る必要があります。クルアーンはクルアーンのなかで、「キターブ」と呼ばれていますが、「キターブ」とは「啓典」、文字どおりにはただの「本」です。❖13 ユダヤ教徒、キリスト教徒を「啓典の民《アフル・キターブ》」と言いますが、これはユダヤ教徒が預言者モーセ（ムーサー）の『律法の書《トーラー》』、キリスト教徒が預言者イエス（イーサー）の『福音書《インジール》』という啓典をもっているからです。

イスラーム学では「啓典《キターブ》」、「預言者《ナビー》」の相関概念に「啓示《ワフユ》」があります。「預言者」とは、神からの啓示《ワフユ》によって「啓典」を授かった者です。預言者とは啓典を授かった者ですが、必ずしもすべての預言者が独自の啓典を授かっているわけではありません。イスラエルの民の預言者たちの多くはモーセの『律法の書』を啓典としていたのであり、独自の啓典を授かったわけではありませんが、アッラーからの啓示に従って『律法の書』を正しく解釈しイスラエルの民を導いたのです。クルアーンにも

「（預言者ムハンマドは）欲望・妄執によって話すのでもない。それは啓示された啓示《ワフユ》にほかならない」（第53章第3－4節）と言われており、クルアーンだけではなく、預言者の言動も一種の啓示とみなされています。つまり、預言者の言葉も、その意味では間接的な「神の言葉」でもあるわけです。

クルアーンは預言者が伝えたアッラーの言葉ですが、実はクルアーン以外にも預言者が伝えたアッラーの言葉があります。それが神聖ハディース《ハディース・クドスィー》と言われるものです。邦訳もあるブハーリーが伝える神聖ハディースには次のようなものがあります。

アブー・フライラが伝えるところ、アッラーの使徒は言われました。アッラーは仰せられました。

> 我が聖者《ワリー》に敵対する者に、我は宣戦した。我がしもべが我が彼に課した義務で我が愛する何かのことで我に近づき、我がしもべが任意の善行で私に近づき続けると、我は彼を愛するようになる。そして我が彼を愛すると、我はそれによって聞く彼の聴覚となり、それによって見る視覚となり、それによって力を振るう手となり、それによって歩む足となる。それでももし彼が我に頼めば我は彼に与え、もし我に赦しを請えば彼を庇護する。

これは「アッラーは仰せられた」との導入で始まり、直接に神に帰される言葉ですが、クルアーン、啓典とははっきりと別物で法的な規定もまったく違います。たとえば、礼拝の立礼でクルアーンの章句を唱えるべきところで、神聖ハディースを唱えることはできず、仮に唱えたならばその礼拝は無効です。

フィクフでは、預言者のハディースがクルアーンに次ぐ第二法源であることは既に述べました。それはなぜかと言うと、預言者ムハンマドがアッラーの啓示により正しく導かれており無謬であるためで、それゆえ彼の言行は信徒が従うべき規範となるわけです。ただし、ローマ教皇の無謬性が教義に関する事柄において教皇座からの宣言においてであるように、預言者ムハンマドが無謬であるのは啓示に導かれた宗教に関する事項に関してである、というのがイスラーム学のコンセンサスです。前近代においては、世界がムハンマドの光によって創造されたと主張するスーフィーたちのようにムハンマドは現世の事柄も含めてあらゆることにおいて無謬であった、と考えるイスラーム学者が後代になるほど増えていきますが、私は個人的にはそうした説は無意味で考慮に値しないと考えています。

ともあれ重要なのは、預言者ムハンマドは天啓法シャリーアを伝える預言者として神からの啓示により正しく導かれていて無謬であることがイスラーム学のコンセンサスであることです。このことは逆に言うと、神の啓示によって導かれた預言者以外にイスラームは無謬な宗教指導者を認めないということです。実はシーア派（一二イマーム派）は預言者ムハンマドの後継者であるイマームが預言者と同じように無謬であると信じていますが、彼らの信ずる最後のイマームである第一二代イマーム・マフディーは八七四年に姿を隠し、シーア派でも事実上無謬の存在はこの世にいなくなりますので、預言者ムハンマドが無謬の宗教指導者であるのと同じく、現在は無謬の宗教指導者がいないということもイスラームの現在のコンセンサスであると言うことができます。

実はイスラーム学ではアッラーと人間のコミュニケーションの可能性が原則的に今も開かれていることを認めます。そうした神とのコミュニケーションができる人間を「聖者《ワリー》（字義どおりには「近しい人」）」と呼びます。しかし、誰がムスリムであるか、イスラーム共同体《ウンマ》のメンバーシップや教義を決定する権威のある機関、聖職者のようなものを有さないイスラームにおいては、誰が「ワリー」であるかを決定することはできないため、誰かを「ワリー」として認めるかどうかは、個々のムスリムに委ねられており、すべてのムスリムが認める「ワリー」はいません。イスラーム学では、預言者にアッラーから授けられる無謬の宗教的教示である「啓示《ワフユ》」に対して、ワリーが時にアッラーから授かるインスピレーションを「霊感《イルハーム》」と呼び分けています。また預言者が神の使者であることを証明する有無を言わさぬ証拠の奇跡「ムウジザ」に対して、ワリーが神から許されて時々行う超常現象は恩寵《カラーマ》と呼ばれて明確に区別されています。

つまり預言者《ナビー》がすべてのムスリムにとって預言者であり、彼が伝えた聖典クルアーン、彼の言動を伝えるハディースがすべてのムスリムが従うべき権威ある規範であるのに対してワリーの言葉はその信奉者のみにとっての権威であり、公共性をもちません。歴史的に、イスラーム学者《ウラマーウ》の多くはワリーでもあり、裁判官《カーディー》がワリーであることも珍しくありませんでした。しかしワリーである裁判官が、その「霊感《イルハーム》」を証拠に判決を下すことはできませんでした。ワリーの霊感は公共性をもたないからです。

整理しましょう。アッラーに直接に帰される神の言葉として、まず『クルアーン』、モーセの『律法の書』、イエスの『福音書』のような啓典があります。ただし、『律法の書』、『福音書』のオリジナルは失われてもはや現存しませんので、現存する啓典は『クルアーン』だけです。次いで、神聖ハディースのようにアッラーに直接に帰される神の言葉でありながら啓典ではないものがあります。神聖ハディースは文字どおりの神の言葉であり当然無謬ですが、神学的内容が多く、法学的神聖ハディースはほとんどありません。またクルアーンが啓典としてムスリムすべてが知っており、読誦すべきものであるのと違い、神聖ハディースはイスラーム学者には知られていてもムスリムの誰もが知っているわけではなく、その意味での公共性に欠けます。

次いで、啓示によって導かれた間接的な神の言葉として、預言者の言葉があります。預言者の言葉もまた神の言葉であり無謬です。また預言者の言葉は文字どおりの神の言葉ではなく間接的な神の言葉ですが、預言者の言葉だけではなくその行為もまた間接的な神の言葉とも言えます。狭義の言葉だけでなく預言者ムハンマドの言動が言葉だという意味において、イエス自身が神の言葉である、というロゴス・キリスト論とも類似した考え方です。

次いで、アッラーの聖者《ワリー》の霊感《イルハーム》の言葉もまたある種の神の言葉でしょう。ワリーの霊感の言葉は、神の教示であるが故に正しく、神の言葉とも言えるわけですが、その者が本当に聖者《ワリー》なのか、その言葉が真正な霊感《イルハーム》に基づく言葉なのかは、ムスリムの間でも共同主観的に知る手段がないために公共性を欠き、それゆえすべてのムスリムが従うべき規範とはならないため法源にはならず、裁判官《カーディー》の判決の証拠ともなりえません。ワリーは無謬ではなく、ワリーの範囲もはっきり決まっているわけではありません。すべてのムスリムはアッラーのワリーとも言われます。それゆえ正しい言葉は誰の言葉であれ、本人に自覚があるかないかにかかわらず、すべて間接的にはイルハームによる神の言葉とも言うことができます。クルアーンにも「お前に訪れる良きことはアッラーからであり、お前に訪れる悪しきことはお前自身からである」（第4章第79節）とあり、正しい言葉はアッラーの御許からもたらされたものであり、間接的な神の言葉と言えるわけです。一方、間違った言葉も、万象すべてがアッラーの創造になる、という意味では、神の言葉でもありますが、第4章第79節により神に帰すことは許されないため、神の言葉とは呼ばれないわけです。

## ❸神の言葉、人間の言葉

スンナ派とシーア派の分裂の原因は、歴史的には預言者ムハンマドの後継者をめぐるもので、

▼57　ヤズィード（683年没）。ウマイヤ朝第2代カリフ。世襲によるカリフ位継承の嚆矢とされ、反対勢力には弾圧をもってあたった。アリーの息子フサインはヤズィードのカリフ位を認めず、謀叛の疑いありとして殺害された。この「カルバラーの悲劇」はシーア派の形成に大きな影響を与えた。なお、ヤズィードのカリフ位を認めなかったもう一人の有力な教友であるイブン・ズバイルはフサインの殺害後にマッカでカリフ位を宣言、軍事的、政治的に独自勢力を形成する。

カルバラーの悲劇を描いた絵画

スンナ派初代正統カリフのアブー・バクル、ウマイヤ朝初代カリフのムアーウィヤ（六八〇年没）、第二代カリフのヤズィード▼57のカリフ位を認めるか否かでした。神学的、法学的には、無謬の預言者ムハンマドの死後、イスラーム共同体《ウンマ》が正しく導かれるためには、預言者のような無謬の存在が必要か否か、がスンナ派とシーア派の対立の根本になります。

人類は神から預言者を遣わされても、その預言者が亡くなると教えを歪曲するのが常で、その度に新たに預言者が遣わされ、それが繰り返される、というのがイスラームの歴史観です。人類史の一般的パターンを考えると、ウンマが正しくイスラームを護持するためには、神に遣わされた無謬の預言者と同じく無謬な後継者である指導者《イマーム》がいなくてはならない、とのシーア派の主張はむしろイスラームの歴史観に一致します。

しかし預言者ムハンマドは最後の預言者であり、クルアーンは特別にアッラー御自身が歴史に介入し歪曲から守られると、イスラームは宣言します。

ムハンマドはお前たちの男たちのうちの誰の父親でもなく、アッラーの使徒で、預言者たちの封緘《ふうかん》（最後の預言者）である。

まことにわれら、われらこそが訓戒《クルアーン》を垂示したのであり、まことにわれらこそはその（改竄、散逸からの）護持者である。
（第15章第9節）

それゆえ啓典の歪曲の人類史の慣例に反し、ムハンマドが最後の預言者であるにもかかわらずクルアーンが歪曲から護られることは、イスラーム学の定説となり、その点に関してはスンナ派とシーア派の間に違いはありません。しかしシーア派は、預言者亡き後は確かにもはや新しい啓典は下されることはなく、クルアーン自体の文言が改変されることはなくとも、その意味が歪められ、間違った解釈が流布する可能性はあり、それを防ぐために預言者の死後には彼が授かった啓示の解釈において誤りを犯さない無謬な後継者を遣わすことがアッラーの義務である、と考えます。つまり欧米の法制にたとえて言うなら、立法者はムハンマドで終わり新たな立法はもはやなくなったとしても、立法者の定めた法が正しく行われるように護持するためには、法に則って裁く裁判官や、法を執行する行政官を統括する無謬な指導者が必要である、ということになるでしょうか。

クルアーンも預言者のハディースも有限であるため、人間界に起きる無限の事象に対する処方箋を与えることはできないため、いわゆる「法の欠缺《けんけつ》」を埋めるために、森羅万象に正しい

（第33章第40節）

❖14　**シーア派の立場**　クルアーンも預言者のハディースも有限であり、人間界に起きる無限の事象に対する処方箋を与えることはできないため、いわゆる「法の缺欠」を埋めるために、森羅万象に正しい回答を与えることができる生きた無謬のイマームが必要である。

**スンニ派の立場**　たとえ無謬の生きたイマームがいようとも、無数の信徒の質問のすべてに対して、細部にわたって具体的な答えを与えることはできない。→イマーム必要論を反駁したのがイブン・タイミーヤ。

回答を与えることができる生きた無謬のイマームが必要である、❖14というのがシーア派の論理です。それに対して、たとえ生きたイマームがいようとも、無数の信徒の無限の個々の質問のすべてに対して具体的な答えを与えることはできず、結局のところ、無謬な生きたイマームがいようとも、すべての信徒のすべての問題に細部にわたってあらゆる対応を具体的に指示する回答を与えることができない、と、このシーア派のイマーム必要論を反駁したのがイブン・タイミーヤでした。

つまり、生きたイマームの有無にかかわらず、人間は有限な言葉で無限な事象で対応せざるをえないのであり、それは、言葉とは本質的に個物の具体的な細部のすべてを指すものではなく一般的な概念を表し、それによって有限な言葉で無限な事象を扱うことができる、ということでもあります。そしてそうであるならば、たとえ神の言葉であろうとも、それが人間に対して語りかけられた言葉である以上、一般性という言葉の宿命を逃れることはできません。そして一般性が言葉の本質である以上、無限の事象に個別に対応しないことは、そもそも問題ではなく、そうであればアッラーと無謬のその使徒の言葉は、無限の事象に対応するのに十分であり、生きた無謬のイマームは不要というのが、アッラーの他に神はなくムハンマドはアッラーの使徒なり、との信仰告白の帰結ということになります。

一般概念を表す有限の言葉に無限の事象を対応させる場合、どれだけの言葉があれば十分であるか、に客観的な答えはありません。行為規範、法の言葉も、「善を行い、悪を避けよ」ですべてを尽くす、とも言える一方、どれだけ多くの法律を制定し個別の問題を詳細に厳密に規定しようとしても抜け落ちるものは必ずあり、それゆえ信義則のような一般規定を設けておく必要があることは、欧米の法学も認めるところです。また立法府の定めた法律が行政機構の末端によって実際に施行されるまでには国家機構の様々なレベルの無数の細則が介在することは法実務に携わったことのある者なら誰もが知る事実です。

言葉とは無限な具体的な事象を有限な一般的な記号で処理するものである以上、法は「善を行い、悪を避けよ」だけで十分であるとも、無数の細則を作っても足りないとも言うことができます。ですから、「法に欠缺がない」、とは客観的な事実ではなく、「その法体系を自分は完全なものとみなす」との法に対するコミットメントを誓う信仰告白にほかならないのです。

### ❹言葉とモノ

ソシュール[58]に始まる近代言語学は言葉とモノの結びつきを恣意的なものとして否定します。近代言語学によると、世界それ自体は言語的に分節化されているわけではありません。それに対して様々な伝統宗教においては、言葉はモノに対応すると考えられていましたが、イスラームもまたそうです。クルアーンは、アッラーはアーダムに万物の名を教えた（第2章第31節）、と述べています。つまり、世界は本来的にアッラーによって言語的に分節化されているのであ

▼58　フェルディナン・ド・ソシュール（1913年没）。スイス出身の現代を代表する言語学者。「近代言語学の父」と言われ、記号論を確立し、のちの構造主義に多大な影響を与えた。

▼59　**ラング**　言語学者ソシュールによる概念。様々な民族や言語共同体内にある記号の意味領域などをめぐる諸規則（文法や語彙）が制度化されたもの。個人による実践によって実現し、具体的に発せられた個々の言が「パロール」。パロールは、ラングを背景とするが、その場その場での単一の出来事であって、言語学が取り扱う正しい対象ではない。

り、私たちは神の啓示に基づく正しい言葉遣いをするなら世界を正しく認識できる、というのがイスラームの言語観です。そして神の啓示の言葉であるクルアーンとハディースの言葉は、正しく世界を認識することが保証された言葉、とも言うことができます。そしてラング▼59のレベルでは、クルアーンとハディースの言葉は預言者の弟子たちの言葉と共通ですから、クルアーン、ハディース、教友の言葉の語彙をできるかぎりその用法に忠実に保持することは、世界を正しく認識し、正しく生きる基本になります。教義決定機関のないイスラームにはキリスト教のような「正統」と「異端」という概念はありませんが、おおむね「異端」にあたる言葉は「ビドア」で、前例がなく新規に作られた事物を指します。「最悪のことは、新規なもの《ビドア》であり、すべてのビドアは誤りであり、すべての誤りは火獄である」との有名なハディースに基づくクルアーンとハディース、教友の言葉にない言葉、概念に対する強い警戒も、真正性が保証された啓示のラングを護持しようとの精神に沿うものと理解すべきでしょう。特に、ウマイヤ朝後期の翻訳の時代にギリシャ文化がアラビア語化され、特に学術用語ではアラビア語であってもいつの間にか意味が変化し啓示のアラビア語の意味からのずれが生じていることがあるので、気をつける必要があります。

　語根から派生語を作るアラビア語の特徴でもあり、啓示の言葉の護持の精神にも一致しているのですが、アラビア語の特徴として、新しい専門用語を作らずに、古来からある単語に次々と意味を重ねていくということがあります。たとえばジハードは後のフィクフの用語としては、「イスラームの宣揚のための異教徒との戦闘」と定義されますが、語義は、対立するベクトルの力に対抗して力を尽くすことであり、クルアーンには「だが、もし両（親）が、それについての知識がお前にないものをわれに共同者たちとして配するようにお前と奮闘《ジハード》するなら……」（第31章第15節）と、異教徒がムスリムを背教させようと努める、というフィクフのジハードの定義とは真逆の用法さえあります。またハディースには、異教徒との戦闘を小ジハード、自己との戦い、克己を大ジハードと呼ぶ用法がありますが、後のイスラーム学においては、克己はスーフィズムの専門用語となり、ジハードと同義の動名詞形「ムジャーハダ」を用い「ジハード」と区別するようになります。しかし、後代になってジハードが専門用語化してからも、当然、元々の語義が失われるわけではなく、重層的な意味を担っていることが通例であり、また原義で用いられることもあります。それゆえイスラーム学の文献を読むに際しては、クルアーンとハディースの啓示の語彙が用いられている場合でさえも、常にアラビア語の意味の重層性❖15を考慮に入れて、どの時代の作品でどの意味で用いられているのかを見極める必要があります。また逆に啓示の語彙が専門用語として用いられている場合でも、啓示の言語に通暁したイスラーム学者が聞けば、専門用語としての意味を確定して論理構成をしつつも、啓示の言語のなかでその語がもつ豊かなコノテーションのすべてが脳裏に浮かんでいることも忘れてはなりません。

❖15　アラビア語の特徴として、新しい専門用語を作らずに、古来からある単語に次々と意味を重ねていくことが挙げられる。語根から派生語を作ることは、啓示の言葉の護持の精神にも一致している。イスラーム学の文献を読むに際しては、クルアーンとハディースの啓示の語彙が用いられている場合でさえも、常にアラビア語の意味の重層性を考慮に入れて、どの時代の作品でどの意味で用いられているのかを見極める必要がある。

お前たちが彼をさしおいて仕えているのは、お前たちやお前たちの祖先が命名した空名《くうめい》にほかならない。アッラーはそれについてなんの権威も下し（与え）給うてはいない。決定はアッラー以外には属さない。（第12章第40節）

人間が命名しただけで、アッラーの啓示によって認められていない語彙は、対応する実体をもたず虚偽であるばかりでなく、偶像となって人々を隷属させ支配することにもなります。クルアーンが偶像を「お前たちやお前たちの祖先が命名した空名」と呼んでいることは示唆的です。偶像とはヘブライ語聖書が言うような具象化された物体であるよりも、概念であり、虚偽の概念として人を支配するものです。イスラームは人間を神に仕えるか自己の欲望に仕えるかのいずれかの二者択一を迫られる存在と考えます。

それゆえクルアーンはまた言います。

己の欲望（妄執）を神とした者をお前は見たか……。（第25章第43節）

偶像とは、自己の欲望の投影にほかならず、偶像崇拝者とは、自らの欲望に実体を離れた名前をつけ神に祭り上げてそれに仕える我執の虜なのです。

国家をはじめとする法人、あるいは政教分離、国民主権など、クルアーンとハディースのような啓示の言葉は言うに及ばずフィクフにすら存在しなかった語は、人間が自らの欲望を神に祭り上げて捏造した認識を歪める概念を表すものであり、単に虚偽であるばかりか偶像ではないか、とまず疑ってかかる必要があるのです。

## ❺法的存在としての人間

イスラームは言語中心主義、理性中心主義であるかのように思われるかもしれません。では、生まれつき言語中枢に障害がある者、あるいは怪我や病気や老いによって言語的思考能力を失った者は人間ではないのでしょうか。

確かにアッラーは人間の言葉のかたちをとった啓典において顕現し自らを人間に示されます。しかし、クルアーンにおいて言葉をもつ存在は人間だけではありません。動物や植物などの生物は言うに及ばず、無生物も含め、森羅万象はそれぞれ独自の言葉を有しており、それぞれの言葉で神を称えています。ただ私たちがその言葉を理解できないだけなのです。

七つの天と地、そしてそれらのうちにある者が彼に賛美を捧げる。まことに、どんなものでも、彼への称賛と共に彼の超越を称え奉らないものはない。だが、お前たちは、彼らの賛美を理解しない。

（第17章第44節）

またクルアーン第27「蟻」章では、ソロモン王《スライマーン》は蟻や鳥の言葉を理解します。ちなみに動物行動学の祖コンラート・ローレンツの著書『ソロモンの指輪――動物行動学入門』（日高敏隆訳、ハヤカワ文庫NF、一九九八年）の題名はヘブライ語（旧約）聖書のこのソロモン王の逸話にちなんでいます。

言葉を有しているのは人間以外のモノだけではありません。クルアーンによると最後の審判の日には、人間の四肢がその行いを証言することになります。

彼らの舌と手と足が彼らのなしたことを証言する日。（第24章第24節）

つまり人間とは単に言語中枢だけではなく、全身体において神を称える存在なのです。ですから、たとえ言葉が分からない人であってもまた、細胞から四肢に至る様々なレベルでの言語によって神を称えているのです。ただ私たちにはそれが分からないだけです。

イスラーム法学《フィクフ》のレベルにおいては、精神障碍者は、愚者《サフィーフ》と狂人《マジュヌーン》に分類されます。サフィーフはフィクフの専門用語としては行為無能力者、禁治産者であり、フィクフはサフィーフには補佐する後見人を指定すると同時に民事上の免責措置を規定しています。一方、マジュヌーンは理性を欠く人間で責任無能力者であり、あらゆる罪は免責され、現世でも来世でもいかなる懲罰を被ることもありません。

法学と神学の交差する領域で注目すべきは、「憑かれた者《マジュズーブ》」という概念です。「マジュズーブ」とは原義は「引き寄せられた者」の意味で、神に引き寄せられ魅了された者を意味し、忘我の状態で「我こそは神なり」、「我を称えよ」などの、表面的には瀆神の言葉を吐く者のことを指します。狂人《マジュヌーン》の原義が「妖霊《ジン》に憑依された者」であるのに対して、同じく受動分詞であるマジュズーブは何に憑かれたのかが特定されていません。

この「マジュズーブ」について、既述のシャーフィイー派大法学者ナワウィーの著書『マカースィド』は「『憑かれた者《マジュズーブ》』のような、理性を失った、あるいは理性が乱された者については、シャリーアの清い規定を守るために、彼らに生じたアッラーの命に反するように見えることは拒否しなくてはならないが、我々は彼らを放任し、彼らのことはアッラーに委ねるのである」と述べています。

マジュズーブが忘我の状態で、理性のレベルでは瀆神、背教ともとれる言葉を吐こうとも、それがなんらかの理由があって神から直接にあるいは天使を通して間接に神から授けられた霊感《イルハーム》の言葉である可能性を考慮し、その言葉を真に受けて彼を神人として扱うことも、逆に瀆神の背教者として処刑することもなく、神に委ねて判断停止することが、スンナ派の定説となっているのです。

つまり、イスラームの言語重視には理性重視の側面があるのは確かですが、だからといって単純にイスラームは言語操作能力に長けた人間を聖別して他の被造物や理性において劣った人間を貶めている、ということにはならないのです。なぜならばイスラームは一方で、人間が言語をもつのと同様に森羅万象はそれぞれの言語をもっており、それにより神を称えており、それには言葉を話すことができない人間の四肢も含まれているとみなしており、また他方では人間の言語についても、憑かれた者《マジュズーブ》のように人間の通常の理性を超えた次元のコミュニケーションの手段になることを認めており、人間の理性を超えた言葉に対しては謙虚に頭を下げ判断を保留することをよしとしているからです。

イスラームが理性的存在としての人間の優位性を高らかに謳歌しているのではないことは、クルアーンの以下の不思議な節からも知ることができます。

> まことに、われらは諸天と地と山々に信託を提示したが、それら（天地、山々）はそれを担うことを拒み、それに対して怯んだが、人間がそれを担った。まことに、彼はきわめて不正で無知な者であった。（第33章第72節）

この節の「信託」は、自分の行動を自分で選びその結果に責任を負う自由意思による選択の自由を指す、と言われています。つまり、イスラームの世界観においては、人間は言語と理性を有することによって他の被造物に優越する特別な存在になったのではなく、人間は選択の自由をもちその結果に責任を負うことを選んだことで、他の被造物と本質的に異なる存在となりました。そして選択の自由を引き受けたことで、人間は悪魔と並んで悪を犯す存在となったのです。

ここで選択の自由と責任を引き受けたことにおいて人間が「きわめて不正で無知な者」と言われていることはきわめて重要です。

それから、煙であった天に向かい給い、それと大地に対して仰せられた。「服従して、あるいは嫌々ながらでも来たれ」。両者は言った。「服従するものとしてわれらは参ります」。
（第41章第11節）

人間は自ら善を行いうるとの愚かな思い上がりにより、善のみを行い神の賛美が存在様態であり即自的に善なる被造物であることをやめ、悪を犯す存在になり下がってしまいました。それゆえ、人間は「きわめて不正で無知な者」と言われているのです。天使と同じく被造物はそれぞれの言語で神を称えるために存在しており、存在様態そのものが善であり、悪を犯すことはありません。逆に悪魔は悪の化身であり存在様態そのものが悪です。人間だけが、自らの意志と責任において善を行うか悪を行うかを選択する、という特別な存在様態を有するのです。ですから人間が単に善を行うことには何の意味もありません。森羅万象のすべては万物の善なる行いなのであり、善であること自体にはなんら特別な意味などないからです。重要なのは「善を行うこと」それ自体ではなく、自らの「自由な選択として」善を行うことです。なぜならそれだけが、人間だけの特別に可能なことだからです。その意味で、自由に善を行う、神の命に自らの自由な選択として従うことだけに人間の栄光は存ずるのです。

学問としてのフィクフは行為を義務、推奨、合法、忌避、禁止に類型化しますが、実はムスリムにとっては、行為が形式的に合法か不法かは問題ではないのです。それが自らの意志で神だけのために選び取られたことだけが、つまりイスラームの代弁者を騙る者への盲従からではなく、世間の目を気にしてでもなく、国家の罰への恐怖からでもなく、ただ神に対する敬慕と畏怖の念だけから神が嘉される善行を自ら進んで行ったことだけが問題になるのです。

# 第五章　理性と啓示の虚偽問題を超えて

## ――理性《アクル》による善・悪（利害）の判断

### 序

「理性と啓示」の問題は「理性と信仰」、「哲学と神学」などの変奏を含めて、キリスト教において古代から現代に至るまで執拗に論じられ続けており、特にキリスト教においては、前近代の「啓示と理性の対立」は、「宗教と科学の対立」に姿を変えて現代においても、神学の最も人目を引く主題であり続けています。

　理性と啓示の問題は、異教のギリシャの哲学者にも知られており、キリスト教においてもアレクサンドリアのクレメンス▼60やオリゲネス▼61によっても既に聖書の比喩解釈がなされて

▼60　アレクサンドリアのクレメンス（215年？没）。初期キリスト教の理論家、教父。古代ギリシャ思想とキリスト教神学を結びつけ、「ロゴス・キリスト論」以降のキリスト教神学の発展に大きな貢献をした。

▼61　オリゲネス（251年没）。古代キリスト教最大の神学者。キリスト教の教義学を確立したと言われる。一時、「異端」視され、その膨大な著作のうち、残されているものは少ない。

▼62　ファーラービー（950年没）。「（アリストテレスに次ぐ）第二の師」と呼称される哲学者。

▼63　イブン・スィーナー（1037年没）。イスラーム哲学者、医学者。『医学典範』はラテン語訳され、西洋ではアヴィセンナとして知られる。

▼64　アブー・ハーミド・ガザーリー（1111年没）。シャーフィイー派。若くしてニザーミーヤ学院の教授になるが、職を辞してスーフィーとして研鑽を積む。中世イスラーム思想の大成者と目される。

▼65　イブン・ルシュド（1198年没）。西欧ではアヴェロエスの名で知られる大哲学者だが、マーリキー派の法学者として高名。著名なマーリキー派法官である祖父も「イブン・ルシュド」の名前で知られ、それぞれ「祖父」、「孫」を付けることにより区別される。宮廷医でもあり、『医学大全』を著した。

います。しかし専門用語としての「理性と啓示」の問題をキリスト教神学にもちこんだのは、実はイスラームの哲学者、神学者たちでした。イスラームにはファーラービー▼62やイブン・スィーナー▼63によって、ネオプラトニズム流に解釈されたプラトン哲学のバイアスのかかったアリストテレスの哲学が導入されており、これらの哲学者は理性の名のもとにクルアーンとハディースの言葉の字義的意味を否定し比喩解釈すべきと主張していました。東方スンナ派イスラーム世界では、アブー・ハーミド・ガザーリー▼64の『哲《タハー》学者の自壊《フト・ファラースィファ》』によって「哲学」は、哲学者たちが主張した「世界永遠説」と共に異端説として葬り去られます。

西方イスラーム世界ではイブン・ルシュド▼65が、イブン・スィーナーの影響を排しアリストテレスにより忠実な哲学を再構成し、ガザーリーを論駁する『自壊の自壊《タハーフト・タハーフト》』を著す一方、特に理性と啓示の問題に焦点をあてて『英知（哲学）とシャリーアの間の関係についての決定的論考《ファスル・マカール・フィー・マー・バイナ・ヒクマ・ワ・シャリーア・ミン・イッティサール》』を著し、「論理的証明《ブルハーン》が帰結するがシャリーアの字義とは反するものはすべて、アラビア語の寓意解釈の基準《カーヌーン・タアウィール》に照らして寓意解釈《タアウィール》が可能である」と述べ、適切な寓意解釈を施すことによって、理性と啓示は一致すると述べ、哲学を擁護しましたが、イブン・ルシュドの哲学擁護はイスラーム世界では顧み

▼66 **ラテン・アヴェロエス主義**　13世紀にアヴェロエス（イブン・ルシュド）のアリストテレス解釈に依拠し宇宙永遠説、単一知性説、理性と啓示の二重真理説を唱えたスコラ学派の一派。ルネサンスにも大きな影響を与えたが異端視されるにいたった。

られることはありませんでした。

皮肉なことに、イブン・ルシュドの教説は彼の真意と反して、啓示と哲学は時に矛盾する別の領域における真理であるとの「二重真理説」として、キリスト教世界においてラテン・アヴェロエス主義▼66を生み出し、キリスト教世界におけるアリストテレス主義の復興に寄与し、ひいてはルネサンス、世俗化の遠因となっていきました。

オリエンタリストの間では、今も、キリスト教の問題意識に引き寄せてイスラームにおける啓示と理性の問題を論ずる研究が散見されます。本章では、現代イスラームの文脈において、キリスト教世界で「啓示と理性」の問題と呼ばれてきたものがいかに論じられるべきかを考えていきます。

### ❶理性と伝承の矛盾の回避、あるいは正しい伝承と真の論証の一致

イブン・タイミーヤはその著書『理性と伝承の矛盾の回避、あるいは正しい伝承と真の論証の一致《ダルゥ・タアールド・バイナ・アクル・ワ・ナクル・アウ・ムワーファカ・バイナ・サヒーフ・マンクール・ワ・サリーフ・マアクール》』の冒頭で神学者たちの立場をこうまとめています。

伝聞《サムイーヤ》的論証と理性的論証、あるいは伝聞と理性、あるいは伝承《ナクル》と理性、あるいは伝承的明文と理性的確証が矛盾したなら、といった論者の表現は、両者を調和させるか――それは不可能である、なぜなら互いに矛盾するものを調和させることであるから――、ある

▼67　ファフルッディーン・ラーズィー（1209年没）。シャーフィイー派。そのクルアーン註釈書『不可視界の鍵』は百科全書的で、神学や哲学の立場からクルアーン擁護論が展開される。

いは双方共に却下されるか、あるいは伝聞が優先されるか――それは不可能である、なぜなら理性が伝承の土台であるから、もしそれ（伝聞）をそれ（理性）より優先するなら、それは伝承の土台である理性の否定であり、何かの土台の否定はその（何かの）否定であるから、理性の否定は理性と伝承の双方の否定となり、以上により、理性の優先が必然となる。それから伝承であるが、寓意解釈するか、（神に）委ねる（判断停止する）かである。もし両者が矛盾する対立物であるなら、両者ともに取り除くことは不可能ではなくとも、両者を調和させることは不可能である。この議論は、ラーズィー▼67とその追随者たちが、アッラーの諸啓典とその預言者たちの言葉で論証されたものと論証されていないものについての普遍的な基準《カーヌーン・クッリー》としているものである。

スンナ派世界では哲学は異端として消滅した、と言いましたが、実はガザーリーなどが属したスンナ派の「正統神学」とも言われるアシュアリー派では、「理性と啓示」問題においては、イブン・ルシュドと同じく理性を啓示より優先すべき、との議論が通説となっていました。初期アシュアリー派では、「アッラーの御手」は「アッラーの力」、「アッラーが玉座に上る」は「アッラーが玉座を支配する」のような比喩解釈が試みられましたが、ハディースの徒やアラビア語学者たちからの批判に耐えられず比喩解釈が破綻したため、後期アシュアリー派において、神の属性はすべてその神意は人間には計り知れないので、神のみぞ知り給う、と判断停止することが主流になります。

　イブン・タイミーヤは、理性と啓示を対立させたうえで理性を啓示に優先させる哲学者や神学者の方法論を断固拒否します。既に述べたようにイブン・タイミーヤは、啓示の言葉こそが、指示対象を正しく映し出しそれを用いることによって人間が神と世界との正しい関係を取り結ぶに相応しい言葉であり、啓示の言葉になく後代に現れた外来語は、認識を歪める虚偽の概念の運び手であるのでは、と疑うべきだと考えます。いわゆる理性による論証に用いられるギリシャ哲学の翻訳語である「質料《ハーユーラー》」、「形相《スーラ》」、神学用語の「原子《ジャウハル・ファルド》」、「偶有《アラド》」などは、イブン・タイミーヤによると現実に対応しない虚偽の概念でしかないのであり、「理性」の名のもとに真理性を要求できるようなものではないのです。

　イブン・タイミーヤの神学、哲学批判を詳述することは本書の目的から外れますが、彼による哲学、神学の「理性」概念自体の批判は「理性と啓示」の問題を考えるうえで避けて通ることはできません。

　イブン・タイミーヤによると、そもそも「理性と啓示」の対立は、カテゴリー錯誤の虚偽問題ということになります。なぜなら、啓示とは神からの具体的な教示であるのに対して、理性《アクル》とは「それによって知識と行為が可能になるところの、アッラーが人間に授けられた器質《ガリーザ》」であり、範疇を異にし比較することはできず、そもそも対立するようなものではないからです。

　これは今日の我々から見ると当たり前のように思えますが、前近代のイスラーム世界におい

▼68　アフロディシアスのアレクサンドロス（200年頃活躍）。古代ギリシャにおけるアリストテレスの傑出した註解者。

てこのような理性《アクル》の理解は決して当たり前ではありませんでした。既述のラテン・アヴェロエス主義の最大の問題点は、人間の理性の個別性を否定する単一理性説でした。つまり、前近代の理性は、神秘的実体だったのです。イブン・ルシュドの理性《アクル》観は、アリストテレスの霊魂論に基づいていますが、アフロディシアスのアレクサンドロス▼68の解釈によると質料性を脱した能動理性は神そのものにほかならず、こうしたギリシャの理性観はアラビア語に訳され、イスラーム哲学に大きな影響を与えました。イブン・ルシュドは理性を、質料的（受動）（ハユーラーニー、ムンファイル）理性、理性理性《ビ・フィウル》、獲得理性《ムクタスィブ》、能動理性《ファッアール》に四分しており、能動理性は、神とは区別されますが、質量性を脱し人間から離在する「神的実体」となっています。

　こうした神秘的実体としての理性観は、哲学だけのものではありませんでした。次のようなハディースがあります。

> アッラーが最初に創造されたものは理性であった。（アッラーは）それに「前に出よ」と言われると、（理性は）前に出ました。それから「後ろに下がれ」と言われると、後ろに下がりました。それから言われました。「我が栄光にかけて、我はお前以上に私にとって高貴な被造物を創造しなかった。お前によって私は非難し、お前によって私は授ける。そしてお前によって報償はあり、お前によって懲罰はある」。

▼69　ムハンマド・バーキル（732年没）。12イマーム派における第5代イマーム。高名な学者で、ブハーリーやムスリムのハディース集にも彼の伝えたハディースが収録されている。初代正統カリフの孫であるカースィム・ブン・ムハンマドの娘、ウンム・ファルワと婚姻した。

❖16　理性《アクル》は、シーア派の法源論においてクルアーン、イマームのハディース、イジュマーゥに次ぐ、第四の法源。イジュマーゥはイマームが含まれていないと有効ではないため独立の法源ではないのに対して、理性《アクル》はクルアーンとハディースに並ぶ独立した法源。→シーア派においては理性が人間の知覚の器質ではなく、神秘的な実体とみなされる。

このハディースでは理性《アクル》は人間の創造に先在する宇宙論的実体とされています。イブン・タイミーヤはこのハディースを捏造として否定しており、スンナ派のハディース学者の間ではこのハディースの信憑性は疑わしいとされています。ところがシーア派においては、以下のヴァリアントが第五代イマーム・ムハンマド・バーキル▼69のハディースとして、シーア派の信条の最も権威あるハディース集『ウスール・カーフィー』の冒頭に置かれています。

アッラーが理性を創造されると、それに語る力を与え、次いでそれに「前に出よ」と言われると、（理性は）前に出ました。それから「後ろに下がれ」と言われると、後ろに下がりました。それから言われました。「我が栄光と崇高にかけて、お前よりも私に好ましい被造物を私は創造したことはない。また私が好ましいと思う者のなかでしかお前を完成させることはない。実に私こそがお前に命令をし、またお前に禁止をし、またお前によって罰を下し、またお前によってこそ報償を与えるのである」。

そしてフィクフの分野でもシーア派では、理性《アクル》は独立の法源です。❖16独立の法源というのは、シーア派の法源論では、アクルはクルアーン、イマームのハディース、イジュマーゥに次ぐ第四の法源ですが、イジュマーゥはイマームが含まれていないと有効ではないため独立の法源ではないのに対して、理性《アクル》は、クルアーンとハディースに並ぶ法源だからです。それはシーア派においては理性が我々の考えるような人間の知覚の器質ではなく、このように神秘的な実体とみなされているからです。

イスラームにおける理性と啓示の問題を考える場合に、前近代のイスラームにおける理性《アクル》が私たちの考えるような理性とはまったく違うことを理解する必要があります。そして、重要なのは、理性の名のもとに普遍性を騙った時代の特殊な主観、あるいは偏見でしかないものに騙されてはならない、ということです。

イスラームにとって、クルアーンとハディースの言語は啓示の言語です。しかし預言者ムハンマドは当時のローマ帝国、ペルシャ帝国の先進文明の辺境の地アラビア半島の無学文盲な商人であり、クルアーンとハディースの言語は、知識人の学問用語、専門用語ではなく民衆の日常言語でもありました。つまりこの観点からすると、イブン・タイミーヤの哲学、神学批判は、哲学的諸問題を日常言語に対する無理解から生じた錯誤として解消しようとした欧米における日常言語学派、分析哲学の試みに対応しています。

理性の名を騙った前近代の哲学、神学が現代から遡及的に顧みると、時代遅れの過去の遺物でしかないのに比べて、啓示の言語をそのまま奉ずるイブン・タイミーヤとハディースの徒の主張は、クルアーンとハディースが現在もアラビア語の原典のままで読み継がれ信じ続けられているイスラーム世界ではそのアクチュアリティが失われていないことは、「イスラーム法」の現在を考えるうえでも決定的に重要なのです。

## ❷法における理性と啓示

スンナ派世界ではガザーリーの『哲学者の自壊』以降、哲学は異端として葬り去られ、イブン・ルシュドの『自壊の自壊』は顧みられることはありませんでした。しかし異端として消滅したのはあくまでも特殊古代ギリシャ的哲学であり、論理学などの哲学の方法論は拒絶されることなく受け入れられ、中世のキリスト教世界とは異なり、イスラーム世界では「理性《アクル》」の意味の理解はそれぞれ違えども、ガザーリーのような神学者も、イブン・ルシュドのような哲学者も、イブン・タイミーヤのようなハディースの徒、サラフィー主義▼70者も、啓示と理性が対立するとは考えておらず、啓示と理性の対立が深刻な問題とは考えられてきませんでした。

その理由はキリスト教と違いイスラームにおいては、教義が現実に問題になるのは主として神学《カラーム》ではなく法学《フィクフ》だからです。イブン・ルシュドは西欧ではアリストテレスの註釈者、哲学者アヴェロエスとしてしか知られていませんでしたが、実はマーリキー派の大法学者でもありました。そしてスンナ派世界ではその哲学説は忘れ去られましたが、彼の法学書『学究の始点と《ビダーヤ・ムジュタヒド・》中庸者の終点《ワ・ニハーヤ・ムクタスィド》』は異端の書として排斥されることなく今日まで読み継がれているばかりか、サラフィー主義を国是とするサウディアラビアのイスラーム大学でフィクフの教科書として教え

---

▼70　**サラフィー主義**　クルアーンとスンナ派ハディース学者の先人《サラフ》が認めたスンナの直接参照の義務を説き、法学派の権威を認めず、神学、スーフィズム、シーア派を敵視するイブン・タイミーヤの流れを引くスンナ派超正統主義。

られてすらいるのです。

実は、理性と啓示には、イスラーム学の伝統のなかで別の名前でも呼ばれてきた問題系が存在します。❖17「善《フスン》と悪《クブフ》」です。善と悪には、善《ハイル》と悪《シャッル》、善《フスン》と悪《スーウ》、善《フスン》と悪《クブフ》といった対句の言い回しが一般に使われ、善《フスン》と悪《クブフ》は語源的には「美醜」のニュアンスがありますが、専門用語としては、倫理／法的な善悪を指します。

イスラーム思想史上、この「善悪」問題については、二つの立場が対立します。第一は、善《フスン》とは神によって是認されたもの、悪《クブフ》とは神によって否認されたものであり、ものごとはそれ自体としては善でも悪でもない、とのスンナ派の主流アシュアリー派の立場です。ムハンマドのシャリーアにおいても最初は許されていたことが後になって禁じられたり、命じられたりすることがその根拠となります。この立場では、殺人であれ窃盗であれシャリーアの啓示によって禁じられないかぎり、いかなることも悪にはならず来世での懲罰はなく、何事も理性だけによって悪とされることはありません。善も同じでシャリーアによって命じられないかぎり義務となることはなく、怠っても懲罰はありません。第二は、善と悪は啓示の有無とは無関係なものごとの客観的性質である、というもので、（シーア派）一二イマーム派、ムウタズィラ派の立場です。この立場でも、理性が善悪のすべてを決められるとするわけではありません。しかし

❖17　**スンナ派の主流、アシュアリー派の立場**　善《フスン》とは神によって是認されたもの、悪《クブフ》とは神によって否認されたものであり、ものごとはそれ自体としては善でも悪でもない。また、理性のみによって創造主の存在が知られることはない。
**（シーア派）12イマーム派、ムウタズィラ派の立場**　善と悪は啓示の有無とは無関係なものごとの客観的性質であり、理性が善悪のすべてを決められるとするわけではない。公平《インサーフ》や誠実《スィドク》が有益で善であり、不正《ズルム》や嘘《キズブ》が有害で悪である、といった一般的な倫理判断については理性によって定まる。
**スンナ派マートリィーディー派の立場**　創造主の存在は啓示なしに理性のみによって知られうる。

公平《インサーフ》や誠実《スィドク》が有益で善であり、不正《ズルム》や嘘《キズブ》が有害で悪である、といった一般的な倫理判断については理性によって定まる、というのがこの立場です。

二つの間にあるのが、スンナ派マートリィーディー派の立場です。マートリィーディー派によると、シャリーアの啓示がなければ、行為に関してはいかなる義務も生じませんが、唯一なる創造主の存在は啓示なしに理性のみによって知ることができるため、神の信仰だけは啓示がなくとも理性だけによって義務となります。

立場の違いを超えて、イスラーム思想史上、「善」と「悪」はそれぞれ「益《マンファア》」と「害《マダッラ》」に還元して説明されます。一二イマーム派やムウタズィラ派によると、シャリーアは有益な善を命じ、有害な悪を禁じるのですが、アシュアリー派によるとシャリーアが命じたことが有益な善であり禁じたことが有害な悪になります。アシュアリー派によると嘘や殺人もシャリーアが命じれば有益な善となるわけです。いずれの立場を取るとしても、善は有益性、悪は有害性に還元する点で、イスラームの善悪論は、欧米の倫理学で言うところの自然主義に近く見えます。善悪は啓示によってしか存在せず、善とはシャリーアが命じたもので、悪とは禁じたものである、とのアシュアリー派の議論は、典型的な神命説のようにも見えます。そこでイブン・タイミーヤの議論を手掛かりに、問題を再考してみましょう。彼は神命説を批判して言います。

存在者《マウジュード》には「適合的」の意味以外には善いものはなく、「対立的」の意以外には悪いものはない。賞賛や報酬は適合的であり、非難と罰は対立的なのである。それらも適合的なもの、対立的なものの一種にすぎない。……物の性質と属性を認めるムスリムの多数派は、行為にはそれが適合的あるいは対立的であるという意味で善と悪が内在することを認めている。至高者も「彼らに良識を勧め、悪行を禁じ、彼らに良いものを許可し、彼らに悪いものを禁じ……」（クルアーン第7章第157節）と仰せであり、それは行為自体が善、あるいは悪であり、食物が良いものあるいは忌むべきものであることを示しているのである。もし物や行為に命令と禁止との連関によってしか（「善／悪」の）属性が存在しないとすれば至高者は彼の命じられたことを命じられ、禁じられたことを禁じられ、人々に合法とされたものを合法とされ、禁忌とされたものを禁忌とされただけであるということになってしまう。そのような妄言がアッラーと何の関わりがあろうか。（『スンナの道《ミンハージュ・スンナ》』）

イブン・タイミーヤは哲学、神学の根底的否定者であり、理性の神秘実体化を批判し、啓示の完全性、十全性を擁護した点においてイスラーム思想史を代表する論客です。そのイブン・タイミーヤが「善悪」問題において、アシュアリー派の神命説を批判し善悪をものごとの客観的性質とみなす自然主義に与しているようにみえるのは一見すると奇妙に思えるかもしれません。しかしゴルディアスの結び目は一刀両断することができます。

欧米の倫理学の概念構成に慣れた我々には、倫理学の基礎概念が「善／悪」だと思い込んでいます。しかし、イスラーム学においては、そのどの領域であれ、アッラーに仕えること、すなわちイスラームが中心課題なのです。つまり、イスラーム学においては、倫理的価値の最も究極的な概念は、「善／悪」ではなく、「アッラーの命令への服従／アッラーの命令に対する反抗」であり、「善／悪」は副次的な概念でしかないということです。なぜなら「アッラーの命令への服従／アッラーの命令に対する反抗」は、アッラーの相互に還元不能な二つの意志の一つである規範的意思に対応する人間の応答形式だからです。

一方、善悪は益と害という自然的、あるいは事実的なものであり、アッラーの存在付与的意思に対応し、法学ではなくむしろ神学の領域となるのです。そして、イスラーム学において「益／害」と定義される「善／悪」は、倫理的であるよりは自然的、事実的なものですが、事物に内在する自然的性質ではありません。益と害は人間との関係性においてしか定まりません。そして益と害とは、健康、快楽、あるいは経済的利益といったなんらかの基準に照らした適合性であり、ある種の価値判断を伴うものでもあります。ところが価値判断の基準自体は、理性によって知られるものではなく、むしろ啓示による承認を必要とするものです。

以上のイスラーム神学、法学の議論の概観から、イスラームにおける理性と啓示の問題構成が、欧米キリスト教におけるものとはまったく違うことがお分かりいただけたと思います。そこで次節では、これまでの議論を踏まえたうえで、欧米の基礎法学の議論とも対比しつつ現代のイスラーム世界で理性の名のもとに行われている議論のいかがわしさを明らかにしたいと思います。

### ❸理性の名を騙るもの

イスラーム学は、善悪のような当為についても、事実判断と同じく理性によって理解できるものと考え、善悪を利害と定義していますが、利害とはものごとに内在する性質ではなく、誰かにとっての何かの基準に照らしての、適合性です。何かが有益であるか、有害であるかを知るのに理性が働く余地はどこにあるのでしょうか。

イスラーム哲学、神学は既に述べたようにギリシャの理性観の影響を受けています。アリストテレスに由来する「理性的動物である」との人間の定義は、「話をする動物《ハヤワーン・ナーティク》」とアラビア語訳され、論理学者たちによって普及し周知されることになります。アリストテレスの考えた理性的動物とは数学を理解できる存在、といった意味だったようですが、アラブの論理学者の「理性的動物」という表現も、万物がそれぞれの言語を有するとのクルアーンの用法とは異なり、人間理性を特権化し、人間だけが抽象的な記号操作が可能であり、それによって真理を把握することができるとのニュアンスをもつものです。

しかし、本来のイスラームにおける理性《アクル》は、イブン・タイミーヤが述べるように、それによって知識と行為が可能になる器質です。つまり理性とは、抽象的な概念を論理的に構築、操作する能力ではなく、正しい実践知を得るために与えられたものです。それは、論理的思考よりはるかに広い認識能力です。

実は、前近代においては西欧キリスト教世界と同じくイスラーム世界でも、叙述文の真偽の認識と、善悪の認識は、同じ理性の働きと考えられていました。西欧でも近代以降でさえ、カントの批判哲学から存在（Sein）と当為（Sollen）の峻別を説いた新カント派、分析哲学の一部を除き、存在者に関する事実の真偽の判断と同じように善悪のような当為の判断も同じ理性によって導き出せるとのナイーブな前提が広く人文・社会科学者たちの間で共有されています。自然権の名のもとに、人権や民主主義などといった特定の価値観に基づくフィクションにすぎないものがあたかも理性がその真偽を判断することができる存在に関する事実命題であり、その正しさを言い立てる者が「理性的」であるかのように盲信している人文・社会科学者が多数存在するのは日本も同じです。

啓示が関わる領域が信仰、神学に偏り、「律法《トーラー》」の法のほとんどを棚上げしたために、啓示に基づく法がもともと無いに等しいキリスト教世界では、法の領域ではカトリックの離婚、中絶、同性婚ぐらいしか、啓示と理性、あるいは宗教と理性の名を騙る世俗主義との対立が問題になることはありません。しかしイスラーム世界では違います。

現実には、現在のスンナ派ムスリム世界のすべての政権は、シャリーアの啓示法を無視し、人定法の強制によって人々を支配しているのであり、啓示と理性の問題をイスラーム学者たちが学問的に議論した結果が政治に反映されているわけではなく、ほとんどのイスラーム学者《ウラマーゥ》は、国家の法制については口を噤み、大学や学界では古典イスラーム学の通説を祖述するだけです。しかし法制のなかでシャリーアの規定と一致し国際機関や欧米の人権団体などから批判を受け、政権が欧米に倣って法改正を望んでいる場合などに、その正当化のためにウラマーゥの御用学者が動員されて、シャリーアの規定を否定する論陣を張ることがあります。その場合にキリスト教とイスラームに共通の伝統的な「理性と啓示」の枠組みを用い、理性の名のもとにシャリーアの規定を否定するのが常道です。

理性の名のもとに啓示を否定するテクニックの代表的なものが、利益《マスラハ》によってフィクフの法規定を否定する方法です。マスラハは古典イスラーム基礎法学《ウスール・フィクフ》の法源論のなかでは、スンナ派四法学派に共通する四法源（クルアーン、ハディース、イジュマーゥ、キヤース）に入っておらず、マーリキー派のみが認める法源であり、本来クルアーン、ハディースの明文の法規定がある場合はもとより、イジュマーゥやキヤースに基づく法規定が存在する場合には、マスラハが考慮される余地はありません。ところが現在では、マスラハによる啓示の明文に基づく法規定の歪曲が平然と行われています。

例えば、クルアーン第4章第3節の明文に基づきフィクフの規定では四人までの妻を娶ることが許されているにもかかわらず、イラクやシリアの家族法は、第二夫人を娶るのに裁判官の許可を義務づけていますが、それを正当化する理由には公益《マスラハ・アーンマ》が挙げられるのが常です。

マスラハによりクルアーンの明文の法規定を変えるのは、人間の理性を啓示の上に置く態度ですが、その前提には人間の理性がマスラハを知りうるとの仮定があります。しかしたとえば第二夫人を娶る場合、それによって生ずる夫の益と害、第一夫人の益と害、第二夫人の益と害、そして法律で娶ることを禁じられた場合に夫に生じた益と害、妻の益と害、第二夫人となれなかった女性の益と害を理性が知ることができるでしょうか。一年程度の短期的未来でも蓋然的にすら予想するのは困難でしょう。ましてや死ぬまでの利害衡量となるとまったく不可能なのは自明です。個々のケースでの予想すらできない以上、法制を変えることで、最後の審判に至るまでの未来にわたって人類社会全体に及ぼす影響の利害衡量はなおさら不可能です。また長期的に考えると、そもそも利害といっても、結婚生活における利害とはなんなのでしょうか。それが幸不幸であるとすると結婚生活の幸不幸の基準はそもそも違い、理性によって一元的に評価できるものではありません。

クルアーンは人間は自分たちにとって何が善（益）であるかを知らないが、アッラーはご存知である、と明言しています。

お前たちには戦いが書き定められた、お前たちにとっては嫌なものであろうが。だが、お前たちは何かを、お前たちにとって良いことでありながらも嫌うかもしれない。また、お前たちは何かを、お前たちにとって悪いことでありながら好むかもしれない。そしてアッラーは知り給うが、お前たちは知らない。

（第2章第216節）

理性の力によって公益を見通して法を変えることができる、と考えるのは、合理的というよりも理性を神秘的実体化した古代的思考の名残であり、法の本質を弁えない愚論です。なぜなら法とは、人間の情報処理能力の限界に基づく世界の不確定性に対しての複雑性の縮減メカニズムの一つである規範的予期の構造だからです。規範的予期とは、社会関係行為に関する予期の形式で、予期に反した行為を修正すべき自らの予期の誤りとはみなさず行為者の誤り、規範からの逸脱、とみなす予期です。規範的予期とは社会学者ニクラス・ルーマン▼71の概念ですが、ルーマンは「法の概念は、多かれ少なかれ分離された規範的予期に関するものであって、学問的な真理と方法によって規制される認知的な認識の領域に関するものではない」（『法社会学』村上淳一・六本佳平訳、岩波書店、一九七七年）と述べています。そして彼によると社会の複雑性が増すにつれて、認知的予期と規範的予期の区別の強化が必要とされるようになるのであり、認知的予期と規範的予期の分化の過程こそが法の進化なのです。

　啓示による法とは、世界の複雑性の増大に伴う規範的予期と認知的予期の分化の究極的な表現様式であり、理性による善悪（利害）の認知的な予期による社会関係行為の情報処理の不能の認識の後に来るものです。シャリーアの法規定を理性の名のもとに利益《マスラハ》などの法理によって改変しようとの現代イスラーム世界の試みは法の合理化、進歩などではなく、むしろシャリーアにおいて啓示法が到達した高みからの退行にほかならない、と考えてみなければなりません。

▼71　ニクラス・ルーマン（1998年没）。現代ドイツを代表する社会学者。日本でも、哲学者ユルゲン・ハーバーマスとの論争などで知られる。社会システム理論にオートポイエーシス概念を導入した。代表的な著作に『社会システム理論』（上下巻、佐藤勉監訳、恒星社厚生閣、1993・1995年）。

# 第六章　イスラーム法の非霊的権威

## ――もしくは、イスラーム法の「非」宗教的性格

### 序

世界の事象は無限で言葉は有限です。有限な言葉は、無限な事象をその具体性のすべてにおいて詳細に表現し尽くすことはできません。そればかりではなく、言葉は事物に必ずしも対応するとは限りません。それゆえイスラームは、神の啓示に裏打ちされたシャリーアの言葉、クルアーン、ハディースにない言葉には疑いの目を向けます。特に本来のアラビア語にない新規な単語、概念は特にそうであり、そのような言葉、概念を用いて天啓の教えであるイスラームを語ることはできるかぎり慎むべきであり、どうしても語らざるをえない場合は慎重のうえにも慎重を期さなければなりません。

イスラーム法の理解において、最も誤解を招く言葉／概念が「政教分離」です。日本語の「政教分離」という用語は欧米語の翻訳語であり、イスラームだけではなく日本の「宗教」にもうまく当てはまりません。そこで本章では「政教分離」という概念の理論的基礎を問い直し、次いでヨーロッパにおける「政教分離」の成立の歴史的経緯を概観した後に、「政教分離」という概念の問題性を明らかにし、そのうえであらためてイスラームにおける法と宗教の関係を考え直してみたいと思います。

## ❶社会分化と政教分離

デュルケムによると成員が互いに類似した環節社会である「未開社会」から、成員の分業による専門分化が進んだ高文明社会への発展は社会分化を伴います。高文明社会では、相対的に他のシステムから自立した自律的な部分システムとして、宗教システム、経済システム、政治システム、法システム、軍事システム、芸術システムなど、部分システムが分化します。

社会分化はある程度の定向性を有していますが、初期条件の違いや環境的要因により相違が生じます。たとえば同じ哺乳類の足でも、人間では前足と後ろ足が手と足に分化し指も機能分化していますが、鯨では前足は胸鰭になり指は外からは識別されず後ろ足は退化してなくなっています。

未開社会では、社会は未分化で、後に宗教システムとして分化するものが、全体システムの支配的な表象となっていました。どのような社会の神話でも、太古の人間は、神々と混じりあって共に暮らしていた、あるいは彼ら自身が神々でした。政治と宗教も分かちがたく結びついていました。日本でも、倭国の卑弥呼は鬼道に仕える巫女であり（女）王であり、政《まつりごと》とはまず祭事でした。その後の天皇の歴史をみると、当初は宗教、政治、軍事の指導者を兼任していましたが、社会分化に伴い、軍事、政治的実権を失い、神祇官の上にある大祭司化していきますが、形式的には祭政のすべてを統べる最高権威であり続けました。

政教分離の概念は、他の概念と同じく欧米から輸入されたものですが、実はこうした社会システムの複雑化、高度化に伴う機能分化、部分システムの分化に関する理論的考察から生まれたものではありません。日本語では「政教分離」と呼び慣わされている問題系は、英語ではseparation of politics and religion（政治と宗教の分離）より、separation of church and state（教会と国家の分離）として論じられることが多いものです。つまり、ヨーロッパのキリスト教会という組織のローカルな歴史的体験が、あたかも普遍的な原則ででもあるかのように論じられているのですが、そもそも「教会」になじみがない日本ではもっぱら「政教分離」として論じられるために、その特殊ヨーロッパ・キリスト教的性格が隠蔽され見えにくくなっているわけです。

もともと歴史的偶然の産物でしかありませんので、「政教分離」のそもそもの発祥の地である欧米ですら、国によって事情はばらばらです。フランスのようにカトリック教会をアンシャン・レジームの主要敵の一つとした革命により公的空間から完全に宗教を締め出そうとする世俗主義を取った国もあれば、アメリカのように特定の宗派の優遇を禁じつつ公的空間での宗教行為を禁じていないため法廷で聖書に手をおいて宣誓する国もあります。ドイツでは国家が教会税を代理徴収しており、イギリスでは国王が英国聖公会の首長を兼ねています。カトリックのバチカン市国に至ってはローマ教皇が元首である文字どおり政教一致の国です。このようにその発祥の地である欧米においてさえも政教分離の概念の内実は千差万別なのであり、とても比較文明論の厳密な議論に堪える学術用語ではありません。

社会分化論においても、社会の複雑化に伴い部分システムが分化し自律性を高める定向性があるとしても、そもそも社会が一つのシステムをなしている以上、部分システムが完全に分離することはありえません。単細胞生物から分化した脊椎動物では栄養を吸収する消化器、酸素を呼吸し二酸化炭素を排出する呼吸器は分化していますが、消化器と呼吸器は、心臓を中心とする循環器によって接合されています。脳、泌尿器、筋肉、骨格などもすべてが同様であり、それぞれが分化した器官でありながらも、すべてが繋がりあって全体として一つのシステムを構成しているのです。そして同じ脊椎動物でも、鳥類と哺乳類では分化のかたちは大きく違い、魚類となるとさらに差異は大きくなります。社会システムも同じで、政教の完全な分離はありえず、政治と宗教が互いに自律性を高めて分化したとしても、いやしくも一つの社会をなしている以上、必ずなんらかのかたちで接合しています。

政治と宗教の完全な分離が可能であるかのような誤解を与える「政教分離」というミスリー

ディングな用語はもはや捨て去るべきです。問われるべきは、それぞれの社会によって異なる政教関係のあり方なのです。

## ❷キリスト教における政教関係の特殊性

ヨーロッパにおける社会分化は、他の文明とはまったく違った進展を遂げています。都市国家から出発したローマは、固有の民族神を有する多神教の神話とそれらの神々を祭る国家祭儀を有しており、王政期は王が、共和政期は最高神祇官を長とする神官たちが、国家祭儀を司りました。帝政期になると皇帝は最高神祇官を兼ねるようになります。

ローマはローマの神々の祭儀を尊重し皇帝を崇拝するかぎり、異民族の宗教に寛容だったため、ローマが徐々に領土を広げていくにつれて、異民族の宗教が流入し、ギリシャ、エジプトの宗教、ミトラ教など異民族の宗教が行われるようになりましたが、ローマの祭儀、皇帝崇拝を認めないキリスト教は迫害を被ることになったのです。

キリスト教はローマ帝国のユダヤ属州に生まれたユダヤ教の一派で、ローマの宗教とはまったく異質の外来の宗教であるばかりでなく、他の外来の宗教と違ってローマの宗教と混交することもありませんでした。キリスト教は会堂《シナゴーグ》に集うユダヤ教から徐々に分派し、独自のヒエラルキーと財源をもつ教会組織を形成していきましたが、それはローマ帝国の発展に伴って分化したローマの宗教システムの外部にあり、むしろローマ帝国自体と競合するような独自の組織として発展を遂げていたのでした。

キリスト教の政教分離の典拠としてよく引かれる「カエサルのものはカエサルに、神のものは神に」（マタイによる福音書第22章第21節）も、当時のユダヤ社会は第二神殿が存在し最高法院《サンヘドリン》の議長を務める大祭司のもとに一定の自治を享受していたのであり、政治と宗教の分化の表現というよりも、ローマ帝国の国税と神殿税に象徴される宗主国と属国の二重権力の承認とも読めます。

要点は、ローマ帝国におけるキリスト教が三一三年のミラノ勅令で公認され三八〇年に国教化されたのは、ローマにおける自生的な宗教システムの分化の結果として生じたのではなく、キリスト教会は当初からローマ帝国の外部にある組織、ローマ帝国の地上の権力における競合者だったのであり、ローマ帝国の機能分化における宗教部分システムではなかったということです。キリスト教会の権威は、ローマ帝国によって与えられたものではありません。むしろ（カトリック）教会の権威は、ローマ帝国によって処刑されたイエス、そして使徒ペテロの後継者であることに由来します。そしてキリスト教会はローマ帝国とは独立の権威と財源と官僚組織を有する組織、地上の権力であったために、ゲルマン民族の侵入によりローマ帝国が崩壊した後、帝国崩壊の混乱に乗じ勢力を伸ばし、直轄領や騎士団ももち、神聖ローマ帝国、フランス王国などと、教皇権と帝権、王権をめぐって争うことになったのです。

以上に概観したとおり、ヨーロッパのキリスト教世界における政教分離とは、ローマ帝国とローマ・カトリック教会という二つの組織、言い換えれば、ローマ帝国の武官・文官、ローマ・カトリック教会の聖職者という二つの官僚集団の権力闘争であり、ローマ帝国とも対抗できたようなローマ・カトリックという特殊な自立／自律的宗教官僚組織があるところでこそ意味をもったのです。

　このような特殊な「政教分離」が普遍的妥当性をもたないことは、実は、かえって国家神道体制下に生きていた戦前の日本人には体感されていたのでした。

　日本精神学の権威原正男は、イスラームが日本の「国体と背馳する所なきや否やに関して」大日本回教協会から委嘱されて調査を行い以下のように述べています。

> 古来、我が国で八百万の神ありと信じ、それを崇めることは国家存立の一つの要素となっている。然るに回教に在ってはアルラーの他に神《イラハ》が無いと信ずることは、回教成立の第一の要素であり、又回教国存立の第一の条件となって居る。……回教国は我が国と同じく宗教的信念に基づき成立しているのである。然かも両者とも祭官政治、僧侶政治の国ではない。換言すれば、政治、軍事は特殊の祭官又は僧侶に依って行われるのではない。それらの分野は比較的自由の立場にあって、宗教的掣肘を受くることもなくその機能を発揮することが出来るのである。
>
> （原正男『日本精神と回教』誠美書閣、一九四一年）

原正夫は、神道と回教《イスラーム》を比較し、イスラームと日本が共に宗教を国家の正統性の基礎に据えながらも、イスラーム世界においてイスラーム学者《ウラマーウ》が政治を行うのでないように、日本においても神職たちが国政を牛耳っているのではないことを指摘し、日本もイスラーム世界も政教分離でもないが、祭政一致でもないと結論しています。

特殊なのは日本や神道ではなく、「政教分離」を言い出したキリスト教のほうです。祭司《バラモン》、戦士《クシャトリア》、庶民《バイシャ》、奴隷《シュードラ》の種族制を有するヒンドゥー教、儒教が支配イデオロギーとなり儒学を修めた士大夫階級が武官と共に政治を行う一方、仏教、道教、儒教、そして回教と共存していた中国文明においても、「政教分離」が概念として成り立たないことは自明でしょう。「政教分離」、「政教一致」のような対応する実体をもたない粗雑な概念を弄ぶことは、イスラームの理解を妨げることにしかならないのです。

### ❸イスラーム社会の社会分化と法学者の権威

預言者ムハンマドが現れる以前のアラブは、聖書のシバの女王で有名なサバ王国、ヒムヤル王国、ナバティア王国などの王国の歴史を有していましたが、社会構造の基本は遊牧民の環節社会であり、マッカ、マディーナもまた中央集権的政府を欠いていました。預言者ムハンマドは、一代でイスラームの旗のもとにアラビア半島を統一し、一つの政治的共同体を作り上げました。

ムハンマドは預言者、アッラーの使徒であると同時に、マディーナのイスラーム国家の元首でもありました。アッラーの啓示の「依り代」であったムハンマドは同時に、瞑想、勤行に励む修道者の模範でもあり、祭礼、葬礼、巡礼、日々の礼拝を指導する説教師、祭司であり、アッラーの命令を法として布告する立法者、それに従って人々の争いを捌く裁判官、浄財や戦利品を徴収し分配し公共事業を行う行政官、自ら剣を執る戦士にして戦争を指揮する将軍でした。つまり預言者ムハンマドはあらゆる領域の指導者性を一身に兼ね備えた統合的なパーソナリティであり、またすべての権威を一身に体現するカリスマだったのです。そして正統カリフなど、彼の薫陶を得た高弟たちの多くもまた、修道者、祭司、説教師、行政官、裁判官、将軍を兼任する統合的なパーソナリティの持ち主でした。しかし預言者たちの高弟たちが世を去りウマイヤ朝時代になると、こうした人格の統合は失われ、専門分化が生じます。マックス・ウェーバー▼72の言うカリスマの日常化です。

イスラームの初期「列伝」文学を研究したマイケル・クーパーソンは、ヒジュラ暦二～三世紀／西暦八～九世紀のシーア派のイマーム・リダー（八一八年没）、アッバース朝のカリフ・マアムーン、イスラーム法学者アフマド・ブン・ハンバル、スーフィー禁欲者ビシュル・ハーフィー（八五〇年没）の伝記に主として依拠し、シーア派のイマーム、アッバース朝スンナ派のカリフ、イスラーム学者、禁欲者（初期スーフィー）の間の預言

▼72　マックス・ウェーバー（1920年没）。ドイツの社会学者。フランスのデュルケムとならび現代社会学の基礎を作りあげた一人。代表的な著作に『プロテスタンティズムの倫理と資本主義の精神』（大塚久雄訳、岩波文庫、1989年）。『支配の社会学』（全2巻、世良晃志郎訳、創文社、1960・1962年）のなかで、「伝統的支配」、「合理的支配」、「カリスマ的支配」のテーゼを提出した。

▼73　マンスール（775年没）。アッバース朝第2代カリフ。バグダードを建設し、首都とした。



者の正当な後継者としての権威をめぐる対立を描いています。

その後の歴史の展開のなかで、政治的実権を欠くイマームがなお理念的には預言者のすべての権威を継承したと考えるシーア派に対して、スンナ派では、預言者の権威は、カリフを頂点とするウマラーゥ（王侯、武人）が政治的権威を、イスラーム学者《ウラマーゥ》が学的権威を、スーフィーが精神的権威をそれぞれ担うかたちで継承された、との認識が徐々に一般化していきます。

クルアーン、ハディースは法令集ではなく、法の構造を欠く命令、禁止などの寄せ集めであり、オースティンの主権者命令説を批判したハートによるならば、まだ法のシステムとなっていません。預言者ムハンマドが地方に派遣した代官たちは行政官と裁判官を兼ねており、専門の裁判官はまだ存在しませんでした。彼らは預言者ムハンマドから知と徳を学ぶ両者を兼ね備えた世代でしたが、時代が下がるとカリフの役人がそのような知と徳を備えていることは稀になり、預言者ムハンマドの教えを学ぶ者たちはカリフに任じられた役職を避けるようになっていました。ハナフィー法学派の学祖アブー・ハニーファはアッバース朝第二代カリフ・マンスール▼73から大法官《カーディー・クダー》に就任を迫られましたが、あくまでも断ったためマンスールの怒りを被り投獄され獄死しています。

しかしアブー・ハニーファの弟子アブー・ユースフ▼74は大法官の地位に就き、以後、裁判官《カーディー》の地位には法学者《ファキーフ》が就くことが慣例化していきますが、この時期は学問としての法学《フィクフ》が成立するイスラーム暦二～三世紀／西暦八～九世紀と一致しています。理論上はシャリーアの規定に則

▼74　アブー・ユースフ（798年没）。アッバース朝のカリフ3名（第3代マフディー、第4代ハーディー、第5代ハールーン・ラシード）に仕え、第5代カリフに厚遇され、史上初めて「大法官」と呼称された。アブー・ハニーファの高弟として知られるが、師と見解を異にすることも多い。ハナフィー派に関する書物を初めて著し、「ウラマーゥがそれと見て分かる服装をするべきだ」と初めて主張した。なお、ハナフィー派では「長（al-imām）」といえばアブー・ハニーファを、「両師（al-shayḥān）」といえばアブー・ハニーファとアブー・ユースフを、「両極（al-ṭarafān）」といえばアブー・ハニーファとシャイバーニーを、「両高弟（al-ṣāḥibān）」といえばアブー・ユースフとシャイバーニーを指し、「第二者」はアブー・ユースフ、「第三者」はシャイバーニーをそれぞれ意味する。

る裁判は預言者ムハンマドの後継者カリフの職務です。しかしカリフが裁判の権限を法学者に委任することが慣例となったことで、シャリーアの解釈者としての権威は法学者が有することになりました。ちなみにアッバース朝になると、シャリーア法廷とは別にカリフが主宰する不正監査院《ディーワーン・マザーリム》と呼ばれる一種の行政裁判所が設置されることになります。

現代の欧米では、「政教分離」や「三権分立」のようなヨーロッパのローカルな歴史的拘束性を免れない概念により、法システムと政治システムが混同され、国家機関は立法府、行政府、司法府からなり、立法府と司法府が法を管轄し、行政府が政治を行うと考えられがちです。しかし、本当は、法システムと政治システムは社会の別個の自律的な部分システムです。「法令」、すなわち立法府（議会）の作る法律も、行政府が作る行政命令も、どちらも「政治」による「法」の執行のプロセスを機能的に円滑化するための施行細則であり、政治システムの一部であって、法システムの一部ではありません。法システムの一部と言えるのは司法府だけです。議会は立法府であるとされていますが、実際には立法のほとんどは行政府の官僚によって行われており、選挙で選ばれた議員によって法律が制定されることがほとんどないことは、国民主権、三権分立などのイデオロギーを排して

▼75　マーワルディー（1058年没）。シャーフィイー派。バグダードで大法官を務めた。イスラーム国法学の祖とされる。主著『統治の諸規則』では、カリフ制やイスラームの政治理論を展開した。

虚心に見れば、社会学的には、法律も行政命令の一部にすぎないことのなによりの証です。また立法府や行政府の長が（大統領制度では直接に議院内閣制では間接に）国民によって選ばれる建前であるのに対して、裁判官は形式的にも信任投票だけであり、選挙によって選任されるのではないことも、司法府は政治システムではなく法システムの一部であることを示しています。

イスラームでは、法システムは天啓のシャリーアの解釈と実践のプロセスによって自己組織化されるとの理解が確立されるため、政治の立法、司法、行政の分化、三権分立という発想は生まれませんでした。イスラームにおいてはシャリーアを核とする法システムと、カリフを頂点とするウマラーゥ（王侯、武人）が行う政治システムが分化します。イスラームは法システムが政治システムに対して優位に立つ「法の支配」の原則が早くから確立します。法システムと政治システムの全般的な関係を規定するのが、「スルタンの諸規則《アフカーム・スルターニーヤ》」と呼ばれる「行政法」であり、この行政法による統治「法治主義」が「シャリーアによる政治《スィヤーサ・シャルイーヤ》」であり、この「アフカーム・スルターニーヤ」、「スィヤーサ・シャルイーヤ」はそれぞれマーワルディー▼75とイブン・タイミーヤのイスラーム政治論の主著の書名としても知られています。

その意味ではイスラームにおいては政治システムのすべてはシャリーアに関わるということになりますが、法システムのなかで特に権力を背景とした判断（有権解釈）が求められる分野が司法となり、イスラーム法裁判官《カーディー》が担うことになるわけです。身体の分化の比喩で言うと、血液の主たる担い手は循環器系ですが、酸素と二酸化炭素の呼吸代謝においては肺と接合し、毛細血管を通じて全身に行き渡ります。血液がシャリーア、循環器が法学者《ファキーフ》、肺動脈、肺静脈が裁判官《カーディー》、毛細血管はムスリムの善男善女にあたります。もちろん、比喩は比喩ですので、厳密に対応するわけではありません（本書附録四「イスラームにおける法システムの比喩」を参照）。

ファキーフ、法学者がシャリーアの解釈者の権威を得たと言いましたが、イスラーム学者《ウラマーゥ》は既述のとおり、法学《フィクフ》だけではなく、クルアーン、ハディース諸学をひととおり学びますので、実のところウラマーゥがシャリーアの守護者としてアッラーの使徒の権威を継承したのです。

クルアーン第4章第59節の「信仰する者たちよ、アッラーに従い、使徒とお前たちのうち権威をもった者に従え」の「権威をもった者」の語は、ウラマーゥを指すものと言われます。スンナ派のナサフィー（一三一〇年没）による標準的註釈書『ナサフィー註釈』を繙《ひもと》くと、この句は「ウマラーゥ（王侯、武人）、あるいはイスラーム学者《ウラマーゥ》である。なぜならウラマーゥの命令は王侯によって執行されるからである」と解説されており、預言者ムハンマド亡き後の「権威をもった者」とはウマラーゥとウラマーゥであり、ウラマーゥがウマラーゥの上に立つとの理念が表明されています。また「ウラマーゥは預言者の相続人である」とのハディースもまた、ウラマーゥによる預言者の権威の継承の理念を示しています。アラブ最高の歴史家イブン・ハルドゥーン▼76（一四〇六年没）も述べています。

「ウラマーゥは預言者の相続人である」というムハンマドの言葉を理解するためには、次

▼76　イブン・ハルドゥーン（1406年没）。中世イスラームを代表する歴史家、思想家。主著に『歴史序説』（全4巻、森本公誠訳、岩波文庫、2001年）など。

> のことを知らねばならない。……初期の宗教家や敬虔なイスラーム教徒は、あらゆる面でシャリーアを体現し、シャリーアそのものであり、シャリーアにもとづく道を熟知していた。シャリーアを伝達によらずに体現する人々は「相続人」と呼ぶことができる。たとえばそれは『クシャイリー論考《リサーラ・クシャイリーヤ》』に記されているような人々であり、（学知と神智の）二つの知識を併せもつ人こそがウラマーゥで、真の「相続人」である。すなわち第二世代の法学者や最初期のイスラーム教徒、四法学者の祖師たち、および彼らを手本としてその足跡をたどった人たちである。
> （イブン・ハルドゥーン『歴史序説《ムカッディマ》』）

法と政治の社会分化の文脈から、カリフとウマラーゥ（王侯、武人）と対比してシャリーアの権威の担い手がファキーフである、と述べましたが、シャリーアの権威を「法と政治」の問題に矮小化しては誤解が生じます。既に述べたようにシャリーアの行為規範は国法ではありません。シャリーアの行為規範は信徒の日常生活を導く指針であり、すべてのムスリムが学ぶべきものです。信徒に対して法学者《ファキーフ》がシャリーアの権威を体現するのは、カリフから裁判官《カーディー》などの「公職」に任じられるからではありません。彼らの権威は、シャリーアの知《イルム》に由来するのであり、シャリーアを知り教える者であることによって、彼らは信徒に対してシャリーアの権威を体現しているのです。その意味で、権力機構に焦点をあてるなら、シャリーアの法的権威の担い手はイスラーム法学者《ファキーフ》、ということになりますが、イスラームの理解の観点からは、シャリーアの権威を体現するのはイスラーム学者《ウラマーウ》である、との表現のほうがより適切です。

## ❹法と宗教の分離と、イスラームの宗教「スーフィズム」

前節ではイスラームにおいては、法システムが優位なかたちで法システムと政治システムが分化し、法システムの担い手がシャリーアの護持者としてのイスラーム学者《ウラマーウ》であり、政治システムの担い手がカリフを長とするウマラーゥ（王侯、武人）であることを明らかにしました。法システムと政治システムを区別することで、イスラームが欧米から見てイスラーム社会が「政教一致」に映るのは、政治と法を区別しない欧米の「政教分離」の枠組みでイスラーム社会を見ているからであることが分かります。つまり欧米的世界観では、イスラームにおいては明確に分化している法システムと政治システムが、同じ「政治」のカテゴリーに分類され、イスラームにおいては法システムであるシャリーアの法規定が「宗教」のカテゴリーに分類されるため、「政治」と「宗教」が分離していないかのように見えるのです。

では、シャリーアの法規定がイスラームにおける「宗教」ではないとすれば、イスラームにおける「宗教」とは何でしょうか。前節で引用した「シャリーアを伝達によらずに体現する人々は『相続人』と呼ぶことができる。たとえばそれは『クシャイリー論考《リサーラ・クシャイリーヤ》』に記されているような人々で……」とのイブン・ハルドゥーンの言葉の後段に着目しましょう。『クシャイリー論考《リサーラ・クシャイリーヤ》』とは、一一世紀に書かれ今日に至るまでイスラームの教育機関で教え続けられているスーフィズムの古典教科書であり、「シャリーアを伝達によらずに体現する人々」とは、後世の分類では、ウラマーゥというよりはむしろスーフィーと呼ばれる人々なのです。しかしイスラーム暦の二、三世紀頃までは、両者はまだ未分化であり、「シャリーアを体現し、シャリーアそのもの」であった「第二世代の法学者」、「四法学派の祖師たち」は、預言者や教友たちと同じく、ウラマーゥであることとスーフィーであることを、不可分に一人の人格のなかに統合しているのが通例でした。しかしその後、学問が分化していくなかで、イスラーム法学《イルム・フィクフ》と「スーフィズム（イルム・タサウウフ）」は別個の学問となっていき、ファキーフとスーフィーも分化していきます。つまり、イスラームにおける「宗教」はスーフィズムなのです。ではフィクフではなくタサウウフ、スーフィズムがイスラームにおける「宗教」であるという理由は何でしょうか。

第一の理由としては、スーフィーが、一般のムスリムとは異なり霊感《イルハーム》というかたちでの神とのコミュニケーションを取ることができる神に近い特別な関係にある者「聖者《ワリー》（字義どおりには「近しい者」）」とみなされるのに対して、ファキーフは神との特別なコミュニケーションの手段をもたないことです。❖18 そしてシステム分化が進んだイスラーム社会においては、法の領域である裁判の場においては、いかに一般信徒から敬愛されるスーフィー「聖者」であろうとも、霊感《イルハーム》によって得た知識が証拠として採用されることはありません。それは裁判官であるファキーフ自身が、スーフィー「聖者」であった場合でも同じで、彼がスーフィーではなくファキー

❖18　スーフィーは一般のムスリムとは異なり、霊感《イルハーム》というかたちで神とコミュニケーションを取ることができる神に近い特別な関係にある者「聖者《ワリー》」とみなされるのに対して、ファキーフは神との特別なコミュニケーション手段をもたない。

フとして裁判官の地位にある以上、彼がイルハームに得た知識は証拠とはならず、判決の理由ともなることはありません。

第二にスーフィーはファキーフとは違って、ある意味で一般の信徒と神の間の仲介者とみなされているからです。厳格な唯一神教としてのイスラームは、神と人間の間の仲介者を認めません。クルアーンにも「彼（アッラー）のご許可なしに誰が彼の御許で執り成しをなしえようか」（第2章第255節）とあり、いかなる人間もアッラーの許可なく執り成す権限をもちませんが、逆に言うとアッラーから執り成しを許された特別な人間が存在するということでもあります。❖19

神ではなくスーフィー「聖者」に自分の罪の赦しを願えば明らかな多神崇拝ですが、罪を赦してくださるようにと神への執り成しを「聖者」に頼むことは必ずしも多神崇拝とは言えません。病気治しなどの現世利益でも同じで、「聖者」に病気治しを祈願すれば多神崇拝であっても、病気を治してくださるように神に頼んでくれるように「聖者」に祈ることはありえます。このような神との仲介役を果たすスーフィー「聖者」を認めるか否かはスンナ派の神学／法学史上の最大の問題ですが、現実には民衆レベルではあからさまな「聖者崇拝」も行われていました。イスラームの教義に照らして正しいか否かはともかく、超越者との特別なコミュニケーション関係や超越者と人間の仲介こそ、古今東西の様々な文明において宗教とみなされてきたものに共通する中核ですが、それはファキーフの管轄する法の領域ではなく、スーフィー「聖者」の領域だからです。

❖19　スーフィーはファキーフとは違って、ある意味で一般のムスリムと神の間の仲介者とみなされている。厳格な唯一神教としてのイスラームは、神と人間の間の仲介者を認めない。ただし、アッラーから執り成しを許された特別な人間が存在する。

スーフィーの「聖者」もイスラーム学者《ウラマーウ》の学統と同様に、自らの神智の権威を預言者ムハンマドに連なる法統の正統性に求めます。スーフィズムの理解においては、預言者ムハンマドは、歴史的存在であると同時に、超越的存在であることは既に述べました。スーフィーが自認する「預言者の後継者」とは、この「超越的ムハンマド」の後継者なのです。カリフの権威、ウラマーゥの権威が、現世を超えなかったのに対し、スーフィーの権威は、この世を超えたものです。スーフィーはこの世の王国を超えた隠れた王国を構成しており、この王国のヒエラルキーの頂点に立つのは、枢軸《クトゥブ》であり、その下には三人の代理人《ヌカバーウ》、四人の楔《アウタード》、七人の篤信者《アブラール》、四〇人の代行者《アブダール》、三〇〇人の選良《アフヤール》が続き、彼らはクトゥブを中心として定期的な会合をもち、世界の秩序を支えているとも言われます。

私たちは、日本語を用いているかぎり、日本語の概念の枠組みでしかものを見ることができません。そうであるとしても、欧米の概念をナイーブにイスラームにあてはめる「イスラームは政教一致の宗教である」といった言説を超えて、教会と国家というかたちで宗教と政治が分化した一方で自立／自律的部分システムとしての法が政治から未分化であったヨーロッパ・キリスト教とは違い、イスラームにおいては、法はイスラーム学者《ウラマーウ》が、政治はウマラーゥ〈王侯、武人〉が、宗教はスーフィーが担うかたちで社会が分化した、と認識すべき段階にそろそろ私たちも達してよい頃です。そして「イスラーム法」を理解するうえでも、その非「宗教的」性格に気づくためには、そうしたイスラームの社会分化の認識が不可欠なのです。

# コラム◎裁判の風景

お前は、お前に下されたものとお前以前に下されたものを信じると主張する者たちが邪神に裁定を求めようとするのを見なかったか。それを拒絶するよう命じられていたにもかかわらず。そして悪魔は彼らを遠く迷わせることを望んでいる。

（クルアーン第4章第60節）

預言者ムハンマドの存命中は、争いが起こったときには、彼に裁きを求めることが命じられていました。預言者ムハンマドは神の啓示に基づき正義の裁きを下されたからであり、人々の間に正義を行き渡らせることこそがイスラームの目的だからです。

預言者は彼に代わって人々を裁くために地方に代官を遣わされましたが、預言者亡き後は、彼に代わってクルアーンと預言者の言行録すなわちシャリーアに則って、人々の間を裁く権限は、預言者の後継者カリフに引き継がれました。

これがイスラームにおける裁判の原型です。裁判のことをアラビア語でカダーゥと言いますが、裁判《カダーゥ》は預言者の大権であり、カリフに引き継がれました。本来、イスラームには三権分立はありませんでした。しかしアッバース朝時代になると、カリフはイスラーム法学者《ファキーフ》の中から裁判官《カーディー》を任命する慣行が確立し、裁判がカリフの大権であるとの理念は完全に形骸化します。そしてアッバース朝時代には、カーディーが裁くイスラーム法廷とは別に、カリフが直轄し役人の不正などの訴えを主として扱う一種の行政裁判所不正監査院《ディーワーン・マザーリム》が設けられます。ちなみにこのディーワーン・マザーリムの制度はカリフ制消滅後も、サウディアラビアやヨルダンなどの王制諸国に残っています。

裁判《カダーゥ》は実質的にはイスラーム法学者の仕事となりますが、理念的には裁判官《カーディー》はあくまでもカリフの代理人であるため単審制であり、複数で合議することはなく、あるカーディーの判決が上位のカーディーによって破棄されることもありません。合議によって決定することがない、といっても、判断にあたって他の法学者や専門家の意見を聞いてはならない、ということではありません。最終的な判決を下すのは、ただ所轄のカーディーただ一人の権限であり責任である、という意味です。

イスラームの裁判は、原告《ムッダイー》、被告《ムッダアー・アライヒ》、裁判官《カーディー》の三者によって行われます。制度的には刑事と民事の区別はなく、したがって刑事事件の訴人となる検察官も存在しません。またイスラーム法には弁護士という専門職も生まれませんでした。原告、被告、裁判官が証人を呼ぶこと、原告、被告が代理人を立てること、裁判官が助手をつけることはできるので、実際には日本の裁判で弁護士や検察が行うことにほぼ相当することは、イスラーム法の裁判でも行われているのですが制度的には、裁判の主体は、原告、被告、裁判官の三者のみです。

イスラームにおける裁判とは、紛争に対して強制されるべきイスラーム法に照らした正しい判決を下すことであり、真実を知るために採用される証拠は、証言《バイイナ》と自白《イクラール》と状況証拠《カリーナ》ですが、イスラーム法の裁判を特徴づけるのは証言の重視です。

証言と訳した「バイイナ」の意味は「明証」で厳密には必ずしも「証言」とは言い切れないのですが、「明証《バイイナ》」とあれば「証言」と思っていいほど、イスラーム法の裁判は証言を中心に進められます。

「原告には証人《バイイナ》が求められ、被告には宣誓が課されます」との預言者ムハンマドの言葉に基づき、イスラームの訴訟法では、原告にまず証人の提出が求められます。証人が裁判官に受理されれば原告の訴えが通ります。原告が証人を提出できなかった場合には、被告は訴えが虚偽であることを神に誓うことが求められます。そこで被告が誓言をすれば、被告の主張が通り訴えは却下されますが、もし被告が誓言を拒否すれば被告の主張は退けられ、原告の訴えが通ります。原告と被告が双方とも証人を提出した場合にも、被告は誓言を求められます。被告が誓言すれば訴えは却下されますが、誓言を拒否すれば原告の訴えが通ります。

自白に関しては、「私のムスリム共同体《ウンマ》には過誤、忘却、強制されたことは免責されます」との預言者ムハンマドの言葉により、拷問による強制があった場合の自白は無効です。状況証拠については、たとえば人気《ひとけ》のない場所に刺し殺されたばかりの者の横に血の滴るナイフを持った男が一人で立っていた場合、それはその男が殺人犯である状況証拠とみなされます。

イスラーム法の多数説は、妊娠を姦通（婚外性交）の状況証拠の一つと認めています。イスラーム法は、姦通（婚外性交）に関して男女を差別せず、男女を問わず既婚で姦通を犯した者は石打ち死刑、未婚の場合は一〇〇回の笞刑です。イスラーム法は姦通罪の証言の有効性については、四人の証人による詳細な実行現場の描写の完全な一致というきわめて厳格な条件を課しています。そこで証人の証言による有罪の立証は事実上困難なため、姦通罪はほとんど成立しないはずです。ところが妊娠が姦通の状況証拠とみなされると、妊娠した女性だけが姦通罪に問われることになってしまいます。

カーディーの判決は、カリフの代理として発出されたものであり、現世においては最終的なものですが、イスラーム法学的には価値を有しません。イスラーム法では裁判《カダーゥ》の判例

著者が自称「イスラーム国（IS）」で見た、イスラーム裁判所

は、法的拘束力を有さないだけではなく、法学教育のなかで学ばれることもありません。

ところが、カーディーの判決が重視されないのに対して、イスラーム法学者の発する教義諮問回答《ファトワー》は高名な学者のファトワーは公刊され、イスラーム法教育のなかに組み込まれていきます。イスラーム法学はムフティーの条件として、ムジュタヒドであること、つまりクルアーンとハディースから独自の判断を引き出すことができる学識を有する高位法学者であることと規定しています。カダーゥは有権解釈であり「国家権力」によって強制されます。一方、ファトワーは、教義一般について発せられますが、法的事項に関する回答であっても、質問者さえ拘束せず、質問者はファトワーに従う義務はありません。しかし、カーディーが判決を下すにあたってムフティーに判断を仰ぐことはありますが、ムフティーがファトワーを出すのにカーディーの意見を聞くことはありません。

現代のムスリム諸国でも、サウディアラビアのようなイスラーム法のカーディーとムフティーが制度として存在するところでは、最高ムフティーが国内のイスラームに関する最高権威とみなされており、カーディーの長官には権威はありません。

ムフティーがカーディーより権威がある理由は、カーディーの判決が強制力を有するにもかかわらず、その判決は現世の法廷でのものにすぎないのに対して、ムフティーの回答はこの世での強制力はなくとも、来世での最後の審判において裁かれる行為に関するイスラーム法に照らして最も適切な助言であると考えられるからです。

つまり、このファトワーとカダーゥ、ムフティーとカーディーの関係は、ムスリムにとって、この世の裁判よりも来世での裁判、つまり復活の日のアッラーによる審判のほうが重要であることを示しているのです。

# 第III部 イスラーム法学の要諦

著者がシリアで囲んだ食卓

ベドウィンの命綱「ナツメヤシ」

# 第七章　現世と来世を貫く法——あの世が組み込まれた構造

## 序

来世への信仰は、アッラー、天使、使徒、啓典、天命の信仰と並ぶイスラームの六信の一つであり、ムスリムは日々の礼拝のなかで、「裁きの日の主宰者」アッラー（クルアーン第1章第4節）を称えて生きています。イスラーム法は、アッラーが天使ジブリールを介して啓典を授けた使徒ムハンマドの教えシャリーア（クルアーンとハディース）に深く関わっているのと同じように、来世にも関わっています。

本章では、イスラーム法にどのように来世が構造的に組み込まれているかを明らかにします。

## ❶フィクフの義務負荷と罰

欧米の法学では、法は権限を与えるルールと、義務を課すルールに分かれます。権限を与えるルールとは憲法のように国家機構の設置を定めたり、婚姻のように法的権利が発生する制度を作ったりするルールです。義務を課すルールとは、その義務を守らなかった場合に国家権力をもって刑罰を科すか、強制執行が行われるようなルールです。

イスラーム法《フィクフ》は、義務を課す規則ですが、義務負荷規則《フクム・タクリーフィー》と創設規則《フクム・ワドイー》❖20に分類します。フクム・タクリーフィーはそのとおり義務を課す規則です。フクム・ワドウィーは、法的義務の事因、条件、阻却事因を確定する規則です。本章では欧米法の義務を課す規則との対比において、フィクフの義務負荷規則の特徴を明らかにしたいと思います。

フィクフは、行為を①義務（ファルド、ワージブ）、②推奨（ムスタハッブ、マンドゥーブ）、③合法（ジャーイズ、ムバーフ）、④忌避《マクルーフ》、⑤禁止《ハラーム》の五つの範疇に分類します。

「義務」はそれを行うことが報償、行わないことが懲罰に値する行為です。「推奨」はそれを行うことが報償に値するが、行わなくとも懲罰はない行為です。「合法」は、行うことにも、行わないことにも、報償も懲罰もない行為です。「忌避」はそれを行うことに懲罰はないが、それを（意図的に）行わないことが報償に値する行為です。禁止はそれを行うことが懲罰に値し、それを（意図的に）行わないことに報償がある行為です。

欧米法では義務負荷は通常は刑罰や強制執行のようなネガティブなサンクションによって行

❖20　欧米の法学において、法は権限を与えるルールと義務を課すルールに分かれる。
イスラーム法《フィクフ》において、法は義務を課す義務負荷規則《フクム・タクリーフィー》と法的義務の事因、条件、阻却事因を確定する創設規則《フクム・ワドイー》に分かれる。

われるのであり、報奨のようなポジティブなインセンティブを用いることは、犯罪捜査の協力者に与えられる捜査特別報奨金制度のような例外を除きほとんどありません。報奨で定義されるフィクフの推奨行為、忌避行為は、欧米の法文化では法というよりはむしろ道徳の領域に含まれるものです。本章では、義務と禁止に焦点を絞って議論を進めます。

フィクフと欧米法の最大の違いは、報奨を組み込んでいることではありません。最大の違いは、フィクフの懲罰と報償が来世での火獄の懲罰と楽園の報奨であることです。

欧米の刑法には罪刑法定主義という言葉があります。ある行為を罰するには、あらかじめその行為をそれに対して刑罰が定められた犯罪であるとする立法がなされている必要がある、との考え方です。既述のとおり、シャリーアの啓示がないかぎり、いかなる行為にも懲罰はない、とのアシュアリー派の啓示観は一種の罪刑法定主義と言うことができるでしょう。

欧米の刑法が罪刑法定主義に立脚するといっても、実は、罪と刑が一義的に対応しているとは限りません。たとえば日本の刑法では殺人罪の刑罰は、死刑、あるいは無期、あるいは五年以上の懲役、窃盗罪の刑罰は一〇年以下の懲役、あるいは五〇万円以下の罰金とされています。死刑、懲役、罰金はまったく違う刑罰です。さらに日本の刑法は情状酌量を認めていますので、実際には、罪に対する罰が事前に分かっているとは言えません。イスラームの罪刑法定主義も同じです。

フィクフでは、義務と禁止は、その不履行と犯行に火獄の懲罰が科されるに値する行為と定義していますが、一つ一つの犯罪について刑罰を詳細に定めているわけではありません。殺人に関しては、「そして信仰者を故意に殺す者、彼の応報は火獄《ジャハンナム》で、彼はそこに永遠に……」（第4章第93節）のように、火獄での終身刑が明記されているものもありますが、ほとんどの罪には火獄の罰があることさえ、クルアーンとハディースには明記されていません。様々な罪の刑罰が火獄とされているのは、アッラーの命令に対する背反への刑罰が一般的に火獄の刑罰とされているからです。

クルアーンとハディースは、罪と刑罰を一対一に対応づけることに興味を示しておらず、フィクフも同じです。イスラーム学には大罪《カバーイル》と微罪《サガーイル》という対概念はありますが、何が大罪かに定説はありません。預言者ムハンマドのハディースに則り、七つの破滅的重罪として、多神崇拝、魔術、不可侵の生命の不当な殺害、利子の取得、孤児の財産の横奪、敵前逃亡、信仰ある貞女を姦通罪で誣告すること、を挙げることもありますが、網羅的でも体系的でもなく、大罪がこれらに尽きるわけではありません。

また義務と禁止はその不履行と犯行に火獄の懲罰が科されるに値する行為ですが、必ずしも懲罰が科されるとは限りません。情状酌量や、恩赦、執り成しとは別に、自分の力でなんとかなるものもあります。

クルアーンは「善事は悪事を追い払う」（第11章第114節）と明言しています。裁きの日は清算《ヒサーブ》の日とも言われます。清算の日には天秤が置かれ善行は右の皿に悪行は左の皿に置かれ、右の皿が重かった者は楽園に入り、左の皿が重い者は火獄に落ちると言われています。

またクルアーンは言います。

善事を携えてきた者、彼にはその一〇倍のものがある。一方、悪事を携えてきた者はそれと同じだけを報いられるのみで、彼らが不正に扱われることはない。（第6章第160節）

自分の財産をアッラーの道で費やす者たちの譬《たと》えは、ちょうど一粒の種の譬えのよう。七つの穂を出し、それぞれの穂に一〇〇粒の種。そしてアッラーはお望みの者に対し加増し給う。（第2章第261節）

悪が相応しい罰によってしか報われないのに対して、善行は一〇倍から七〇〇倍にも加増されて報われます。ということは逆に言うと一つの善行は一〇から七〇〇の悪行を相殺する、ということになります。

これは来世での清算の話ですが、現世での清算が決められているものもあります。たとえば、誓言を破った場合には、一〇人の貧者に食を施すか、衣類を着せるか、一人の奴隷の解放か、資力がない者は三日の斎戒の贖罪が定められています（クルアーン第5章第89節）。

もう一つ忘れてはならないことは、悪行には来世での懲罰だけではなく現世での応報もあるということです。

だが、人々のなかには、アッラーについて知識もなく、導きもなく、照明する啓典もなく、論争する者がいる。（高慢に）首を傾げながら（論争し）、アッラーの道から迷わすために（論争する）。彼には現世で屈辱があり、復活（審判）の日、われらは彼に炎熱の懲罰を味わわせる。（第22章第8－9節）。

また「信仰者を見舞う苦難であれ、疲労であれ、病気であれ、悲嘆であれ、懸念した心配に至るまで、彼の悪行の贖罪とならないものはありません」との預言者ムハンマドのハディースにあるように、現世での災難もまた悪行の贖罪、来世の懲罰の先取りとなります。欧米の法が、国家による懲罰や強制執行によって単なる社会慣習や道徳と区別されるように、フィクフの規範も懲罰によって定義されます。フィクフの規定が「イスラーム法」と呼ばれる所以です。神学的には悪行は来世だけではなく現世で報われることもありますが、重要なのは、罪を一つ犯すごとに逮捕され裁判にかけられるのが原則である欧米の法とは異なり、シャリーアの教えでは、審判は復活の日の最後の審判の一回だけだということです。したがって、現世での悪行の応報は審判を経ての懲罰とは別の概念であり、フィクフ、イスラーム法による行為への懲罰と報奨は来世での火獄と楽園と考えるべきでしょう。

来世における最後の審判を信ずるだけではなく、法の裁きがなくとも現世でも善悪の因果応報が存在すると信じ、また悪行を犯した後でも善行による贖罪により来世の懲罰の軽減が可能であるとの信仰を有するムスリムの「法意識」は、欧米の法を守る市民の法意識とはまったく違ったものとなるのです。

## ❷来世の罰と現世の罰

前節では、フィクフ、イスラーム法の義務負荷を裏づけるのは来世での最後の審判に基づく懲罰であり、現世での悪行の応報としての災厄ではない、と述べました。

しかし、イスラームには窃盗の手首切断刑のような峻厳をもって知られる「イスラーム刑法」と呼ばれる刑法があり、イスラーム法の実効性は現世の刑罰によって担保されているのでは、という疑問が生じるかもしれません。

アッラーと彼の使徒と戦い、地上で害悪をなして回る者たちの報いは、殺されるか、磔《はりつけ》にされるか、手足を互い違いに切断されるか、その地から追放されるかにほかならない。これが彼らへの現世での恥辱であり、彼らには来世でも大いなる懲罰がある。

（クルアーン第5章第33節）

これは「イスラーム刑法」とも訳される「法定刑《フドゥード》」の追剝《おいはぎ》に対する刑罰の典拠とされる章句です。この章句に基づき、フィクフは追剝に対しては、人々を脅かしただけなら処払《ところばら》い、ものを奪えば手足の切断、殺人を犯した場合は死刑の後に十字架と定めています。クルアーンはこれを現世における屈辱《ヒズユ》と呼び、懲罰《アザーブ》と呼び分けています。

欧米の法学なら、刑法に相当するものは、フィクフのなかでは、この法定《フドゥー》刑《ド》と同害報復《キサース》刑、それに行政裁量《タァズィール》刑の三つであり、これらは現代のフィクフの文献では、まとめて刑罰《ウクーバート》と総称されることもありますので、これらを「イスラーム刑法」と訳することはあながち間違いではありません。❖21

まず、フドゥード、キサース、タァズィールについて簡単に説明しておきましょう。フドゥードとはハッドの複数形で字義は「限界づけること」ですが、フィクフの専門用語としては、クルアーンとハディースに罰則が明記されている刑罰を指します。このハッド、法定刑の対象となるのは、①飲酒、②窃盗、③追剝、④姦通、⑤姦通誣告、⑥背教、⑦内乱の七つの犯罪で、飲酒には鞭打ち、窃盗には手足切断、追剝には前述の規定、姦通には未婚者男女は鞭打ち、既婚男女は石打ち、姦通誣告には鞭打ち、背教には死刑が定められています。内乱はフドゥードに分類されますが、他の刑罰とはだいぶ趣

❖21　**刑罰《ウクーバート》**は、以下の3つに大別される。

**法定刑《フドゥード》**　①飲酒、②窃盗、③追剝、④姦通、⑤姦通誣告、⑥背教、⑦内乱の7つの犯罪で、飲酒には鞭打ち、窃盗には手足切断、追剝には前頁の規定、姦通には未婚者男女は鞭打ち、既婚男女は石打ち、姦通誣告には鞭打ち、背教には処刑が定めらている。内乱は別途規定がある。

**同害報復《キサース》刑**　殺人の場合は遺族、傷害の場合は被害者に、①加害者に対する同害報復、②加害者の親族《アーキラ》に対して血の賠償の請求、③赦免からの選択権を授けている。

**行政裁量《タァズィール》刑**　量刑はカリフの裁量によるものだが、フドゥードと同種の犯罪に対してはフドゥードの刑を超えてはならない、と論じられるぐらいで、文字どおりカリフの裁量に委ねられており、詳細は決まってはいない。

が違い、交渉が決裂した場合には鎮圧しますが、投降すればそれ以上の咎めはありません。

キサース、同害報復については、シャリーアは殺人の場合は遺族、傷害の場合は被害者に、①加害者に対する同害報復、②加害者の親族《アーキラ》に対して血の賠償の請求、③赦免、からの選択権を授けています。

タァズィール、行政裁量刑とは、量刑はカリフの裁量によるものですが、フドゥードと同種の犯罪に対してはフドゥードの刑を超えてはならない、と論じられるぐらいで、文字どおりカリフの裁量に委ねられており、詳細は決まってはいません。

これらの規定は欧米の刑法に似ているようですが、フィクフの概念構成を忠実になぞれば、実は本質的な違いがあることが分かります。前述のクルアーン第4章第33節の追剝の規定は叙述文だったためフィクフの概念構造が不明瞭でしたので、明白な命令形が用いられる第5章第38節を見てみましょう。

> そして男の盗人と女の盗人は、彼らの手（首）を切断せよ。彼らのなしたことへの報いとして、アッラーからの見せしめに。

ここで命令されているのは、盗みの禁止ではありません。窃盗犯の手を切り落とすことです。そして命じられているのは、ムスリム全体です。フィクフ、イスラーム法学は、義務を個人義《ファルド・ア》務《イン》、連帯義務《ファルド・キファーヤ》❖22に分類します。個人義務は各人が必ず自分自身で行わなければならない義務です。連帯義務とはムスリムの誰か一人が行えば他のムスリムは免責されますが、誰も行わなければすべてのムスリムが罪に陥る義務です。

ジハードやフドゥードの執行は、この連帯義務にあたります。つまり、フドゥードとは一義的にはフドゥードの刑罰の対象となる犯罪の禁止ではなく、ムスリムの為政者に対する刑罰の執行の命令なのです。既述のとおり、ケルゼンによると、法とは不法行為に対して強制を生じせしめる強制規範です。たとえば日本の刑法一九九条には、「人を殺した者は、死刑又は無期若しくは五年以上の懲役に処する」とあります。主体は明記されていませんが、その名宛人は「自然人」ではなく「法人」、すなわち国家です。法が国家の執行する強制規範であることを理解すれば、私法と呼ばれるものも、私人間の契約であっても国家の強制力によって保護されるものだけが「法」と呼ばれることを考えれば、私法と公法の区別は消失します。

欧米の法においては、公法であれ私法であれ、刑罰を科したり強制執行を行ったりすることが国家に求められる規範であり、副次的に人々の不法行為を一定程度抑制します。他方、フィクフの概念構成では、懲罰や報奨は一方的に神によって与えられ、義務が課されるのは人間です。フドゥードとは、それを行わないことで来世において神から懲罰を被る行為であり、為政者に課された義務です。窃盗に対する手首切断のハッド刑とは、窃盗の禁止である前に、為政者に対しての窃盗の手首を切断せよとの命令であり、手首切断刑を執行しないことは神の命令

❖22　個人義務《ファルド・アイン》　各人が必ず自分自身で行わなければならない義務。
連帯義務《ファルド・キファーヤ》　ムスリムの誰か一人が行えば他のムスリムは免責されるが、誰も行わなければすべてのムスリムが罪に陥る義務。ジハードやフドゥードの執行は、この連帯義務にあたる。

への反逆にほかなりません。

連帯義務とは誰かがそれを実行すれば他のムスリムは免責されるが、誰も行わなければムスリム全体が罪に陥る義務でした。フドゥード執行とは為政者の義務であるだけでなく、ムスリム全員の義務なのであり、為政者がそれを行わなければムスリム全体が罪に陥り、来世で獄火の懲罰を被ることになるのです。

つまりフドゥードとは、欧米の法におけるような犯罪者に対する刑罰ではなく、礼拝、喜捨、斎戒など、それを行わなければ来世で獄火の懲罰を被る義務と同じように、ムスリム全体に課された義務なのです。

フィクフは、私人間の契約に関わる法を「人間の権利《フクーク・アーダミーイーン》」と呼ぶのに対して、フドゥードを「アッラーの権利《ハック・アッラー》」と呼びます。それはフドゥードが、公益に関わるからで、それゆえ被害者にも許す権利がないのは、欧米の法の考え方にも似ています。その被害者に許す権限がなく、為政者が裁く点において、欧米の法とフィクフは似ていますが、欧米の法の場合と違い、イスラーム法では逮捕される前に悔い改めて自首すれば、現世での刑罰が免じられる場合があります。前述の追剝の刑罰の典拠のクルアーン第5章第33節の次には、「ただし、お前たちが彼らを取り押さえる前に悔い戻った者は別である。アッラーはよく赦し給う慈悲深い御方と知れ」（第5章第34節）とあり、神の権利《ハック・アッラー》は免除されます。上述のとおり、同害報復《キサース》はフドゥードに含まれない、つまり、ハック・アッラーではなく、フクーク・アーダミーイーンです。ですから、クルアーン第5章第34節で免じられているのは第33節のなかでもフクーク・アーダミーイーンをのぞいたものです。つまり殺人に対する同害報復の処刑は、被害者の遺族が求めた場合には為政者には赦す権限はなく、遺族が求めれば執行するしかありませんが、同じハック・アッラーである窃盗に対する手足切断刑が免じられるのと同様に、手足の互い違いの切断刑と、処払いは免じられるということです。

またフドゥードが執行された場合、罪が消え来世での罰が免じられるかどうかについては、現世でフドゥードが執行されただけで贖罪になるというのがフィクフの多数説ですが、悔い改めが条件となる、と考える立場もあります。

## ❸フィクフにおける誓言

既に紹介した法原理の一つに「訴人には証拠が求められ、被告（訴えを否認する者）には宣誓が課される」があります。

欧米や日本の法廷でも宣誓を求められることがありますが、まったく違う法理です。欧米や日本の法廷での宣誓は、それに反する陳述をした場合に偽証罪になるような法律行為です。

フィクフの誓言はそうではありません。イスラームの訴訟法では、訴人（原告）にまず証拠の提出が求められます。証拠が裁判官に受理されれば訴人の訴えが通ります。訴人が証拠を提出できなかった場合には被告は訴えが虚偽であることを神に誓うことが求められます。そこで被告が誓言をすれば、被告の主張が通り訴えは却下されますが、もし被告が誓言を拒否すれば被告の主張は退けられ、原告の訴えが通ります。訴人と被告が双方とも証拠を提出した場合にも、被告が誓言を求められます。被告が誓言すれば訴えは却下されますが、誓言を拒否すれば訴人の訴えが通ります。

これはイスラーム訴訟法の一般原則ですが、特別な誓言形式があります。一つは殺害現場を見た証人がいない場合の殺人容疑者の裁判における殺人宣誓《カサーマ》で、もう一つは夫が姦婦と離婚するために互いが呪いあう相互呪詛《リアーン》です。殺人宣誓《カサーマ》は典拠のハディースの解釈をめぐって法学派の間で見解が分かれており説明が複雑になるので、ここではクルアーンの章句を典拠とする分かりやすい相互呪詛《リアーン》を以下に紹介しましょう。

そして自分たちの妻たちに（姦通の）罪を負わせ、自分たち以外に証人がいない者たち、彼ら一人の証言は、確かに自分が真実を語る者（たちの一人）であるとのアッラーに誓った四回の証言である。そして五回目は、もし自分が嘘つき（たちの一人）であれば、アッラーの呪いが自分の上にあれ、である。そして彼女から懲罰を阻止するのは、彼女がアッラーに誓って確かに彼が嘘つき（たちの一人）であると四回証言することである。そして五回目はもし彼が真実を語る者（たちの一人）であれば、アッラーの御怒りが自分の上にあれである。

（第24章第6－9節）

イスラームの姦通罪の成立要件は自白か四人の目撃証言であり、四人の証人が揃わなければ、その者が姦通したと証言した者のほうが逆に姦通誣告罪で鞭打ち刑に処せられます。ということは、夫が妻の姦通の現場をおさえても、他に証人がいなければ夫は妻の姦通を訴えることはできないということです。相互呪詛《リアーン》はこのような夫婦の救済のために定められた制度で、夫は自分が偽証をしたならばアッラーの呪いを被ると誓うことで、他に三人の証人を揃えることなく妻を姦通罪で訴えても姦通誣告罪を免れることができ、妻も自分が偽証をしたならばアッラーの呪いを被ると誓うことで、姦通を否認することで姦通罪を免れることができます。

神の呪い、というと、現世と来世の両方がありえますが、主として来世での獄火の懲罰を指します。「まことに、信仰を拒み、不信仰者として死んだ者、そうした者にはアッラーと天使と人間すべての呪いがある。（彼らは）そのなかに永遠に。彼らの懲罰が軽減されることはなく、彼らは猶予を与えられることはない」（第2章第161-162節）とクルアーンには言われています。フィクフでも、リアーンに際して、夫婦のそれぞれに、「アッラーを畏れなさい。アッラーの呪いは必ず降りかかります。この世での懲罰（妻の場合は姦通罪、夫の場合は姦通誣告罪）はあの世での懲罰より楽なのですよ」と忠告するのが望ましい、と定めています。

つまり、欧米の法の宣誓があくまでも偽証罪の対象となる現世の規定であるのに対して、フィクフの誓言は、あくまでも来世での懲罰に対す畏れ、究極的にはアッラーへの信仰によって支えられているのです。そして、この誓言が主要な役割を果たすイスラーム訴訟法は社会的に十分有効に機能していました。オスマン朝の法廷文書などを研究した歴史人類学者ハイム・バーガーは、裁判における誓言の実態について以下のように述べています。

多くの訴訟において、訴人も被告も共に証拠を有さず、被告は誓いを立てることによって勝訴する機会を与えられているのに、自動的に敗訴するにもかかわらずそれ（誓い）を拒否しているのである。こうした拒否は時には死刑を求刑する殺人罪の起訴にもつながる。こうした訴訟においては動機づけの力が本当に、罪の意識、あるいはアッラーへの恐れであることは明白である。こうした状況は我々の文書においてあまりに普通であった……。ある贈与された財産をめぐる訴訟では、約一三年にわたって長引いた結果、最終的に相手に対して誓いを立てることによって決定されることになった。それゆえ煩雑な、そしておそらくは多くの出費を強いたであろう一三年にわたる紛争の末に、一方が誓いを立てることによって自動的に勝訴することができることになったのである。ところが自動的に敗訴することになるにもかかわらず彼は（誓いを）拒否したのである。

（Haim Gerber, *State, Society and Law in Islam: Ottoman Law in Comparative Perspective*）

このように、フィクフにおいては、義務と禁止はそれら自体が来世における懲罰や報奨によって定義される概念構成になっており、来世はフィクフの基底であり総論的重要性を有するだけでなく、具体的な各論においても訴訟法などでは決定的に重要でした。またそうして来世を組み込んだフィクフの諸規定は、前近代のイスラーム世界においては、裁判規範として実際に施行されており、社会的なリアリティをもって有効に機能してもいたのです。❖23

❖23　**フィクフと欧米法の最大の違い**　フィクフにおいては、義務と禁止はそれら自体が来世における懲罰や報奨によって定義される概念構成になっており、来世はフィクフの基底であり総論的重要性を有するだけでなく、具体的な各論においても訴訟法などでは決定的に重要。→火獄の懲罰という身体刑を科されうる生身の肉体を有する存在だけが法律行為の主体になるイスラーム法には、「法人（legal body/ juristic person/ corporation）」の存在する余地はない。

# 第八章　イスラーム法の主体

## ――誰が法を守り、誰が裁き、誰が裁かれるのか？



### 序

フィクフ、イスラーム法の行為規範は、来世での火獄の懲罰と楽園の報奨によって範疇化されています。このことの法学的含意はきわめて重大です。イスラーム法においては、火獄の懲罰という身体刑を科されうる生身の肉体を有する存在だけが法律行為の主体になることができます。つまり、イスラーム法には、「法人（legal body, juristic person, corporation）」の存在する余地はないのです。

ケルゼンは、法学の考察対象は法的概念のみであり、法学が扱う「ヒト」はすべて「法人」であり、いわゆる「自然人」と「法人」の区別は虚偽であると指摘しています。いかにもケルゼンらしい透徹した認識であり、このケルゼンの認識は、言語と世界の関係は恣意的であるとの現代の欧米的世界観の枠組みのなかでの法概念の理論化の展開としては高く評価すべきものであると思います。しかし、既述のとおり、世界に正しく対応する言葉が存在する、そしてそれが啓示の言葉である、と考えるイスラームの言語観とは相容れません。

本章では、イスラームの世界観、人間観に照らして、フィクフにおける行為の主体とは何かを明らかにしたいと思います。

## ❶人間とジン

第四章で、人間は選択の自由をもちその結果に責任を負うことを選んだことで、他の被造物と本質的に異なる存在であり、選択の自由を引き受けたことで、人間は悪魔と並んで悪を犯す存在となった、と述べました。しかし実は選択の自由を有する存在は人間以外にもあります。それがジンです。ジンは jinn, jinnee として英語にもなっており、欧米にも馴染みの存在です。日本でも人気の漫画『マギ』（小学館、二〇〇九－一七年）の登場人物「ウーゴくん」は、ジンと呼ばれています。ジンはクルアーンにも登場しますので、その存在に疑いの余地はありませんが、イスラーム世界では、存在を信じられているというよりは、もっとリアリティのある身近な存在です。ジンと結婚した人間についての人類学の聞き取り調査の報告が邦訳出版されており（ヴィンセント・クランパンザーノ『精霊と結婚した男――モロッコ人トゥハーミの肖像』大塚和夫・渡部重行訳、紀伊國屋書店、一九九一年）、日本語でも読むことができます。

ジンは「妖霊」、「幽精」と訳されることが多いですが、定訳はありません。ジンは悪魔の太祖イブリースの子孫で魔物の一種ですが、純粋な魔族《シャイターン》と違い、神を知らない者、信者、不信仰者がいます。クルアーンには、ジンの一団がマッカとターイファの間のバトゥン・ナフルの地で預言者ムハンマドのクルアーンに聞き入り、イスラームに入信する逸話（クルアーン第72章第1‐19節）が記されています。

言え、「私（ムハンマド）に（以下のことが）啓示された。幽精《ジン》の一団が（私のクルアーンの読誦を）聞いて言った、『まことに、われらは驚くべきクルアーンを聞いた』。『それは正導に導く。それでわれらはそれを信じ、われらはわれらの主になにものをも同位に配さない』。……『またわれらのなかには正しい者たちもあれば、そうでない者もあり、われらはばらばらの違った路々にあった』。……『またわれらは、われらのなかには帰依者《ムスリム》たちもいれば、不正な者たちもいる。そして、帰依した者《ムスリム》、それらの者は正導を追い求めたのである』。『他方で、不正な者たちについては、彼らは火獄の薪であった』」。

（第72章第1‐15節）

それゆえジンは人間と同じように自ら善と悪を選ぶことができ、それゆえクルアーンのなかでも「そしてわれが幽精《ジン》と人間を創ったのは（われらの命により）彼らがわれに仕える（ことの）ためにほかならなかった」（第51章第56節）と人間とジンは自発的に神を崇拝する存在として特記され並べて言及され、また「二種の重要な者《サカラーン》」（第55章第31節）と呼ばれています。

しかし、ジンには神に帰依しムスリムになる者もいますが、イブリースを祖とするため、悪魔に近い存在とされています。ジンは人間と同じく自らの行為を選ぶことができますが、人間が土から創られているのとは違い悪魔と同じく火から創られておりそもそも組成が違い力も性質も違っているため、フィクフ、イスラーム法学はジンのための行為規範を定めることには興味を示していません。ただし、ジンはイスラーム世界ではリアリティがある存在ですので、ジンとの結婚が許されるか、といった質疑応答は、昔から繰り返されており、現代もネットをにぎわしています。

しかしフィクフにおける「ジン」の重要性は別にあります。それは「マジュヌーン」という概念においてです。「マジュヌーン」とは文字どおりには「ジンに憑かれた者」という意味です。クルアーンは「それゆえ、訓告せよ。お前は、お前の主の恩寵によって、巫蠱《ふこ》でもなければ、狂人《マジュヌーン》でもないのである」（第52章第29節）と、クライシュ族の多神教徒たちが預言者ムハンマドを魔に通じて託宣を行う巫者である、あるいはジンに憑かれた者である、などと謗《そし》ったのを論駁して、彼が魔の眷属ではなく創造神からの預言を携えて遣わされた使徒であることを明らかにしています。

　ただし「jinn《ジン》」をさらに語根に遡ると、「janna」とは「隠す、覆う」という意味であり、理性が「覆い隠された者」を指し、フィクフの用語としては、恒常的にであれ一時的にであれ、理性を失った者、つまり「狂人」を意味します。フィクフは、「狂気《ジュヌーン》」が、ジンの憑依によるものか、現代人が器質性の精神疾患と呼ぶようなものか、は問題にしません。

「三人からは（行状を書き留める天使の）筆が上げられる。①目が覚めるまでの眠っている者から。②大人になるまでの子供から。③理性を取り戻す（正気に戻る）までのマジュヌーンから」との預言者ムハンマドの言葉に基づき、理性を失った者は法的、道義的責任をすべて免じられます。

　ムスリムが学ぶべきことの基本を簡潔にまとめた既述の一三世紀のテキスト『目標《マカースィド》』は、本文の冒頭で「責任能力をもつ者すべてに最初に義務となるのは、至高なるアッラーについての認識である」と述べた後、フィクフの行為規範について論ずる前に、イスラーム入信の前提条件として、①成人、②理性、③宣教の到達を挙げています。

　マジュヌーンは、イスラーム入信の前提条件を欠いています。つまり神に十全に帰依することが不可能であり、不可能なことが義務づけられることはないため、イスラーム入信の義務を負わず、したがってすべての罪を免責されます。マジュヌーンの犯した罪が、人間ではなく憑依したジンに帰されるのか、といった問題は管見のかぎり、フィクフは関心をもっていないようです。

　すべての被造物のなかで、人間とジンだけが、自らの行為を選択するという運命を引き受け、シャリーアの行為規範を負荷されることになりました。しかし実のところ、シャリーアの行為規範は、すべての人間が担わされているわけではなく、この「マジュヌーン」のように、免責される者、言い換えればイスラーム法の行為主体ではない者が存在するのです。[24]

## ❷責任能力

イスラーム学の用語では、「責任能力者」を「ムカッラフ」と呼びます。「ムカッラフ」の字義は「負荷された者」であり、既述の「義務」、「推奨」、「合法」、「忌避」、「禁止」などのフィクフの行為規範の範疇が適用される者を指します。フィクフは、人間の行為を五つの範疇に分類する、と述べられるのが通例ですが、それはイスラーム学にとっては言うまでもない当然の前提を省略した議論であり、実のところ、人間の行為範疇は六つ、つまり、「義務」、「推奨」、「合法」、「忌避」、「禁止」、「不信仰」です。ただし、「不信仰」は、他の五つの範疇とは質が違います。

他の五つの行為範疇は単独の行為に帰属するもので、それらの一つ一つの行為の総計の清算によってその人が楽園の永遠の至福に与るか、火獄の懲罰に晒されるかが決まります。

ところが不信仰は、それによって、火獄での永遠の懲罰が必定となり、他のすべて

---

❖24　**人間**　人間は選択の自由をもちその結果に責任を負うことを選んだことで、他の被造物と本質的に異なる存在であり、選択の自由を引き受けたことで、人間は悪魔と並んで悪を犯す存在となった。→本書第四章参照。
**ジン**　人間以外に選択の自由を有する存在で、クルアーンにも登場する。
**マジュヌーン**　イスラーム入信の前提条件を欠き、イスラーム法の行為主体ではない存在。シャリーアの行為規範は、すべての人間が担わされているわけではなく、マジュヌーンは免責される。

の善行の楽園の報奨が無効になる行為です。フィクフの行為規範のシステムは、来世での獄火の懲罰と楽園の報奨によって構造化されていますので、来世での楽園の報奨が機能しなくなる不信仰に陥った者はイスラーム法の行為主体ではなくなる、ということです。

ただし、不信仰といっても、イスラーム学が、不信仰を二種類に分けることに気をつけなければなりません。一つは、「大不信仰《クフル・アクバル》」、「明白な不信仰《クフル・ジャリー》」、あるいは「ムスリム共同体から破門《クフル・ムフリジュ・（ナーキ》される不信仰《ル・アン・ミッラ）》」と呼ばれる不信仰で、この不信仰に陥った者は現世でももはや法的にムスリムとしては扱われません。ムスリムとの結婚は許されずムスリム墓地にも埋葬されず、来世では永遠の業火に晒されます。もう一つは、「小不信仰《クフル・アスガル》」、「隠れた不信仰《クフル・ハフィー》」、あるいは「不信仰以下《クフル・ドゥー》の不信仰《ナ・クフル》」と呼ばれる不信仰で、この世でも不信仰者扱いされることはなく、法的にムスリムとして遇され、来世でも楽園の報奨に与ります。

以下のような預言者ムハンマドの言葉《ハディース》にある「不信仰」とは、この「小不信仰」です。「イスラーム法の主体でなくなる不信仰」とは、「大不信仰」、ムスリム共同体から破門される不信仰のことです。

> 二つのことがある人間は不信仰に陥った《カファラ》のである。自分の家系を誇ること、死者を悼んで泣きわめくことである。

ムスリムの中傷は悪行、ムスリムと戦うことは不信仰《クフル》である。

預言者は言われた。「私は火獄を見せられたが、その住人の大半はクフルに陥った女性だった」。そこで「彼女らはアッラーに対するクフルに陥ったのでしょうか」と質問されて預言者は答えられた。「いや、夫に対して忘恩《クフル》を犯し、親切に対して忘恩《クフル》を犯したのだ。もしお前が彼女らの誰かに生涯親切にしたとしても、（そのような女は）何か一つでも不満に思えば、あなたには一つも良いことはない、などと言うのだ」。

つまり、種としての人間がシャリーアの啓示により義務を課された存在であるとしても、実際には、フィクフの行為規範に関して人間は、①そもそもシャリーアに服従する選択肢が与えられていないため十全な法的主体となることができない者、②（大）不信仰の罪により法的主体とならない者、③法的主体となることができるムスリムに大別されることになります。

フィクフにおいて、十全な行為主体としての責任を負うためには、①理性、②成人、③宣教の到達の三つの条件が揃う必要があります。

①理性《アクル》とは、既述の神学や哲学が論ずるようなものではなく、常識的な日常的な判断力であり、厳密な定義があるわけではなく、試験もありません。通常、成人に達した者は、狂人《マジュヌーン》、魯鈍《マウトゥーフ》で

ないかぎり、理性を有している、とみなされます。狂人、魯鈍についても、厳密な定義はありませんし、またそれを認定する機関がないのも、誰がムスリムであるのか、何がイスラームの教義であるのかを決める機関が存在しないのと同じことです。

②成人に関しては、男女ともに第二次性徴があれば成人とみなされますが、なかった場合については法学派により学説が分かれており、太陰暦で一五歳説、一七歳説、一八歳説があります。

③宣教についても、フィクフに規定はありません。教義を決める機関がないイスラームにおいて、宣教が特定の機関や人間の特権にならないのは当然ですが、銘記すべきは、本来、イスラームの宣教はアッラーの使徒の大権であり、アッラーの教えであるイスラームをただ独り正しく知るアッラーの使徒のみが、自分が伝えるアッラーの教えに対する服従を人々に求める権威を有する、ということです。

これらの条件を満たした者は責任能力者《ムカッラフ》となりますが、ムカッラフの最初の義務はイスラームへの帰依であり、ムスリムになることでイスラーム法の十全な主体となることができます。逆に言うと、責任能力者でない者は、イスラーム法の行為規範を課されることはありません。子供、狂人、イスラームの宣教の届いていない不信仰者は、イスラーム法の行為規範を守らないことによって火獄の懲罰を被ることはありません。

フィクフにおいて最も重要なのは、責任能力者《ムカッラフ》であるかどうかですが、欧米の法における責

任能力、行為能力、権利能力の区別に近い概念も存在します。❖25

権利能力に相当する用語はフィクフにはありませんが、胎児はある時期を越えるとヒトとみなされます。したがってムスリムの両親か片親がムスリムの場合は、流産の胎児の遺体にもイスラーム式の葬儀を行い、ムスリム墓地に埋葬することが義務となります。また胎児の生命は尊重されるので、妊婦の死罪が確定した場合には出産まで刑の執行が猶予されます。胎児は出生と同時に遺産相続権などの権利を得ます。乳児が成人するまでその生命、財産を正しく管理することは後見人の義務となります。幼児は母親と暮らす権利を有します。子供が幼児の間は奴隷の婢であっても、その子供と別々に売ることは許されません。

物心《タムイーズ》のついた小児は、礼拝や斎戒などの儀礼に参加することができるようになります。小児の儀礼は有効であり、アッラーからの褒賞を得ますが、成人するま

❖25　フィクフの行為規範に関して人間は、①そもそもシャリーアに服従する選択肢が与えられていないため十全な法的主体となることができない者、②（大）不信仰の罪により法的主体とならない者、③法的主体となることができるムスリムに大別される。→十全な行為主体としての責任を負うためには、①理性、②成人、③宣教の到達の3つの条件が揃う必要がある。

**①理性《アクル》**　神学や哲学が論ずるようなものではない。通常、成人に達した者は、狂人《マジュヌーン》、魯鈍《マウトゥーフ》でないかぎり、理性を有している、とみなされる。それらを認定する機関はない。

**②成人**　男女ともに第二次性徴があれば成人とみなされるが、なかった場合については法学派により学説が分かれている。

**③宣教**　フィクフに規定はない。本来、イスラームの宣教はアッラーの使徒の大権であり、アッラーの教えであるイスラームをただ独り正しく知るアッラーの使徒のみが、自分が伝えるアッラーの教えに対する服従を人々に求める権威を有する。

**3つの条件を満たした者＝責任能力者《ムカッラフ》**　最初の義務はイスラームへの帰依であり、ムスリムになることでイスラーム法の十全な主体となる。

**責任能力者でない者**　イスラーム法の行為規範を課されることはない。子供、狂人、イスラームの宣教の届いていない不信仰者は、イスラーム法の行為規範を守らないことによって火獄の懲罰を被ることはない。

では儀礼の参加は義務とはならないので、怠っても来世における罰はありません。ただし、小児に対して父親が体罰によって礼拝の「躾《しつけ》」を行うことは認められます。また小児は、状況によっては法廷での証言なども認められます。

生まれた子供の権利は後見人によって守られますが、自分で危なげなく取引を行えるだけの社会経験を積む年齢に達すると行為能力者《ラシード》になり、後見人の手を離れます。行為能力者とみなされる特定の年齢があるかどうかについてはフィクフに定説はありません。

## ❸イスラーム法の他者とイスラーム国際法

イスラーム法はいわゆる属人法でありムスリムだけに適用される、という言い方は、イスラーム法理解の糸口としては適当ですが、不正確です。イスラーム法の行為規範は、来世での賞罰によって範疇化されていますが、前節で明らかにしたとおり、不信仰者はすべての善行が無効になりますので、イスラーム法上の行為の主体となることは範疇的にできません。異教徒はイスラーム法にとって、主体ではなく、他者にすぎません。しかし異教徒がイスラーム法にとって他者であるということは、イスラーム法が異教徒についての規定をもたないということを意味しません。

国際法の父と呼ばれるのはグロティウス（一六四五年没）ですが、フィクフにおいては、それよりも八〇〇年以上も前に、ハナフィー派法学祖の高弟シャイバーニーの『大行状記《キターブ・スィヤル・カビール》』（八世紀頃）によって国際法の基礎が置かれ、シャイバーニーは「イスラーム国際法の父（The Father of Muslim International Law）」と呼ばれています。

最初の国際法が何かは国際法の定義次第であり、重要ではありません。重要なのはむしろイスラーム国際法《スィヤル》と「近代国際法」の本質的な違いです。近代国際法は国家を平等な主体としすべての国家を拘束します。一方、イスラーム国際法《スィヤル》はムスリムだけを拘束します。スィヤルの規定はアッラーの啓示、シャリーア、クルアーンとハディースに基づきます。異教徒との間に締結した条約、休戦協定は守らなければなりませんが、その根拠は「ムスリムは約束に拘束される」とのハディースであり、協定それ自体ではありません。ムスリムと異教徒の協定の積み重ねがスィヤルに組み込まれ、イスラーム国際法になることもありません。

異教徒との関係の基本は、「啓典を授けられた者たちで、アッラーも最後の日も信じず、アッラーと彼の使徒が禁じられたものを禁じず、真理の宗教を奉じない者たちとは、彼らが卑しめられて手ずから税《ジズヤ》を納めるまで戦え」（第9章第29節）とのクルアーンの章句によって規定されています。この句は、啓典の民に対する関係が、税金の徴収であることを示しています。またニハーワンドの戦い（六四二年？）ではムスリム軍がゾロアスター教徒のペルシャ軍に向けて「われらの主の使徒である預言者（ムハンマド）は、お前たちがただアッラーのみ崇めるようになるか、税《ジズヤ》を払うまで、お前たちと戦うよう、われらに命じられた」と述べて宣戦したことから、上記のクルアーンの規定は、啓典の民だけではなく、ゾロアスター教徒にも適用されることになります。さらにこの規定がすべての異教徒にまで適用されるか、については法学派の間で見解が分かれています。

イスラームにおける宣戦布告は、まずはイスラーム入信の呼びかけであり、それが受け入れられれば、新入信者は他のムスリムと同じ権利を得ると同時に義務を負い、彼らの土地は「イスラームの家《ダール・イスラーム》」に編入されます。イスラーム入信を望まない場合には、税金《ジズヤ》の支払いが求められます。納税を申し出た場合には、ムスリム側に拒否権はなく、その土地の永代居住権が認められます。納税も拒否した場合に初めて戦闘になります。戦闘になった場合にもスィヤルの戦争法規では、預言者が婦女子の殺害を禁じられた、とのハディースなどにより、婦女子など非戦闘員の殺害が禁じられます。スィヤルは、ムスリムが勝利した場合には、異教徒の敵戦闘員の捕虜に対しては処刑、捕虜交換、身代金による釈放、無償の釈放、奴隷化の選択肢を与えています。勝利をおさめられない場合には休戦協定（スルフ、フドゥナ、アフド）を結ぶことが許されています。休戦協定は、相手が協定を破るか、確実に破ることを知ったのでないかぎり、守る義務があります。

税金を払ってムスリム世界に住む異教徒を庇護民（アフル・ズィンマ、ズィンミー）と呼びますが、アフル・ズィンマには最初の庇護契約締結において納税が条件とされる以外に行為規範が課されることはありません。イスラーム法の行為規範は、来世での賞罰への信仰に基づくものであり、ムスリムにのみ課されるものですから、当然のことです。クルアーンの章句も異教徒に求めているのは納税だけです。

　イスラームの宣戦布告で戦闘が許されるのは納税が拒否された場合ですので、その目的はイスラームの布教ではなく徴税ということになります。しかし、実は婦女子にはそもそもジズヤ税は課されませんし、貧者にも課されません。ジズヤ税を払えない貧者は追放もされず奴隷にされることもありません。逆に国庫《バイト・マール》から扶養を受けることができます。つまり、ジズヤ納税は、税収自体が目的ではなく、税金を払う見返りに生命の安全を保障する、ということではないのです。そうではなく、ジズヤ納税は、イスラーム法による支配の正当性の承認の象徴とみなすべきなのです。つまり、異教徒は、イスラームに入信しなくとも、イスラーム法による支配の正当性を認める、つまりイスラーム的秩序を乱さずにムスリムと共存する気さえあるならば、ダール・イスラームの住民になることが認められるということです。

　フィクフの行為規範はムスリムにしか課されない以上、スィヤルもまたムスリムが「一方的」に守るものです。アフル・ズィンマについてクルアーンに定めがあるのはジズヤ税だけです。もちろん正確には「彼らが卑しめられて手ずから税《ジズヤ》を納めるまで戦え」とクルアーンで命じられているのはムスリムであり、ジズヤ税が払われるまで戦い、払われれば戦いを止めることであり、フィクフの概念構成に従うなら、納税がアフル・ズィンマに課された義務なのではなく、納税まで戦い、納税によって戦いを止めることがムスリムの義務ということです。

　イブン・カイイム・ジャウズィーヤ▼77の著『庇護民の諸規定《アフカーム・アフル・ズィンマ》』にまとめられているようにフィ

▼77　イブン・カイイム・ジャウズィーヤ（1350年没）。ハンバリー派。イブン・タイミーヤに師事し、その学統を継いだとみなされる。

クフには、庇護民に関する規定があります。それらの規定の多くは、ムスリムが庇護民をどう扱うべきか、つまり、ムスリムに課された行為規範です。しかしなかには庇護民が守るべきとされる規定もあります。といっても、シャリーアにはジズヤ税の他には庇護民に課した規定はなく、主として参照されるのは、第二代カリフ・ウマルがシリアを征服したときにキリスト教徒と結んだ協定です。既述のとおり、歴史的にムスリムが結んできた協定はスィヤルの法源になりませんが、正統カリフの一人ウマルが締結してそれに対する教友たちの異論が知られていない協定はコンセンサス《イジュマーウ》とみなされるため、法源扱いされるわけです。ウマルの協定の本文に関してはいくつかのヴァージョンが伝えられていますが、主要な条件としては、ムスリムと区別される服装をすること、馬ではなくロバに鞍ではなく荷鞍を敷いて乗ること、会議でムスリムより先に発言しないこと、教会の新築、改築、転売の禁止、ムスリムのものより高い建物、同じ高さの建物を建てることの禁止、酒、豚、教会の鐘を人目に晒すこと、聖書の朗唱の禁止などが挙げられます。また窃盗、強盗、性的暴行、殺人、傷害、スパイ行為、スパイの蔵匿、及びアッラー、使徒、クルアーンの冒瀆も庇護契約違反とみなされ、庇護契約が解除されます。

　庇護民の契約に対する違反には来世の懲罰が配されていないのはもちろん、フィクフはこれらの違反に対して現世の刑罰を定めてもいません。ただし庇護契約の解除は、生命と財産の安全保障の消滅を意味しますので、事実上の死刑宣言でもありますが。

　重要なのは、イスラームの信仰を有さない異教徒との契約をフィクフが認めていることです。

❖26　**近代国際法**　国家を平等な主体とみなし、すべての国家を拘束する。
**イスラーム国際法《スィヤル》**　ムスリムのみ拘束する。スィヤルの規定はアッラーの啓示、シャリーア、クルアーンとハディースに基づく。重要なのは、イスラームの信仰を有さない異教徒との契約をフィクフが認めていること。価値観を共有しない他者を「法的主体」として認め、自分のイデオロギーを他者に押しつけることなく、他者が自ら結んだ協定を守ることのみを求め、他者の思想や行動に関わらず自らの行為は自らの法によって律する、という他者との共存を可能にする開かれた国際法の可能性がある。

なぜならそれはイスラームが神の信仰という最も根本的な価値観を共有しない他者とも契約締結が可能と考えているということだからです。スィヤルはムスリムだけを拘束する法であり、ムスリムと他者が共に従う法という意味での「普遍的」な「国際法」とは言えません。❖26 しかしスィヤルが、異教徒との協定を認めているということは、イスラームは「嘘をつかない」という価値観さえ有している者であれば、どのような他者とでも「法的関係」を取り結べることを意味しているのです。「嘘をつかない」というのは、言語によるコミュニケーションが有効に成立するための必要条件であり、人類が言葉を話すようになって以来、時代と地域を超えて共有されている普遍的なルールということができます。ところが現在「国際法」と呼ばれているものは、自由、平等、民主主義、民族自決のような普遍性を有さない価値観をすべての人間に押しつけ、それを認めない者を法的主体として認めず排除する全体主義的法体系です。「国際法」の発祥の地である西欧が「未開人」たちの土地を植民地化してきたこと、日本もまた不平等条約の撤廃のために近代化＝西欧化を迫られたことは周知のとおりです。

スィヤルは、価値観を共有しない他者を「法的主体」として認め、自分のイデオロギーを他者に押しつけることなく、他者が自ら結んだ協定を守ることのみを求め、他者の思想や行動にかかわらず自らの行為は自らの法によって律する、という他者との共存を可能にする開かれた国際法の可能性を示しているのです。

## ❹主体としてのウンマ

イスラームは法人を認めません。しかし、フィクフは、ムスリムの集団行動を可能とする概念装置を有しています。その第一は連帯義務です。既述のとおり、連帯義務とは、誰かが行えば他の全員が免責されるが、誰も行わなければムスリム共同体《ウンマ》が罪に陥るような行為です。たとえば、集会にやってきたムスリムが「アッサラームアライクム（あなた方に平安あれ）」と挨拶した場合、集会の誰か一人が「ワアライクムッサラーム（あなたにも平安あれ）」と答礼すれば義務は果たされますが、誰も挨拶しなければ集会にいた場の全員が罪に陥ります。また葬儀も連帯義務であり、本来遺族が葬儀をあげるのが筋ですが、遺族がいない、あるいは遺族が葬儀を行うのを怠れば、その土地の人間全員の連帯義務になります。

ジハードも連帯義務ですが、以下の三つの場合には個別義務になると規定されています。①ダール・イスラームの一部に敵の異教徒が侵攻した場合のその土地の戦闘可能なムスリム。②敵地《ダール・ハルブ》で敵軍と遭遇したムスリム遠征軍。③カリフから前線に召集された者。

人間は生きるために農作物や交易を必要としますので、特にシャリーアに明文の規定がなくとも農業や商業など社会に必要な現世の職業も連帯義務となります。

連帯義務の概念はムスリムの集団的行為を駆動させますが、集団的行為の具体的なあり方の

❖ 27　連帯義務の概念がムスリムの集団的行為を駆動する。
**後見**《ウィラーヤ》　啓示によって認められた、他人の同意なく他人の法的行為を行う権能。他者の行為を支配する権威。
**代理**《ウィカーラ》　他者からの委任を受けて、委任者の代理として委任された行為を代行すること。

❖ 28　**シャリカ**　現代アラビア語では「会社（company/ corporation）」、フィクフでは「組合」もしくは「共有」。基本的にパートナーたちが出資しあい、そうした資本金を共有とし、その資本金に対して互いに代理人として行動し、利益をあらかじめパートナーの間で合意したとおりに分配する。→法人概念なしに、欧米の法の「会社」に近いものを運営することができる。

規定として重要なフィクフの概念に後見《ウィラーヤ》と代理《ウィカーラ》があります。❖27
　ウィラーヤとは、啓示によって認められた、他人の同意なく他人の法的行為を行う権能です。父親は行為能力者になるまで子供に対して後見人としてウィラーヤをもちます。フィクフでは、父親は娘の結婚に対して承認を与えるウィラーヤを有します。

　またカーディーは裁判のウィラーヤをもち、その他の官職もすべてウィラーヤです。イブン・タイミーヤは、イスラーム法上のすべてのウィラーヤの目的を「善の命令と悪の禁止《アムル・ビ・マウルーフ・ワ・ナフユ・アン・ムンカル》」に還元しました。

　ウィラーヤが他者の行為を支配する権威であるのに対して、ウィカーラは他者からの委任を受けて委任者の代理として委任された行為を代行することです。ウィカーラは、公職や親権のウィカーラのようにウィラーヤの代理もありますが、売買や贈与などの民事も代理が可能です。

　現代アラビア語で「会社（company/ corporation）」を表す言葉は「シャリカ」ですが、フィクフにおけるシャリカはむしろ「組合」です。❖28 シャリカにはいろいろな種類がありますが、基本的にパートナーたちが出資しあい、そうした資本金をパートナーたちの共有とし、その資本金に対して互いに代理人として行動し、利益をあらかじめパートナーの間で合意したとおりに分配します。また

❖29　現代イスラーム経済学は、財《マール》を私有財、国有財、共有財に三分する。
**共有財**　ウンマが全体として共有者として、シャリーアに則って利用する。
**国有財**　浄財《ザカー》、戦利品《ガニーマ》、ファイ。ファイは、もともとは戦闘なしに敵の異教徒から得たもので、ジズヤ税や地租《ハラージュ》などだったが、後に概念が拡張され、持ち主の届け出がない遺失物など、浄財、戦利品以外で、国庫《バイト・マール》に収められた財のすべてを指すようになった。

フィクフには、賃約《イージャール》という概念があり、人間の労働、あるいは不動産や動物や機械などモノの用益を一定額で買い上げることができます。この資本金の共有とパートナー同士が相互にウィカーラにより代理となり、そしてそのパートナーたちが労働者と賃約を結び雇用することで、イスラームは法人概念なしに、欧米の法の「会社」に近いものを運営することができます。

「シャリカ」には「共有」の意味はありますが、「ムスリムは、①牧草、②水、③火の三つについて、共有者である」とのアブー・ダーウードなどが伝える預言者の言葉により、ムスリム全体が共有者になります。現代イスラーム経済学は、これらのハディースを典拠に、財《マール》を私有財、国有財、共有財に三分します❖29。共有財については、ウンマが全体として共有者として、シャリーアに則って利用することになりますが、共有財とは別に国有財があります。

国有財には、浄財《ザカー》、戦利品《ガニーマ》、ファイがあります。「ファイ」とは以下のクルアーンの章句に由来します。

> そしてアッラーが彼らから彼の使徒に返し給うたもの《ファイ》は、お前たちがそれに向かって馬や乗り物を走らせたわけではなく……アッラーが町々の住民から彼の使徒に返し給うたものがあれば、それはアッラーのものであり、使徒と（使徒の）近親、

孤児たち、貧困者たち、そして旅路にある者のものである。お前たちのうち金持ちたちの間での持ち回りとならないためである。そして使徒がお前たちに与えたものがあれば、それは受け取り、彼がお前たちに禁じたものがあれば、避けよ。

（第59章第6－7節）

ファイはもともとは戦闘なしに敵の異教徒から得たもので、ジズヤ税や地租《ハラージュ》などでしたが、後に概念が拡張され、持ち主の届け出がない遺失物など、浄財、戦利品以外で、国庫《バイト・マール》に収められた財のすべてを指すようになります。

この国庫の財の管理、分配、運用は使徒の権限でしたが、その没後は、その後継者の権限となります。そしてその後継者こそが「カリフ」、つまり「アッラーの使徒の後継者《ハリーファ・ラスール・アッラー》」なのです。

# 第九章　イスラーム法の要としてのカリフ

## ——法と法〝外〟の問題

### 序

フィクフは、属人法であり、その行為主体はムスリムの責任能力者《ムカッラフ》です。そしてムスリムの条件の一つにイスラームの宣教の到達があります。

イスラームには教会のような組織は存在せず、教義やメンバーシップを決める聖職者、公会議、教皇などの権威もないことは既に述べました。「宣教」の原語は「呼びかけ《ダアワ》」、「宣教師」は「呼びかける者《ダーイー》」ですが、教会のないイスラームには、異教徒の改宗に専従するキリスト教のような宣教師はおらず、「宣教」も存在しません。▼78 イスラーム文明は書物の文明であり、クルアーンの結集以来万巻の書が編まれてきましたが、前近代において、異教徒が読むことを想

▼78　ただし、歴史的にシーア派には「宣教師」とも呼びうる専従の「ダーイー」が存在する。特に北アフリカのファーティマ朝、アラムートの「暗殺教団」のイスマーイール派のダーイーの活動が有名。

定して書かれたイスラームの啓蒙書のような書物は管見のかぎり、一冊もありません。それどころか前述の第二代カリフ・ウマルが締結した庇護契約協定は、異教徒がクルアーンを学ぶことを禁じており、フィクフは異教徒に読書でイスラームを学ぶことを奨励するどころか、むしろそれを妨げています。

　ムスリムであるための条件である「宣教の到達」で意味されるイスラームの本来の「宣教《ダウワ》」は、「宣教」という言葉から連想されるキリスト教の宣教とはまったく違うものです。ではそれがどんなものであるかというと、実はそれはカリフによるイスラーム入信の呼びかけ《ダウワ》にほかなりません。

　カリフはけっしてキリスト教的な意味での霊的権威ではありませんが、単なる政治的な権力でもなく、それなくしてはムスリムが法的にムスリムであることが不可能ともなりかねないような、イスラーム法の要となる存在なのです。

## ❶宣教者としてのカリフ

　フィクフ文献は一般に、読者がイスラームの家《ダール・イスラーム》に住む責任能力者の男性ムスリムのイスラー《ター》ム学徒《リブ》であるとの前提で書かれており、特に断り書きがないかぎり、念頭に置かれているのはダール・イスラームに住む責任能力者の男性ムスリムです。

　オスマン朝期の碩学アブドゥルガニー・ナーブルスィー（一六四一年没）は、「ダール・ハルブで生まれ育ちイスラームを受け入れた者は、ダール・イスラームに移住しないかぎり、身体の行動に関わるイスラームの法《フィクフ》規定の負荷を免じられる」と述べています。戦争の家《ダール・ハルブ》に生まれ育ちダール・イスラームに移住する前の者が、フィクフの規定の負荷を免れるのは、イスラームの条件である「宣教《ダウワ》の到達」がダール・ハルブでは成立していないからです。

戦争の家《ダール・ハルブ》❖30とは、イスラームの家《ダール・イスラーム》、つまりカリフが、フィクフの規定によって統治する法治空間の外部のすべてです。イスラームを受け入れた以上、ダール・ハルブで生まれ育った者であっても、イスラームについて何かを聞き知っていたことになります。にもかかわらずそのような者にはイスラーム法の行為規範を守る義務が生じないのは、そのようなダール・ハルブの住民のもとにはカリフからのダウワ、イスラーム入信の呼びかけが届いていないからです。

現代は、イスラームについての情報は溢れていますが、それらはみなイスラームのダウワの権限を有する預言者の後継者カリフによるイスラーム入信の呼びかけではないため、イスラーム入信の条件となるダウワとはみなされません。現代におけるジハードの解除条件としてのイスラームの宣教について詳細に論じたムハンマド・ハイル・ハイカル（一九四一年－）は以下のように述べています。

❖30　**戦争の家《ダール・ハルブ》**　イスラームの家《ダール・イスラーム》、つまりカリフが、フィクフの規定によって統治する法治空間の外部のすべて。→イスラームを受け入れた以上、ダール・ハルブで生まれ育った者であっても、イスラームについて何かを聞き知っていたことになる。それにもかかわらず、そのような者にはイスラーム法の行為規範を守る義務が生じないのは、そのようなダール・ハルブの住民のもとにはカリフからのダウワ、イスラーム入信の呼びかけが届いていないためである。

西洋と東洋におけるイスラームについての単なる周知《イスティファーダ》は、フィクフ文献（イスラーム法学書）に書かれていることから理解されるように、その周知の枠内の諸民族、諸国家に対して、その状況下では宣教《ダウワ》が到達したとみなされ、それゆえその想定下に諸規則が施行される立証となるであろうか。それともイスラーム権力からその諸民族を代表する者に対して、彼らのもとに宣教して、彼らのもとに宣教が届いたことが確証されるために、公式な伝達が必要であろうか。

私の考えでは、イスラーム国際法《スィヤル》に関しては、イスラーム権力からその諸民族を代表する者に対して、彼らのもとに宣教が届いたことが確証されるためには、公式な伝達が必要である。その結果として、彼らには既述のように宣教が到達した者に対する規定が適用されるのである。

単なる周知はそこで宣教の条件が揃ったことを示していない。その条件とは既述のとおり明白な伝達なのである。その理由は、今日の世界の多くの地では、人々はイスラームについて聞いてはいるが、彼らはそれについてまたその信徒について、人々をイスラームから遠ざけ、それを望ませないような歪んだ考えをもっているのである。このような状態では、それらの諸民族は、「明白な伝達」のかたちで、イスラームが彼らに到達した、とは言われない。

（ムハンマド・ハイル・ハイカル『シャリーアに則る政治におけるジハードと戦闘』）

ハイカル師と著者、ダマスカスにて

ハイカルが別の箇所で「服従は、イスラームの統治制度においては、カリフ、あるいはイマームに対してのみ義務となるのであるが、それはシャリーアに基づいた方法で、政治権力を手にした者である」と述べているとおり、「イスラーム権力」とはカリフにほかなりません。

既述のとおり、ニハーヴァンドの戦いでは預言者の高弟サアド・ブン・アブー・ワッカースは、ペルシャ軍に対してイスラーム入信を呼びかけたときに、イスラームの教義、行為規範を詳しく説明しませんでした。それは預言者ムハンマドがローマ皇帝やペルシャ皇帝に送ったとされるイスラームの入信を呼びかける書簡においてイスラームについて詳述せず「帰依せよ（イスラームに入信せよ）、さすればあなたは安全となる（戦争はしかけない）」とのみ述べているのと同じです。

また、イスラーム国際法《スィヤル》は、ダール・イスラームに存在を許される異教徒として、永代居住権を有する庇護民《ズィンミー》と並んで、短期滞在の「安全保障取得者《ムスタアミン》」というカテゴリーを設けていますが、その典拠となるのは以下のクルアーンの章句です。

またもし多神教徒の一人がお前（ムハンマド）に（ダール・イスラームへの）滞在許可を求めたなら、彼がアッラーの御言葉を聞くまでは彼を庇護し、それからその者を安全な場所に送り届けよ。それは、彼らが知らない民だからである。（第9章第6節）

イスラーム法学《フィクフ》は、この章句から、イスラームを学ぶためでなくとも商売のためにダール・イスラームに滞在許可を求める者も滞在が許され、入信しなくとも滞在期間が終わったら安全なところまで送り届けなければならない、との規定を引き出しています。つまり、異教徒が、御言葉を聞く、つまりイスラームを学ぶ、というのは、社会から隔離された特殊な空間で、「職業宣教師」から現実から遊離した抽象的なイスラームの教義の講義を聞くことではなく、ダール・イスラームのなかでのムスリムとの社会行為を通じて、彼らが生活のなかで口にするアッラーの御言葉を聞くことで、イスラームがいかに実践されるかを見て取るということです。イスラームのダウワは、キリスト教の宣教のように入信を強要するものではなく、イスラーム的な秩序の確立を主目的にするものです。イスラーム的な秩序とは、預言者の正当な後継者であるカリフが支配権を握ることによって、イスラームの実践の抑圧が存在せず、ムスリムの連帯義務である法定刑《フドゥード》が妨げられることなく施行されるなど、イスラームの実践が抑圧されることなく自由に行われる法治空間です。つまり、異教徒にイスラームについての文字面の情報を口先だけで教え込むのではなく、イスラーム的秩序のなかで暮らすことによって異教徒がイスラームの教えの語用論的意味を自然に理解できるような環境を整えることが、イスラームのダウワなのです。

　ダール・イスラームはムスリムが多数である地ではなく、「イスラームの大征服」は、ムスリムの数を増やすことではありませんでした。ムスリムの最善の世代である初期三世代はアラビア半島をはるかに超え、北アフリカから中央アジアの広大な地にイスラームの秩序を敷いたのであり、異教徒をイスラームに大量改宗させたのではありません。ある推定によると預言者ムハンマドが宣教開始から一〇〇年後の時点でのムスリム人口比率はイランで五パーセント、イラクは三パーセント、シリア、エジプトは二パーセントにすぎませんでした。それぞれの国でムスリムの人口比率が五〇パーセントになるのは二三五年、二八〇年、三三〇年、三三〇年後のことです。

　イスラーム法の主体責任能力者《ムカッラフ》となるためには、ダウワの到達が条件となります。そして、イスラームのダウワとは、武力を背景にイスラームのジズヤ税を課しイスラーム的秩序を地に広めることであり、それができるのは預言者ムハンマドの正当な後継者であり、ムスリム政治的最高権威であるカリフ以外にはありません。

　人がムスリムとなりフィクフの行為主体となるそもそもの条件でもあり、またフィクフの行為規範が機能する法治空間ダール・イスラームの存立の根幹にも関わるダウワさえ、カリフなしには立ち行かないのです。カリフがイスラーム法の要たる所以です。

### ❷フィクフにおけるカリフの概念構成

戦利品《ガニーマ》の分配や法定刑《フドゥード》の執行をはじめ、フィクフの行為規範にはカリフに関わる規定が数多くあります。それらの規定を整理し、イスラーム政治学の基礎を置いたのが、シャーフィイー派のマーワルディー（一〇五八年没）及びハンバリー派のアブー・ヤァラー・ファッラーゥ（一〇六五年没）の同名の著書『スルタンの諸規則《アフカーム・スルターニーヤ》』です。両者は構成も内容もほぼ同一ですが、マーワルディーはアブー・ヤァラーと違い、カリフの定義を巻頭の序文のなかで以下のように述べています。

> いと強きアッラーは、ムスリム共同体《ウンマ》に指導者を任じ、彼に預言者の職務を継がせ、彼によってイスラームの宗派《ミッラ》を守り給う。そして啓示されたイスラームの教えが世に実現され、議論が一つの従われるべき決断に収斂するため、アッラーは彼に政治を委ねたのである。それゆえカリフ位《イマーマ》は、それによって、ミッラの諸原則が定まり、ウンマの利害が調整される基礎であり、公的事柄はカリフ位によって確定され、各種の権威《ウィラーヤ》はカリフ位から発する（サダラト）のである。

カリフ（ハリーファ）とは「アッラーの使徒の後継者《ハリーファ・ラスール・アッラー》」の略ですが、実は法学《フィクフ》や神学《カラーム》の文献の専門用語としては、「イマーム」と呼ばれます。ただし、「イマーム」は礼拝の導師の意味をもち、また（シーア派）一二イマーム派の無謬の「教主」もまた「イマーム」と呼ばれるため、本章ではスンナ派の政治的最高権力者を「カリフ」と呼ぶことにします。

スンナ派のカリフ論でも、カリフの支配の正当性は預言者ムハンマドの後継者であることに求められており、預言者ムハンマドがそうであったようにすべての政治的権威《ウィラーヤ》／職務は預言者の後継者カリフに帰され、それが委任／代理の手続きにより、下位の官吏に授権される構造になっています。

カリフ擁立は、啓示によって義務づけられており、その義務の形態としては集団的義務です。つまりカリフ位が空位となると、ウンマの中からカリフ選挙人及び、カリフ有資格者という二集団が選別されねばならないことになります。カリフ選挙人には①公正さ、②カリフの満たすべき諸資格についての知識、③カリフに相応しい候補者の腹案をもつこと、の三つの資格条件が課されます。フィクフの専門用語としては、このカリフ選挙人を「解き（カリフを解任し）結ぶ（カリフを任命する）者（アフル・ハッル・ワ・アクド）」と呼びます。

カリフについては、法学派によって多少の表現の違いはありますが、ほぼ①成人、②正気、③聴力、視力、発話能力、④自由（奴隷でないこと）、⑤男性、⑥公正、⑦イスラーム学の学識、⑧見識、⑨有能、⑩クライシュ族の出自の、一〇の資格条件にまとめられます。❖31

❖31　**カリフ**　けっしてキリスト教的な意味での霊的権威ではないが、単なる政治的な権力でもなく、それなくしてはムスリムが法的にムスリムであることが不可能ともなりかねないような、イスラーム法の要となる存在。カリフ（ハリーファ）とは「アッラーの使徒の後継者《ハリーファ・ラスール・アッラー》」の略だが、法学《フィクフ》や神学《カラーム》の文献の専門用語としては、「イマーム」と呼ばれる。その資格条件として、①成人、②正気、③聴力、視力、発話能力、④自由（奴隷でないこと）、⑤男性、⑥公正、⑦イスラーム学の学識、⑧見識、⑨有能、⑩クライシュ族の出自。

マーワルディーとアブー・ヤァラーは、カリフの合法的な選任手続きを、①カリフ選挙人によるカリフ有資格者の中からの選任、②前任のカリフによるカリフ有資格者の中からの一人の後継者指名、の二つとしました。ところが一二～一三世紀のハンバリー法学派のイブン・クダーマとシャーフィイー派のナワウィーが、カリフ選任手続きに、武力による実効支配の確立（タガッルブ、イスティーラーゥ、カハル）を加え、武力によって実効支配を確立した覇者に関しては、カリフの資格条件を備えている必要がないとし、カリフ資格を満たさない覇者のカリフ位を認めることになります。イブン・クダーマが覇者のカリフ位の合法性の根拠としてウマイヤ朝第五代カリフ・アブドゥルマリク・ブン・マルワーン▼79のカリフ就任事例を挙げていることから分かるとおり、スンナ派ではカリフの資格条件を備えた者のなかからカリフが選ばれる、との理念はウマイヤ朝時代に既に有名無実化していましたが、フィクフは一二～一三世紀にこの事態を「公式に」追認することになります。

有資格者の中から選ばれた預言者の後継者というカリフの支配を正当化するフィクションが完全に形骸化した一三～一四世紀の法学者イブン・タイミーヤは、以下のように述べて後見《ウィラーヤ》と代理《ウィカーラ》の概念を用いてイスラームの政治権力を説明します。

被造物《ハルク》である人間は神のしもべたちであり、統治者《ウラー》たちは神のしもべたちに対する神の代行者《ヌーワーブ》なのである。ただし彼はあくまでも、しもべどうしのなかでの代理人《ワキール》にすぎない。つまり同輩《シャリーク》の一人が他の同輩に対して代理人となったという意味なのである。それゆえ統治者には後見《ウィラーヤ》と代理《ウィカーラ》の属性があることになる。

（『シャリーアによる政治《スィヤーサ・シャルイーヤ》』）

既述のとおり、後見《ウィラーヤ》はシャリーアから授権された他人の行為を支配する権限であり、代理《ウィカーラ》は代理人が委任された行為を委任者に代わって代行することです。同輩《シャリーク》のパートナーが他の同輩のパートナーに対して代理人として行為するのは、組合《シャリカ》の組織原理です。

イブン・タイミーヤは、イスラームの政治権力の一般理論として、イスラームにおいては政治権力が後見《ウィラーヤ》と代理《ウィカーラ》の複合であることを理論化しました。

まず、ウィラーヤの側面ですが、イブン・タイミーヤは「イスラームの権威《ウィラーヤ》すべてにとって、その目的は、善の命令と悪の禁止だけなのである」と、ウィラーヤの目的を「善の命令と悪の禁止」に還元します。ところが、イブン・タイミーヤによると「善の命令と悪の禁止」はムスリム共同体《ウンマ》と預言者ムハンマドの共通の属性であり、それゆえウンマは預言者の権威を継承したのです。クルアーンはウンマについて述べています。

お前たちは人々のために引き出された最良の共同体《ウンマ》であった。お前たちは良識を命じ、悪行を禁じ、アッラーを信仰する。

（クルアーン第3章第110節）

▼79　アブドゥルマリク・ブン・マルワーン（705年没）。第4代ウマイヤ朝カリフ・マルワーンの死後に政権を継ぎ、イブン・ズバイルによる「反乱」（第二次内乱、一時はウマイヤ朝版図の半分を支配した）を鎮圧、諸制度の改革を図るなどウマイヤ朝中興の祖とも評価される。

彼らがこのように呼ばれているのは彼らがすべての善を命じすべての悪を禁じているからである。ところがそれは、以下のアッラーの言葉にあるようにアッラーがその預言者に帰された属性と同じなのである。

その彼は、彼らのもとにある律法の書と福音書のなかに書かれているのを彼らが見出す者で、彼らに良識を勧め、悪行を禁じ……。

（クルアーン第7章第157節）

アッラーは彼らを地上における証人となし、彼らの証言を使徒の証言の代わりとされたのです。

（『イスラームにおける行政監督《ヒスバ・フィー・イスラーム》』）

マーワルディーの理論構造では、預言者ムハンマドの権威《ウィラーヤ》／職務はカリフはすべてを継承し、下位の官吏たちにそのウィラーヤの一部をカリフからの任命と委任によって代行します。ところが、イブン・タイミーヤの場合、預言者ムハンマドのウィラーヤはムスリム共同体《ウンマ》がそれぞれの力《クドラ》に応じて分有します。カリフのウィラーヤは最大のものであっても他のすべてのウィラーヤがそれから派生するようなウィラーヤの源泉ではありません。

万人は力に応じて義務を負う。力とは、権力《スルターン》と権威《ウィラーヤ》であり、権力の持ち主は他の者より力がある。そして、彼は他人にない義務を負う。なぜなら、義務のかかる対象は力だからである。

（『イスラームにおける行政監督《ヒスバ・フィー・イスラーム》』）

イブン・タイミーヤによるとウィラーヤがムスリム共同体《ウンマ》に各人の力に応じて分有されているのと同じくウィカーラも、特定の選挙人「解き結ぶ者」が一人のカリフを代理人として選んで政務をすべて委任するのではなく、「組合」のようなウンマ全体の協同を基礎づけるものです。

イブン・タイミーヤは「もし三人の人間が旅に出たなら、その一人を指導者に選べ」とのハディースを典拠に、預言者ムハンマドは少人数の旅人という小さく一時的に一緒にいるだけの集団にさえその一人を指導者に選ぶことを義務づけることによって、それより大きなあらゆる種類の社会集団にも義務であることを示している、と論じます。

マーワルディーやアブー・ヤァラーの『スルタンの諸規則《アフカーム・スルターニーヤ》』が、カリフ（イマーム）の選挙から議論が始まっているのに対して、イブン・タイミーヤの『シャリーアによる政治《スィヤーサ・シャルイーヤ》』は、カリフ（イマーム）については論じず、「預言者は、ウンマに自分たちの上に指導者を選ぶことを命じ、指導者に、信託物をその所有者に返し、人々の間を裁く時には公正をもって裁くことを命じ、人々には、至高のアッラーへの服従のなかで、指導者に従うことを命じた」と述べながら、カリフの選挙ではなく、三人の旅人が自分たちの指導者を選ぶ義務から、ウンマのすべてのレベルの集団の指導者選出義務を演繹しています。

イブン・タイミーヤの理論構成では、カリフの支配の正当性は、預言者の後継者《カリフ》であることではなく、ウンマが選ぶべき指導者たちの連鎖の頂点に立つことに由来しているのであり、カリフは同輩の中の筆頭であるにすぎません。マーワルディーたちによるカリフの支配の正当化が、預言者の後継者位という「上から」の議論であるのに対して、社会の底辺から指導者を選んでいくことにより社会の力を構造化していく「下から」の議論構築がイブン・タイミーヤの特徴です。イブン・タイミーヤは言います。

支配者《ワーリー》とは人々に対して、牧者の羊の群れに対する関係に立つ。預言者が言われたとおりである。
「汝らはみな牧者《ラーイー》である。そして、汝らはみな汝らの羊たち《ライーヤ》に責任を負う。なぜならイマームとは、人々の牧者であり、彼は彼の羊たちに責任を負うからである。そして妻は、彼女の夫の家のなかで牧者であり、彼女はその羊たちに責任を負うのである。また子供は、彼の父の富の牧者であり、その羊の群れ（家財）に責任を負う。そして奴隷は、その主人の富に対し牧者であり、彼は羊の群れに責任を負う。汝らはみな牧者であり、汝らはみなその羊の群れに責任があるのではないか」。

（『シャリーアによる政治《スィヤーサ・シャルイーヤ》』）

預言者は言われました。

「裁判官は三人。そのうち二人は業火に落ち、一人だけが天国に入る。真実を知るがそれに背いて裁く者は業火に落ち、人々の間を無知により裁く者も業火に落ちる。真実を知り、それによって裁く者だけが天国に入るのである」。

（諸スンナ集成）

裁判官とは、二人の間を裁き、判決する者すべての名であり、カリフであれ、スルタンであれ、総督《ナーイブ》であれ、地方長官《ワーリー》であれ、あるいはシャリーアによって裁く者であれ、またその代理であれ、子供たちの習字の腕に優劣を決めたなら、その男でも同じなのである。

（『シャリーアによる政治《スィヤーサ・シャルイーヤ》』）

イブン・タイミーヤは指導者について語るときも必ずそれを相対化する視点をもちこみます。イブン・タイミーヤにとって、政治とは統治者や官吏だけの仕事ではありません。それゆえ、彼は『シャリーアによる政治《スィヤーサ・シャルイーヤ》』のなかで、カリフ（イマーム）を、統治機構の一部とは通常決してみなされない家内奴隷や、子供の習字の審判と並べることで、人々の協同行為はすべてが、シャリーアに基づく政治であり、シャリーアの「法の支配」の大原則の上に、後見《ウィラーヤ》と代理《ウィカーラ》の法概念を組み合わせることで、統御されるべきことを示し、預言者の権威の全権を継承したカリフからの授権の擬制によって統治機構を構造化するマーワルディー以来のカリフ論の概念構成の対案を提示したのです。

### ❸カリフの職務

マーワルディーの『スルタンの諸規則《アフカーム・スルターニーヤ》』の以下の章立ては、カリフの職務を端的に示しています。

①カリフ位の締結、②大臣の任命、③諸国の総督の任命、④ジハードの司令官の任命、⑤公益のための戦争の後見《ウィラーヤ》、⑥裁判のウィラーヤ、⑦行政の不正《マザーリム》のウィラーヤ、⑧血統の監《ニカ》督《ーバ》のウィラーヤ、⑨礼拝のウィラーヤ、⑩大巡礼のウィラーヤ、⑪浄財のウィラーヤ、⑫ファイと戦利品の分配、⑬人頭税《ジズヤ》と地租《ハラージュ》の賦課、⑭土地によって異なる特別な規則、⑮荒蕪地の開墾と井戸掘り、⑯禁域とその受益者、⑰封土の規則、⑱名簿の作成とその規則、⑲刑法、⑳市場監督。

キリスト教の宣教と違い、イスラームにおいては「宣教《ダウワ》」の成立さえも政治権力であるカリフの存在にかかっていることは既に述べましたが、『アフカーム・スルターニーヤ』の章立てからも、フィクフにおいては、カリフの職務というものが、指揮命令系統の一本化が重要な戦争、ムスリム共同体《ウンマ》全員が一体として当たらないといけない外交、ウンマ内部の対立を有権解釈によって解決しなければならない裁判、犯罪者を逮捕し懲らしめる必要がある刑罰の執行のように政治権力の必要が明らかな事柄だけでなく、礼拝や浄財や巡礼など、ムスリムの個人の義務行為にも関わってくることが分かります。

　同書の章立てにはありませんが、ラマダーン月の斎戒の開始と終わりの決定もカリフの職務です。というのは、ラマダーン月の開始は新月の目視によって決めますが、見えた者と見えなかった者がいたり、見間違いがあったり、場所によって見える場合と見えない場合があったりで、いつラマダーン月が始まって終わるかは、誰にとっても明らかで一義的に決まるわけではないからです。事実、日本でも、ラマダーン月の始まりと終わり、ラマダーン月の斎戒明けの開斎祭《イード・フィトゥル》について人々の見解が異なり、別々に行われることがしばしばあります。

　日本のような非ムスリムの国だけではありません。インドネシアでも、同国の二大ムスリム団体である「伝統派」のナフダトゥルウラマー（NU）と「近代派」のムハンマディヤで、前者は月の目視、後者は天文学の計算でラマダーン月の開始と終わりを決めるために、両団体の信奉者の間で、ラマダーン月の斎戒の期間が食い違い、イード・フィトゥルの祭礼も別々の日に行うことが多いです。

　見解の対立を抑えてラマダーン月の斎戒期間とイード・フィトゥルの祭日を決めることができるのは、カリフの裁定しかありません。「イマーム（カリフ）が自分のもとの（新月の視認の）

ズハイリー師と著者、ダマスカスにて

根拠から（ラマダーン月が始まったと）結論した日から斎戒を命ずることができることに異論はない」からです（ワフバ・ズハイリー『イスラーム法学とその典拠《フィクフ・イスラーミー・ワ・アディッラトゥフ》』）。また、金曜集合礼拝《ジュムア》や開斎祭《イード・フィトゥル》の礼拝、犠牲祭《イード・アドハー》の礼拝にも、カリフの許可が必要とみなす法学説も有力です。

詳細は邦訳も存在する『統治の諸規則《アフカーム・スルターニーヤ》』に譲るとして、ここではフィクフにおいて最も重要なカリフの職務についてのみ論じることにします。

カリフの最も重要な職は言うまでもなく、「国事」行為です。マーワルディーの論理構成では、イスラームのすべての権威／職務《ウィラーヤ》は、預言者の後継者カリフが、預言者が有していたウィラーヤ、すなわち「国事」の全権を継承しますが、一人で「国事」のすべてを処理することはできませんので、就任したカリフの最初の任務は、身近で自分を補佐する大臣、遠隔地における代理人である地方総督を任命することになります。カリフによってこそ、統治機構が立ち上がるのです。

そしてカリフの統治機構にとって最も重要な職務はジハードです。フィクフはイスラームの戦争をジハードと公益《マサーリフ》の為の戦争に二分します。

さらに公益の戦争は、政治的見解をめぐる対立を理由とする「政治犯」である叛徒の鎮圧と、政治的目的をもたない追剝の討伐に二分されますが、「追剝」に対する規定については既に述べましたので、ここでは叛徒討伐について簡単に述べておきます。

ハンバリー法学派の古典アブー・ナジャー（一五六〇年没）の著書『満足を求める者の糧《ザード・ムスタクニウ》』の「叛徒との戦闘」章は「叛徒」を「武力、勢力を有する集団が、可能な解釈《タアウィール》によって、イマーム（カリフ）に反逆すれば、彼らは叛徒である」と定義し、叛徒に対する対処を「彼（イマーム）には彼らに使者を送り、彼らが何に憤っているのかを尋ね、もし彼らが不正を挙げたなら、それを除去し、また彼らが疑義を訴えたなら、それを解明しなければならない。そのうえでなお帰順しなければ彼らと戦う」と規定しています。

内乱は犯罪ではなく、治安問題には還元できない政治問題であるため、叛徒とはまず交渉が行われ、交渉が決裂した場合には、「刑罰」が科されるのではなく「戦闘」が行われます。クラウゼヴィッツ▼80の述べるとおり「戦争は政治の延長」だからです。

欧米ではブッシュ前アメリカ大統領の「テロとの戦い」の宣言以降、既成秩序・国家を無条件に肯定する一方で、国家に対する武装闘争をカテゴリカルに「テロ」、犯罪として断罪し、交渉、議論の可能性をあらかじめ排除する傾向が強まっており、日本もそれに追従しています。「テロリストとは一斉交渉せず、要求に応じない」というスローガンが疑う余地のない法理であるかのように語られ、「テロリスト」とされた者については、その主張の是非について議論

▼80　カール・フォン・クラウゼヴィッツ（1831年没）。プロイセン王国（現ドイツ）の軍人、軍事学者。死の翌年に発表された『戦争論』（篠田英雄訳、岩波文庫、1968年）は、戦略、戦闘、戦術の研究領域における重要な業績を示し、多大な影響を与えている。

することと自体がテロリストに与する行為とみなされ犯罪視されるのです。

このように西欧の「テロ」概念が強いイデオロギー性を有するのに対し、イスラーム法は、支配の正当性を有する合法政権《カリフ》に対してさえ、武装闘争の正当性を一概に否定せず、議論と交渉の対象とする点において「非イデオロギー的」であり、いかなる政治的立場であれ無条件に肯定しないという意味において遥かに「客観的」、「中立的」である、と言うことができるでしょう。

また前掲書の「叛徒との戦闘」章はさらに続けて「もし二つの集団が党派性《アサビーヤ》／民族主義や権勢《リヤーサ》のために戦うなら、双方とも不正な集団であり、どちらも互いに対して損害賠償を行う」と述べています。つまり暴力行使の正当性を「国家」（近代国民国家）が独占する西欧的国家観とは異なり、イスラームは合法政権以外の武装集団の反乱に「理」がある（「造反有理」）ことを当然のこととして想定し、その場合には（当然ながら）その「要求」を聞き入れることを命じています。そればかりか、「政権」と「叛徒」の争いが、そもそも支配の正当性を有する「合法政権」とそれに反抗する「叛徒」として概念構成されるべきでなく、単なる二つの不正な暴力装置の間の権力闘争にすぎないこともありうる、との「醒めた」現実認識を直截に表明さえしているのです。

このような認識が可能になるのは、イスラームにおいては権力の支配の合法性の基準が、西欧の法のように地上の権力、「国家」が制定した法の内部、統治機構の内部にあるのではなく、地上の権力を超えた天啓の「法」シャリーアの遵守にある、言い換えれば統治機構の正当性を判定する基準が統治システムの外部にあるからなのです。

この内乱規定は、フィクフがカリフの権威／職務《ウィラーヤ》とカリフ個人を、あるいは「法人」としてのカリフと「自然人」としてのカリフを区別していることを示しています。「カリフ機関」説とでも言うべきものです。それゆえ確かにフィクフの論理構成においてはカリフのウィラーヤがイスラーム的統治機構の要ではあっても、その位置を占めるカリフ自身は他のムスリムと変わらずシャリーアのもとにあり、ムスリムは誰もがカリフの行為をシャリーアに照らして判断することができ、カリフが間違っていると考えれば、武装蜂起さえも許されることになるのです。

イスラームにおける戦争のうちで、「そしてアッラーの道において殺された者たちが死んでいると考えてはならない。いや、彼らの主の御許で生きており、糧を与えられている」（第3章第169節）と言われ、戦死者が天国へ直行する殉教者になれる特権を有する最高の功徳のある行為はイスラームのための異教徒との戦いであるジハードだけです。

既に述べたように、ジハードは、カリフにそれを行う力があることでイスラームの宣教《ダウワ》が成立する不可欠の条件であり、フィクフの存立にとって特別な意味があります。しかし、ジハードはただ「宗教的」にだけでなく、「経済的」にも重要です。なぜならば「そしてお前たちが戦い獲ったどんなものも、その五分の一はアッラーとその使徒と、近親、孤児、貧困者、そして旅路にある者に属すると知れ」（第8章第41節）とのクルアーンの章句により、ジハードの戦利品は、ジハード戦士の収入になるばかりでなく、ムスリムの福利厚生のために使われるのであり、カリフの統治機構の重要な財源だからです。

　イスラームにおいては、「徴税」もまた「人の支配」ではなく「法の支配」のもとにあります。イスラームにおいては、シャリーアに定められた「税」、すなわちムスリムに対する浄財《ザカー》、非ムスリムに対する人頭税《ジズヤ》、征服地の地租《ハラージュ》以外には、誰であろうともいかなる名目をつけようとも人々の財産を取り上げることは許されません。ハンバリー法学派の碩学イブン・タイミーヤは「税《マクス》は全法学派の一致により許されたものではない」と言っています。ハナフィー派の大法学者ジャッサース（九八〇年没）に至っては「税《ダリーバ》を課す者とは、すべてのムスリムが戦わねばならない。もしも（課税者たちが）武装しているならば、殺さなければならない」とまで述べて、シャリーアに定めのない税を課すことを厳禁しています。

　イスラームにおいてはシャリーアに定めのない徴税が禁じられているために、ジハードによる戦利品、ジハードによって征服された土地からの地租はカリフの統治機構の重要な財源であり、事実、正統カリフからアッバース朝にかけてのイスラームの大征服の時代の繁栄を支えたのはジハードによるこれらの収入でした。

　カリフがジハードの宣戦の大権を有することは、欧米の法におけるような国防と外交を超えて、イスラーム法の行為規範体系が発効するための条件である宣教から財政に至る様々な問題に関わっているのです。

## ❹カリフが阻むもの

　カリフの最も重要な任務は統治機構の立ち上げとジハードですが、カリフ制の最大の意義は、カリフ制の存在それ自体、すなわち預言者ムハンマドの政治的権威《ウィラーヤ》／職務が「ただ一人の」後継者カリフによって継承されることです。

　第二代カリフ・ウマルは、「二人のカリフが立ったときには、後に立った方（のカリフ）を殺せ」という預言者ムハンマドのハディースを伝えています。複数のカリフの存在は認められないだけでなく、合法的なただ一人のカリフを除くカリフ僭称者の出現に対して、預言者ムハンマドは、「殺せ」との最も強い禁止命令をムスリム共同体《ウンマ》に対して下しています。カリフがシャリーアの行為規範によって統治する土地を「イスラームの家《ダール・イスラーム》」と呼びますが、カリフがただ一人でなければならない理由は、このシャリーアの法治空間であるダール・イスラームの一体性を守るためです。

「ダール・イスラーム」は「移住《ダール・ヒジュラ》」とも呼ばれます。ダール・ヒジュラとは、地上のすべてのムスリムがムスリムとして十全にイスラームの教えに従って生きるために移住することが可能な土地のことです。

　預言者ムハンマドがマッカからマディーナに移住《ヒジュラ》した後、ヒジュラせずにマッカに残った者について、クルアーンでは以下のように言われています。

まことに自分自身に不正をなすところを天使たちに召し上げられた者たちに（天使たちは）言った。「お前たちはどんな状態にあったのか」。彼ら（マッカに残ったムスリム）は言った。「われらは大地で虐げられていました」。（天使たちは）言った。「アッラーの大地は広く、そのなかでお前たちは移住できたのではなかったか」。そしてそれらの者の棲家は火獄《ジャハンナム》である。またなんと悪い行き着く先であろうか。（第4章第97節）

「（マッカ）征服の後にはもはや移住《ヒジュラ》はなく、（義務となるのは）ジハードと（ジハードの）意図であり、（ジハードに）召集されれば遠征せよ」との預言者ムハンマドのハディースは、マッカが征服されダール・イスラームになった後はマッカからマディーナへの移住《ヒジュラ》は無用になった、という意味であり、ヒジュラの義務がなくなりジハードの義務に変わったということではありません。ムスリムが不信仰の地を離れてダール・イスラームに移住することが原則であることは不変であり、特にシャリーアの行為規範に則って生きることができない場合にはそうです。

不信仰の地で迫害を受けているムスリムが移住《ヒジュラ》することができない地は、ダール・イスラームではありません。ただ一人のカリフの存在は、ムスリムが自由に移住することができるダール・イスラームの一体性を保証しています。イスラームの宣教に対してイスラームへの入信を拒否しジズヤ税を納めた者に永代居住権を与え宗教的自治を認める庇護契約を与えることは、ジハードの宣戦がカリフの大権であったのと同様にカリフの大権で他の誰にも許されず、またカリフが庇護契約を結んだ者は、誰もがシャリーアの法治空間ダール・イスラームの住人となり、どこにいても庇護を受けることができます。

一方、短期滞在者である安全保障取得者《ムスタアミン》に関しては、安全保障《アマーン》の授与はカリフの大権ではありません。ダール・イスラームに居住するムスリムであればたとえ奴隷であっても、ダール・ハルブに住む異教徒の身元引受人となり、安全保障を与えることができる、とフィクフは定めています。そして「ムスリムたちの庇護契約《ズィンマ》、善隣《ジャワール》は一つである」とのハディースにより、ムスリムの誰かが異教徒に与えた安全保障は、カリフを筆頭にダール・イスラームのすべてのムスリムを拘束しますが、その効力を保証するのもダール・イスラームのすべてのムスリムを統べるカリフです。

ダール・イスラームはムスリムが自由に往来できる場でなければならず、そのなかで移動の自由を奪うことは許されず、自らの縄張りの通行税を課す者は追剝にほかなりません。ジャッサースが「税《ダリーバ》を課す者とは、すべてのムスリムが戦わねばならない。もしも（課税者たちが）武装しているならば、殺さなければならない」と述べていることは既に述べましたが、ジャッサースはクルアーン第2章第278－279節「信仰する者たちよ、アッラーを畏れ身を守り、利子の残りを放棄せよ、お前たちが信仰者であるならば。それでもお前たちが行わないならば、アッラーと彼の使徒からの戦い《ハルブ》があると知れ」を註釈して、イマーム（カリフ）は彼らを罰しなくてはならないが、利子を取る者たちが武装している場合は、「戦い《ハルブ》」の語が用いられていることから、追剝の討伐の規定の場合と同じく、アッラーに戦いを挑む者であり、討伐しなければならない（フーリブー）と論じたうえで、「不正な権力者《スルタン》たちで人々の財産を奪う者たちや税《ダリーバ》を取る者たちに対する規定も同様で、彼らが武装して抵抗するならば、すべてのムスリムは彼らと戦い殺さなければならない。彼ら（人々の財産を奪い税を取る者）は利子を貪る者よりも罪が重い」と断じています（『アフカーム・クルアーン』）。

ダール・イスラームのなかに、土地と人間を囲い込んで税《ダリーバ》と称して人々の富を奪い通行料金を巻き上げる者たちが現れた場合、ダール・イスラームの一体性を守りムスリム共同体《ウンマ》をまとめあげてそれらの「無法者」たちを武力で鎮圧するためにも、唯一のカリフが必要となるわけです。

フィクフは、カリフの職務を規定していますが、フィクフはシャリーアから演繹された行為規範であり、カリフの職務もまたシャリーアに服します。逆に言えば、カリフの職務でないことを、カリフの地位にあるもの、つまり政治的権力を有する者が行うことは、シャリーアに反するということです。そして利子を取ってモノを貸す者を放置したり、自分の領民から税を巻き上げたりなど、武力を有する無法な地方権力者たちがシャリーアに反する行いをなしたとき、「民衆」は無力であり、特に「国家」が発達した重火器、ハイテク兵器などの武力を独占した現在においてはそうです。そのようなウンマとダール・イスラームの一体性を脅かす地方権力者の無法を阻むことができるのは、預言者ムハンマドの正当なただ一人の後継者であり唯一最高の合法権力であるカリフだけです。

イブン・タイミーヤは、人間には他人を支配しようとする権勢欲があるが、人間は単一の種として平等であるため、人の人に対する支配は不正であるが、人間は単独では生きていけず協同が必要な以上、利害調整のための命令／禁止の支配服従関係の発生は必要悪として生じ、必要悪たる支配服従関係を馴致するためには、万人が参照すべきクルアーンとハディースの天啓法による「法の支配」が求められる、と論じます。

> 他人に対して優越を求めることは不正だからである。なぜなら、人間は単一の種であるからだ。それ故、自分が最も高い地位について自分に等しい者を下に置こうとする意志は不正なのである。そしてそれが不正であるため、人はそのような者を憎み敵対する。なぜなら、不正な者が征服者になろうと望む時、彼らより公正な者が、自分の同等者に征服されねばならない謂れは無いからである。しかしそれにもかかわらず、理性に照らしても宗教に照らしても、人間にはある者が他の者の上にいることが必要である。既に我々が述べたように、身体が頭なしではよくないのと同様なのである。
> （『シャリーアによる政治《スィヤーサ・シャルイーヤ》』）

すべての人の福利は、現世においても来世においても、連帯と相互扶助なしには実現しない。そして助けあいとは、人々の利益を得るための相互扶助と、害を避けるための相互扶助である。かかる理由から「人間は本質上政治的《マダニー》（字義どおりには「都市的」）存在である」と言われているのである。人が集まれば、利益を得るために行わねばならぬ事柄や、その害を避けなければならぬ事柄が生じ、益となることを命じる者と害を禁じる者に従うことになる。そして命令／禁止者への服従が不可欠であるなら、アッラーとその使徒に服従することが最もよいことが知られる。（『イスラームにおける行政監督《ヒスバ・フィー・イスラーム》』）

イブン・タイミーヤのこの議論には、「カリフ」はそもそも現れません。というのは、この議論は構造的にカリフだけではなくあらゆる人間の支配者の存在の消去を志向しているからです。

「人による人の支配は、エルサレム初期共同体がセクト集団のような状態から変化してエルサレム教会と呼ばれるべきものとなって以来、キリスト教の最大の特徴となる」、「この原則の特徴は、人間が二種類に分けられており、上の者が下の者を支配ないし管理しているという点である」と述べ、「人の支配」こそがキリスト教社会の本質的特徴であると喝破したうえで、そのキリスト教的社会観を基礎に、「支配する聖職者‐支配される俗人」の支配構造の世俗の領域がさらに「支配する貴族‐支配される平民・奴隷」に分化される「人の支配」の二重構造が、西洋キリスト教文明の社会構造であり、それが全世界規模に広まったのが現代世界だと分析したのは新約学者・比較文明学者の加藤隆です（『一神教の誕生——ユダヤ教からキリスト教へ』講談社現代新書、二〇〇二年）。

「人による人の支配」はキリスト教西洋文明の人間観の本質であり、それゆえ欧米の政治（哲）学者は、君主制、寡頭制、民主制のような「人の支配」の類型論以外の政治体制をほとんど想像することができません。彼らの認識枠組みでは、カリフ制は一人の個人の支配、王政－独裁制の変種に見えてしまいます。しかし実のところ、カリフ制とはカリフという「一人の人間の支配」ではなく、「カリフ」というダール・イスラームという法治空間の単一性を象徴する唯一の合法的な支配権力である「法人」によって、「法の支配」の実現のために、彼以外の非合法な支配者たちをすべて抹消する装置なのです。そこでは「カリフ」という「人間」は限りなく「無化」され、最終的には、シャリーアのなかに融滅することが理想となるのです。

イブン・タイミーヤはイスラーム学の専門用語における「神人融合」的な概念「消滅《ファナー》」を三種類に分類し、イスラームが認める正しい「ファナー」を「使徒たちに啓典が下されて伝えられたイスラーム《ディーニー》の教えに適いシャリーア《シャルイー》に則ったファナーとは、アッラーの命令《クルアーン》の実行によりアッラーの命じなかったことから身を引き、アッラーとその使徒《ハディース》への服従により、アッラー以外のものへの服従から離れ、アッラーへの依拠により、他のものへの依拠を捨て、アッラーとその使徒への愛により、アッラー以外への愛を滅し、アッラーへの希望と畏れにより、他の何

❖32　**唯一神崇拝**《タウヒード》　イスラームの根本教理。

**カリフ制**　この世の非合法な支配者たちを抹消するための装置。

両者は構造的に同型のもの。唯一神教の最終形態であるイスラームにおいて、偽の神の拒絶は、真の神であるアッラーの信仰の前提条件となる。

真の神であるアッラーを差し置いて他の人間に命令をする邪神／暴君への服従は、アッラーへの帰依、イスラームと根本的に相容れないもの、多神崇拝、偶像崇拝とみなされ、厳しく禁じられている。

タウヒードの神髄を示すイスラームの第一信仰告白句「ラー・イラーハ・イッラー・アッラー（アッラーの他に神なし）」は、アラビア語の語順に忠実に訳すと「no god but Allah（神なし、ただしアッラーを除いて）」を意味する。まずは偽りの神であるすべての偶像の否定があり、その後に、それらの偶像とは存在論的に隔絶し時空のなかに存在しない絶対存在であるアッラーが唯一例外的に神として崇拝に値するものとして示される。


ものにも希望も畏れも抱かぬこと」と定義しています。カリフが私心を無にしてこの「ファナー」の境地に至って、シャリーアに基づく統治を行う時、そこにはクルアーンとハディースに示されたシャリーアの天啓法がいかにこの世に実現されるべきかの神意が顕現することになるのであり、それが「シャリーアに基づく政治《スィヤーサ・シャルイーヤ》」の究極の目的となるのです。

カリフ制が、この世の非合法な支配者たちを抹消するための装置であることは、実はイスラームの根本教理である「唯一神崇拝《タウヒード》」❖32と構造的に同型です。

唯一神教の最終形態であるイスラームにおいて、偽の神の拒絶は、真の神であるアッラーの信仰の前提条件となります。それゆえアール・シャイフの人定法批判について既に述べたように、「法」のレベルでも、クルアーンに「お前は、お前に下されたもの（クルアーン）とお前以前に下されたものを信じると主張する者たちが邪神に裁定を求めようとするのを見なかったか。それを拒絶するよう命じられていたにもかかわらず。そして悪魔は彼らを遠く迷わせることを望んでいる」（第4章第60節）と言われているとおり、真の神であるアッラーを差し置いて他の人間に命令をする邪神／暴君への服従は、アッラーへの帰依、イスラームと根本的に相容れないもの、多神崇拝、偶像崇拝とみなされ、厳しく禁じられています。

タウヒードの神髄を示すイスラームの第一信仰告白句「ラー・イラーハ・イッラー・アッラー（アッラーの他に神なし）」は、アラビア語の語順に忠実に訳すと「no god but Allah（神なし、ただしアッラーを除いて）」の意味です。まずは偽りの神であるすべての偶像の否定があり、その後に、それらの偶像とは存在論的に隔絶し時空のなかに存在しない絶対存在であるアッラーが唯一例外的に神として崇拝に値するものとして示されるのです。カリフの唯一性もまた、この世に存在するすべての権力者たちを支配の正当性をもたない邪神／暴君として拒絶した後に、シャリーアの啓示法の執行機関であるカリフのみを、その命令がシャリーアの啓示法の施行にほかならないとの理由から例外的に唯一服従すべき支配の正当性を有する統治者として認めるがゆえに要請されるのです。

　宇宙に真なる神がアッラー以外に存在しないように、地上にはカリフを除いて合法的な統治者はおらず、イスラームの信仰の根幹が多神崇拝の拒否であるのと同じように、イスラームの法理論の要であるカリフ制とは、ムスリム共同体《ウンマ》とイスラームの家《ダール・イスラーム》、人類と大地を分断する偽の支配者たちを一掃せよとの教えなのです。

　カリフ制について知るということが、カリフがいかに統治するかを知ると同時に、誰がカリフならざる者であるのか、カリフならざる偽の支配者をどう処するべきか、について知ることであるのと同じように、カリフの職務を知ることは、カリフの職務ならざるものを知ることでなければなりません。マーワルディーの『統治の諸規則《アフカーム・スルターニーヤ》』を精読すれば明らかなとおり、カリフの統治は欧米の政治学の用語では「夜警国家」であって、我々が思い浮かべるような福祉国家ではありません。既述のとおり、欧米の法が施行される「近代国家」では徴税は国家の財源を確保する主たる手段であり、国権の最高機関である議会が承認しさえすればその合法性は自明ですが、フィクフはシャリーアに定めのない徴税を禁じています。同様に「近代国家」においては、「教育」とは、何よりも「国民」を作りだすために不可欠な手段であるため、それが国家の任務であることは、なかば自明視されています。しかしカリフ制においては、「教育」はカリフの任務に含まれません。教育は「支配権力」が強制するものではなく、個人の、あるいは社会の主体的な営みなのです。

　このようにカリフの職務でないものは何か、カリフ制とは似て非なる政体は何かを知ることは、フィクフの行為規範、「イスラーム法」に欧米法的世界観を読み込むのを避け、カリフ制に欧米的バイアスを無自覚にもちこまないためにもぜひ必要ですが、それは「法」の問題というよりむしろ国家、社会、政治の問題ですので、本章では論点を指摘するにとどめたいと思います。

# コラム◎経済の風景

アラブ人は商業民族であったため、クルアーンはイスラームの教えに帰依することのメリットを商売の譬えを用いて説明しています。

信仰する者たちよ、お前たちを痛苦の懲罰から救う商売についてお前たちに示そうか。アッラーと彼の使徒を信じ、お前たちの財産とお前たちの命をもってアッラーの道に奮闘《ジハード》することである。それはお前たちにとってより良い。もし、お前たちが知っていたなら（そのようにせよ）。彼はお前たちにお前たちの罪を赦し、お前たちを下に河川が流れる楽園と定住の園の中の良い住まいに入れ給う。

（第6章第10－12節）

交換経済、商業の歴史はおそらく人類の歴史と同じぐらい古いものです。しかし同じ商売といっても、前近代における商売と近代西欧発の資本主義の下でのそれとの間には、前提となる枠組みに大きな違いがあります。近代西欧の考えでは、モノであれ、労働であれ、市場で値段が付き、損得は貨幣で換算されます。市場で付く値段より安い対価しか得られなければ損をしたことに、それより高い対価を得れば儲けたことになります。労働も高い賃金の報酬を得れば得をしたことになり、安く買い叩かれれば損をしたことになります。

現代アラビア語では「労働」は「アマル」と言います。しかし「アマル」の原義は「行為」であり、クルアーンにも数多くの用例がありますが、その意味は近代の「労働」とはまったく違っています。

> 信仰し、善行をなし、礼拝を遵守し、浄財を払う者たち、彼らには彼らの主の御許に彼らの報償がある。彼らに恐怖はなく、彼らは悲しむことはない。（第2章第277節）

イスラームでは、「良い行為《アマル》」と言ってまず頭に浮かぶのは礼拝と浄財です。礼拝はいくら行っても誰もお金をくれるわけではありませんので儲けはありません。浄財に至っては施しものですから、行えば行うほど損をします。礼拝も浄財も、近代的意味での労働ではありません。

街角で商品を運ぶ青年

日本では、失業者が、ただ礼拝をして、自分が貰った食べ物を人に分け与えて施しても、ただの怠け者の穀潰しでしかありません。しかしイスラームの考え方では、その人は善行に精を出す篤信の人であり、来世で大きな報償が待っています。その意味では、礼拝も浄財も来世で儲かる労働であり、礼拝や浄財支払に精を出す者は立派な「働き者」なのです。

預言者ムハンマドに一人の男が「最も優れたアマルは何でしょうか？」と尋ねました。預言者は「アッラーを信じ、彼（の啓示と預言者）を正しいと認め、彼の道でジハードを行い、敬虔な巡礼を行うことです」と答えられました。男が背を向けて去ろうとすると、預言者は呼び止めて、言われました。「それより簡単なことは食べ物を施すことと優しい言葉をかけることです」。

預言者は、来世で儲かるいちばん簡単な「労働」が、優しい言葉をかけて食べ物を施すことだと教えられたのです。これをイスラームの経済倫理と呼ぶなら、こうした経済倫理は、イスラーム法学者でない一般のムスリム民衆の間にも今も脈々と生き続けています。

こうしたイスラームの経済倫理の分かりやすい事例で、ムスリムとのつきあいのなかでよく目にする行動が、「割り勘」です。

共食儀礼は、多くの宗教で重要な役割を果たしています。神道の直会、キリスト教のミサなど例を挙げれば枚挙にいとまがありません。なかでもイスラームは共食、施食を重視しているように思います。最近の日本語には「ボッチ飯」などという言葉ができ、独りで食事をすることが憐れまれる風潮があるようです。イスラームでは、預言者ムハンマドが「お前たちは食べ物をみなで集まって食べよ、アッラーの御名前を唱えよ。アッラーはそれにおいてお前たちを祝福されます」と教えており、共食には宗教的な意味が与えられており、事実ムスリムは食べ物を分けあって一緒に食べることを好みます。

一緒に食事をする場合、最近では日本人の間では割り勘がデフォルトになっているようですが、ムスリムの間では現在でも割り勘は稀であり、場合によっては「恥ずべきこと《アイブ》」とみなされます。それはもう意識的な行動というより、身体化されたエートスとなっていると言ってもよいものですが、あえてその理路を説明すると以下のようになります。

会食を割り勘にした場合、レストランに正当な対価を払ったのであれば、それは合法《ハラール》な行為であり、来世で罰もないかわりに報償もありません。一方、誰かが奢った場合――話を簡単にするために三人が順番に奢り、一緒に三回食べたとしましょう――、三人が消費した食物も、レストランが受けとる代金も、合計は割り勘の場合と変わりません。

近代の経済の考え方では両者に差はありません。労働をしたのはレストランの調理人や

イスラームでは猫の家も寄進で賄われる。イスタンブールのファーティフ•モスクにて

給仕であり、食べた人たちは彼らの労働とサービスに対価を払って消費しただけです。ところがイスラームの考え方では両者は大きく違います。同じ食事を食べただけでも、食事を奢った人は、食べ物を施す、という「来世で儲かる労働」を食事と同時に行ったのであり、天に宝を積んだことになります。つまり、同じ会食でも、割り勘にすれば何度会食を重ねようと来世では何の報償も得られないのが、順番に奢りあえばこの世で同じだけのお金を払っただけで余計な出費をしなくとも、一緒に食べれば食べるほど、天に宝が積まれていくのです。

来世での天の宝の蓄財を信じなくとも、割り勘と奢りあいには現世でも違いがあります。「ただ飯」に与った者は素直に嬉しい思いをするでしょう。また奢った方も、喜ばれ感謝されて嫌な気はしないでしょう。たいていは、誇らしいようなくすぐったいような小さな幸せを感じるでしょう。つまり、お互いに奢りあう

クルアーン読誦による憑物祓いの無償治療。カイロにて

ことで、経済的には同じ金額を投入するだけで一銭も余計に払わずに、割り勘の場合には得られない余分な「効用」を得られるわけです。

今まで述べた例は対等な友達が互いに奢りあう場合でしたが、経済力に差があり、豊かな方が頻繁に外食に誘い奢り、貧しい方は時々粗末な手料理を振る舞う、といった場合には、奢りあいは、所得の再分配、という機能も果たすことになるのです。

現代においてイスラームの経済倫理は、「イスラーム銀行」や「ハラール・ビジネス」のようなイスラームの名を騙った商法にではなく、名もない市井のムスリムたちのこのようなさりげない日々の仕草のなかにひそかに息づいているのです。

# 終章　「時間のなかを生きる」人間がなすべきこと

序章で述べたとおり、アラビア語には「イスラーム法」にあたる言葉はありませんが、本書では「イスラーム法」の語を便宜的に、シャリーアから演繹された行為規範の意味で用いることにしました。そのうえで私たちに馴染みの深い欧米の法と比較しつつ、この「イスラーム法」の特徴を明らかにするように努めてきました。

「イスラーム法」は属人法であり、シャリーアを信ずるムスリムだけを拘束します。なぜならそれが強制規範であるのは、現世の統治機構による刑罰、強制執行ではなく、来世での最後の審判に基づく刑罰によるからです。

イスラームとはアッラーへの絶対帰依を意味し、全知全能の創造神たるアッラーは人間が知らないことを知っている、というのは大前提ですので、人間の理性の判断ではなく天啓のシャリーアこそがイスラーム法の法源となります。しかし、天啓といえども、シャリーアも人間の言葉でなされている以上、神の啓示とはいえ、言語の語用論、意味論、統語論のルールには従わざるをえません。実際に、裁判官と法務官僚、弁護士など以外には縁が薄い欧米の法とは違い、責任能力があるすべてのムスリムのあらゆる行為の指針となる行為規範であるイスラーム法は、日常言語が健全に機能していることをその成立の前提としています。

真理を正しく伝える言葉は後世に現れた哲学などの学術用語ではなく、クルアーンの啓示の生起した当時の預言者ムハンマドが生きた時代のアラブの日常言語です。だからこそイスラームは、当時の膨大な日常言語をハディースなどのかたちで保存しているのです。ムスリムたちがクルアーンだけではなく預言者の言行録ハディースをアラビア語のままで保存し今日まで読み継いできたことは、そもそもイエスの肉声のアラム語をまったく保存しておらず、ギリシャ語で『新約聖書』を編集し、さらにその各国語訳を読んでいるキリスト教とイスラームの顕著な違いです。

とはいえ、一六億人とも言われるムスリムのうち、アラビア語を母国語とする者は三億人ほどにすぎず、その他の非アラブのムスリムにとっては、イスラーム学を専門に学ぶ者以外はクルアーン、ハディースを原語で理解することはできません。またアラブ人であっても、イスラーム学の専門家以外には、一四〇〇年前のクルアーン、ハディースの意味を正確に理解することはできません。

イスラームに聖職者はおらず、ムスリムはいかなる仲介者もなく、神の啓示クルアーンとハディースにただ独り向きあうことで、アッラーのみに帰依する、というのがイスラームのドグマです。しかし人間は時間のなかを生きており、言語の意味作用は社会的相互行為のなかで習得されることによってしか発生しないため、いかなる人間であろうとも、虚空のなかでクルアーンとスンナに対峙することはできません。

アラブのイスラーム学の碩学といえども、最初にイスラームにふれるのは、「寺子屋《クッターブ》」で意味も分からずクルアーンを素読し暗唱することでです。そしてそれが済むと、有名なハディース、そして法学《フィクフ》、神学《カラーム》、スーフィズムなどの古典綱要の素読、暗唱と学び進めていきます。それと同時に責任能力者になっていない子供でも、寺子屋の先生や親、モスクの導師《イマーム》などから、礼拝や斎戒断食の作法を学び、イスラームの義務を少しずつ段階を追って実践していくのが普通です。

クルアーンもハディースも法律書ではなく、クルアーンとハディースをいきなり自分で読んでみても、行為規範を引き出すことはできません。というよりも、クルアーンでさえ、内容別に編集されているわけではないため、自分がその時に直面している問題に対する答え、求めるものを見出すのにどこを読めばいいか分かりません。ましてや何百万あるのかその外延すらはっきりせず、それらの一つ一つの真偽の判定がハディース学を専門とする学者にすら難しいハディースとなるとイスラーム学者以外には、手の出しようがありません。

クルアーンとハディースから行動の指針を得るためには、フィクフの文献を参照することが必要です。しかし、すべてのムスリムがフィクフの文献を自分で参照できるわけではありません。むしろ、イスラーム学徒でない一般の信徒は、礼拝や断食などの日常的な義務については親や先生やモスクのイマームから教わり、イスラームの教え一般については金曜集合礼拝の説教、現在であればテレビやラジオの宗教番組のなかで聞いたり、あるいは普段の世間話のなかで聞いたり、日常生活のなかでいわば周囲の「見よう見まね」で自然に身に付けていくものです。

ですから、ムスリムの大半は、実際にはクルアーンとハディースに従っているのではなく、「人々がイスラームだと言っているもの」に盲従しているだけでしかありません。クルアーンとハディースを引用して自分の行為の典拠を示せる人でも、それは自分でクルアーンやハディースを読み込んでその典拠を見出したのではなく、誰かの取捨選択、解釈が入ったクルアーンの一節とハディースの断片を聞いて鸚鵡返しをしているだけのことです。

それが悪いと言っているのではありません。どのようなイスラーム学の碩学といえども、時間のなかで社会的相互行為を通して習得される言語を用いて生きる人間であるかぎり、それは誰もが必ず一度は通らなければならない過程だからです。

イスラーム学は、人間の最初の義務を、創造主について知ること、あるいは創造主の存在について思いをめぐらせること、としています。そしてフィクフ、イスラーム法の行為規範は、シャリーアの啓示によって初めてその義務が発効します。そしてイスラーム法の行為主体、責任能力者になるのは、成人に達し、理性を備え、イスラームの宣教が届くことによってです。イスラームにおいて、すべての義務は能力に応じて負荷されるのであり、シャリーアの啓示の知もまた能力の一つです。知らないことは、行いようがなく、不可能なことを義務づけることは、イスラームの法理に反するからです。

フィクフの書が、一般にダール・イスラームに住む男性の成人ムスリムを念頭において書かれていることは既に述べました。しかし、もう一つ忘れてはならないことは、フィクフの書が、特に前近代においては、イスラーム学徒のみを読者に想定して書かれていた、ということです。

本書でこれまで、「これがイスラームの教えである」、「フィクフの規定である」と述べてきたことはすべて、イスラーム学者《ウラマーウ》が、読者がダール・イスラームに住む男性の成人ムスリムのイスラーム学徒《ターリブ・イルム》であるとの想定で書いたものに基づいています。

ダール・ハルブでイスラームに帰依したけれどもダール・イスラームに移住していない者には、一切のフィクフの行為規範の義務が課されない、との、先に引用したナーブルスィーの言葉は、このことを指しています。ダール・ハルブでイスラームに帰依した者は、シャリーアの知識、つまりクルアーン全巻はもとより、数百万のハディースと、過去一〇世紀以上にわたって著されてきたイスラーム学の万巻の学術書の知識へのアクセスがないために、そもそもフィクフの行為規範を知ることができず、不可能なことは義務として課されないために、フィクフの行為規範を実践する義務を免じられるのです。

逆に言うと、ダール・イスラームに住む者は、シャリーアの知識に対するアクセスが原理的に可能であるが故に、義務が課されることになります。「知識を求めることはすべての男女のムスリムの義務である」と預言者ムハンマドが言われたとおり、シャリーアの知識を求めることは責任能力のあるすべてのムスリムの義務であるため、シャリーアの知識へのアクセスが可能なムスリムは、フィクフの行為規範を知ることができ、知識を求めることが義務であり、義務行為を知っていなければいけないために、行為規範を守って生きる義務が生じるのです。

実のところ、ムスリムにとって本来の義務は、フィクフの個別の行為規範を知ることではなく、ましてやそれを実践することでもなく、シャリーアを学ぶことそれ自体です。シャリーアを学ぶということは、世の中に氾濫しているイスラーム情報を鵜呑みにすることではありません。それは預言者ムハンマドとその後継者であるカリフが認めた預言者の相続人であるイスラ《ウラ》ーム学者《マーウ》から、シャリーアのテキストの本文と意味を教わり、それを理解したとの認可を得ることであり、その後に初めてフィクフの行為規範を知ることができるようになり、実践はその後に続くことです。

しかし上に述べたように、時間のなかを生きる人間には、いきなりシャリーアを知ることはできず、学ぶ過程においては、周囲のムスリムの見よう見まねで、イスラームの行為規範の実践を始めることしかできないのが避けることのできない現実で、それは認められています。それはちょうど、まだ責任能力のない未成年のムスリムが礼拝や斎戒断食をしてもそれが有効と認められているのと同じことです。

またシャリーアを学ぶ、といってもそれは、するか、しないか、という一瞬の決断にかかっている行為ではなく、イスラーム学徒としてひととおり学ぶべきことを修めるだけでおよそ二〇年、ひとかどの学者になるには四〇年という長い歳月の不断の忍耐を要する修道であり、それを全うすることができる者はごくわずかです。シャリーアを学ぶことが義務であるといっても、各人の置かれた政治情勢、社会環境、経済状況、そして家庭の事情、また知的能力などに応じて、どこまで学ぶことが義務であり、どこまで学べば免責されるのか、は違ってきます。自分にどこまでができるのかは、当人が自分の責任で判断しなければならないことで、神ならぬ他のどんな人間にもそれを決めることはできません。

ムスリムに求められていることは実はただ一つであり、それはいまここで神のしもべである自分が何をすべきか、を知ることとです。フィクフとはそれを知るために下されたシャリーアの解釈学にほかなりません。

人が知るべきことは、まず神の存在と自分が神のしもべであることであり、次いでその自分がいまここで何をするか、です。そのことを理解することなくして、フィクフ、イスラーム法の行為規範の意味を知ることは決してできません。

「登り終えた梯子は捨てられねばならない」と述べたのはヴィトゲンシュタイン▼81でした。本書



▼81 ルートヴィヒ・ヴィトゲンシュタイン（1951年没）。イギリスで活躍した哲学者。言語哲学、分析哲学に多大な影響を与える。代表的な著作に『論理哲学論考』（野矢茂樹訳、岩波文庫、2003年）、『哲学探究』（丘沢静也訳、岩波書店、2013年）。

が読者諸賢にとって、「イスラーム法」に向かって登るための梯子になることができれば、著者にとって望外の幸せです。

称賛は、万世の主アッラーのみに帰されます。

# 附録一　基本用語集

## ◆シャリーアと「イスラーム法」

日本語の「イスラーム法」とは、「イスラーム」と「法」の複合語であり、法という一般概念をイスラームによって限定したもの。一方、アラビア語の「シャリーア」はそのような複合語ではない。シャリーアは定冠詞「al」を付けて用いられる場合はアッラーから預言者ムハンマドに啓示された教え、すなわちイスラームを指す。定冠詞を付さない場合は、「ムーサー（モーセ）のシャリーア」や「イーサー（イエス）のシャリーア」のように、預言者たちに下された教えを指し、法と訳すことはできない。

「イスラーム法」は属人法であり、シャリーアを信ずるムスリムだけを拘束する。それが強制規範であるのは、現世の統治機構による刑罰、強制執行ではなく、来世での最後の審判に基づく刑罰だからである。

「イスラーム法」は、スンナ派の四大法学派であるハナフィー派、マーリキー派、シャーフィイー派、ハンバリー派、それぞれが法学綱要が編集し、西暦一〇世紀法学《フィクフ》の対自的考察である法理学《ウスール・アル＝フィクフ》が生まれた。

伝統イスラーム学の構造のなかでは、法学は、聖典クルアーンとハディースのテキストと共に、神学、霊学《スーフィズム》とセットで教えられてきた。

フィクフ、イスラーム法の義務負荷を裏付けるのは来世での最後の審判に基づく懲罰であり、現世での悪行の応報としての災厄ではない。

### ◆カーヌーン

現代アラビア語で「法」を意味する言葉。ギリシャ語に由来するカーヌーン（qānūn）。前近代においてはこの語は「基準」、「音律」、「税」などを意味し、一般的な法の意味はもたなかった。ちなみに、同じ語根から発生したラテン語の**Canon**は、西欧ではカノン法（**Canon law**）として教会法の意味になっている。

現代語のカーヌーンは国家の制定する法「人定法」を意味する。それにイスラームを形容詞にして修飾したカーヌーン・イスラーミー（あるいは所有格として付したカーヌーン・アル＝イスラーム）は、国家が制定したイスラームの法という意味になり、アッラーから預言者ムハンマドに啓示された教えとしてのシャリーアとはまったく別の概念となる。ムスリム世界では、「カーヌーン・イスラーミー」という語は流通していない。

### ◆法学《フィクフ》

法学をアラビア語でイルム・フィクフと言う。イルムは学問で「フィクフ」の字義は「理解」。イスラーム諸学の中の法学はイルム・フィクフであって、イルム・シャリーアではない。イスラーム暦二世紀には、いまだ、神学と法学はまだ未分化であったが、後にフィクフは「個別的な典拠から演繹されたシャリーアに基づく行為規範の学」と定義された。行為の判断《フクム》を導出する学問が「法学《フィクフ》」、神学的判断《フクム》を導出する学問が「神学」と呼び分けられるようになった。「イスラーム法」とは、個別的な典拠から演繹されたシャリーアに基づく行為規範の体系ということになる。

### ◆フィクフ（イスラーム法）

フィクフの規則は「義務負荷規則《フクム・タクリーフィー》」と「創設規則《フクム・ワドイー》」からなる。「フクム・タクリーフィー」は、義務を課す規則、「フクム・ワドイー」は、法的義務の事因、条件、阻却事因を確定する規則である。

「フクム・タクリーフィー」は、行為を①義務（ファルド、ワージブ）、②推奨（ムスタハッブ、マンドゥーブ）、②合法（ジャーイズ、ムバーフ）、④忌避《マクルーフ》、⑤禁止《ハラーム》の五つの範疇に分類する。

「義務」はそれを行うことが報償、行わないことが懲罰に値する行為。

「推奨」はそれを行うことが報償に値するが、行わなくとも懲罰はない行為。

「合法」は、行うことにも、行わないことにも、報償も懲罰もない行為。

「忌避」はそれを行うことに懲罰はないが、それを（意図的に）行わないことが報償に値する行為。

「禁止」はそれを行うことが懲罰に値し、それを（意図的に）行わないことに報償がある行為。

### ◆基礎法学《ウスール・フィクフ》

「ウスール」の語義は「根」であり、対義語「枝《フルーウ》」をフィクフに冠した「フルーウ・フィクフ」が具体的な法規定を扱う実定法学であるのに対して、「枝」である法規定が生ずる「根」が何であるかを研究する学問ウスール・フィクフは法源学とも訳せる。

ウスール・フィクフの最初の作品とされるシャーフィイーの『論考《リサーラ》』は、ムスリムが行為規範を導き出すべき方法論を定めたものである。イスラーム法を動態法学的に分析すると、第一法源としてのクルアーンによって第二法源であるハディース（スンナ）が授権され、そのクルアーンとハディースにより、第三法源であるコンセンサス《イジュマーウ》、次いで、第四法源である類推《キヤース》が授権されて行為規範が導出されるイスラーム法の生成構造を有する。

◆イスラーム神学

神学はシャリーア、すなわちアッラーの使徒ムハンマドが伝えたクルアーンとハディースの教えに基づき、アッラー、預言者、来世などムスリムが信ずべき事柄を学ぶ。スンナ派にはアシュアリー派、マートゥリーディー派の二神学派が存在する。神学では、必然、不可能、可能の三つの概念を用い、神と預言者、及び来世などの信仰事項についてそれぞれ必然であること、不可能であること、可能であることを明らかにする。

◆マドラサ制度とイスラームの教育

イスラーム文明では、クルアーンと基本的なハディースのテキストを学ぶ寺子屋《クッターブ》教育を終えた後で、すべてのムスリムが学ぶべき義務教育である神学（イルム・カラーム、イルム・ウスール・アル＝ディーン）、スーフィズム（霊学、イルム・タサウウフ）を学ぶ場が神学校《マドラサ》であるが、法学が中心科目である。マドラサは、九世紀に成立した。一一世紀にはアッバース朝の支配下にニザーミーヤ学院と呼ばれる多くのマドラサが建設された。マドラサ制度が確立した時代は、イスラーム学の完成期でもあり、この時代に整備されたマドラサのカリキュラムは、大きな変更を蒙ることなく今日までイスラーム世界各地で教えられており、アラビア語の古典法学綱要が読み継がれている。こうしたマドラサでの法学教育がムスリムの法リテラシーの基礎となっている。

現代の大学制度では、シャリーア学部は、ウスール・アル＝ディーン（宗教の基礎、神学）学部と並立されており、フィクフを専攻する学部である。またスンナ派イスラーム学の最高学府とも目されるエジプトのアズハル大学にはシャリーア&法律《カーヌーン》学部が存在し、シャリーアと共にエジプトの法律が教えられている。

イスラーム学（ウルーム・シャルイーヤ）は総合的な学問であり、大学院などでフィクフ（イスラーム法学）を専門にするといっても、その前に少なくとも、学部で、多くの場合は、初等・中等教育の段階からアラビア語学を修め、クルアーンを暗記し、クルアーン釈義学、クルアーン啓示史学、主だったハディース、ハディース伝承者列伝、ハディース批判学、神学、霊学《スーフィズム》などと並行してフィクフと基礎法学《ウスール・フィクフ》を学ぶ。

# 附録二　ファトワーの実例

بســـــم الله الرحمن الرحيم

مجـتمع
أبي النور الإسلامي

الرقم ٣٠٣٤/ص/خ

**الفتـوى الأولـــى**

**الســـؤال :**

مـاهو الحـد الـذي يُسـمح بـه للمسـلمين المقيمـــين في مجتمـع غـير إسـلامي مثـل اليابـان في المشـاركة في مناسـبات اجتماعيـة دينيـة لغـير المسـلمين مثـل الجنـازة وحفلـة الـزواج ويقـام بعضهـا في معـابدهم ؟

**المستفـتي : د. حسـن كـوناكاتـا**

**الجـواب :** كـان النـبي ﷺ يعـود مرضـى غـير المسـلمين ، ويـزور جيرانـه منهـم ، ويتفقـد أحوالهـم ، فيحسـن إلى محتـاجهم ، ويتجـاوز عـن مسـيئهم ، ويدعوهـم إلى الإسـلام برفـق ولـين[1].

ولذلك تجوز عيادة المريض غير المسلم[2] ومثل ذلك تعزيتـه وحضـور جنازتـه[3] ، وحضـور المناسـبات الاجتماعيـة عنـد غـير المسـلمين ، مـن غـير نيـة المشـاركة فيهـا ( الأعمـال بالنيـات ومكـان النيـة القلـب ) إذا كـان في ذلـك تليينـاً لقلوبهـم نحـو الإسـلام ، أو دفعـاً لمضرة عنه ، أو تخفيفـاً لعداوة ضده ، وعلـى أن لا يـؤدي حضـور هـذه المناسـبات إلى تفريـط أو ضعـف بـالتزام المسـلمين بدينهـم.

دمشق في ٢/١١/١٤١٨هـ الموافق لـ ١/٣/١٩٩٨م.

**د. الشـيخ أحمـد كفتـارو**

**المفتي العام للجمهورية العربية السورية**

**رئيس مجلس الإفتاء الأعلى ومجمع أبي النور الإسلامي**

(١) انظر صحيح البخاري ( ٤/٤ ).

(٢) فتح الباري ١٢٤ باب ١١ حديث ٥٦٥٧ .

(٣) المرجع السابق ٢١٤ باب ٤٩ حديث ١٣١١ ، والمغني ( ٢/٥٤٥ ) والمجموع ( ٥ / الصفحات ١٤٤-١٥٣-٢٨٠ ).

LETR22/4

-١-

سوريا ـ دمشق ركن الدين ـ شارع الشيخ امين كفتارو ـ هاتف ٧٧٧٦٦٥٣ / ٧٧٧٢٠٣٢ تلكس ٤١١٨٥٦ فاكس ٧٧٧١٥٦٧ ص.ب ٤٦٥٦

図 1-1　ファトワー1

慈悲深く慈愛遍きアッラーの御名において

アブー・アル＝ヌール・イスラーム学院

番号 3034　S/KH

ファトワー 1

**質問：**

日本のような非イスラーム社会に住むムスリムには、時に彼らの宗教施設で行われる葬儀、結婚式のような社会宗教行事にどこまで参加が許されるでしょうか。

ファトワー請求者：Dr. ハサン中田考

**回答：**

預言者（彼にアッラーの祝福と平安あれ）はムスリムでない病人を見舞い、隣人を訪ね、その状態を聞き取り、困窮者に良くし、悪人を赦し、彼らを親切と柔和さでイスラームに招いておられた▼[1]。

それゆえムスリムでない病人を見舞うことは許され▼[2]、その弔問、葬儀▼[3]、ムスリムでない者たちの社会行事への出席も、それに参加する意図でなければ同様（に許されるの）である。「行為は意図によるのであり、意図の場は心である。」それが彼らの心を和らげイスラームへと向けるため、あるいはそれ（イスラーム）への害悪を防ぐため、あるいはそれ（イスラーム）に対する敵意を軽減するためであり、それらの行事への参加がムスリムの自分たちの宗教の遵守における弛緩、弱体化につながらない限りにおいてである。

ヒジュラ暦 1418 年 11 月 2 日 - 西暦 1998 年 3 月 1 日　ダマスカス

Dr. アル＝シャイフ・アフマド・クフタロー

シリア・アラブ共和国総ムフティー

イフターゥ最高評議会議長／アブー・アル＝ヌール・イスラーム学院院長（署名）

▼1　『ブハーリー正伝集』4/4 を見よ。

▼2　『ファトフ・アル＝バーリゥ』11/124、ハディース 5657。

▼3　同上 49/214/、ハディース 1311、『アル＝ムグニー』2/545、『アル＝マジュムーゥ』5/144, 153, 280。

図 1-2　ファトワー 1 を邦訳したもの

مجمع أبي النور الإسلامي

بسم الله الرحمن الرحيم

### *الفتوى الثانيـــة*

**السؤال** : ماذا نفعل بميت مسلم جديد ليس له قريب مسلم وقد أصر ورثته غير المسلمين على عمل طقوسهم للجنازة التقليدية ومنها حرقه وأخذ جثمانه الذي يعتبر حقاً قانونياً لهم في مجتمع غير إسلامي مثل اليابان ؟ وقد حصلت مشاكل بين الورثة وبين الأجانب المسلمين ، حول هذا الموضوع مما يتسبب عنه البغض والمشاعر الانتقامية ؟

**المستفتي : د. حسن كوناكاتا**

**الجواب** : من المتفق عليه في الفقه الإسلامي أن دفن الميت على الطريقة الإسلامية فرض كفاية مع ما يسبق الدفن من تغسيل وتكفين وصلاة على الميت ، إلا في بعض الأحوال المتعلقة بالغسل والتكفين فيما يخص الشهيد.

هذا من حيث الأصل ، والمسلم عليه أن يحاول جهده لفعل ما يمكنه بما لا يضره ، أما لو كان العمل فيما يتعلق بحقوق الميت يؤدي إلى إضرار بالحي فإن حق الحي يقدم على حق الميت ، يقول ابن قدامة : (**لأن حرمة الحي وحفظ نفسه أولى من حفظ الميت من المثلة**)[1]. ( والمثلة : هي تشويه جثة الميت ).

وفي هذه القضية تعارضت حرمة الميت وحقوقه مع حق الحي ، وبالتالي نقدم حق الحي على حق الميت بعد أن يعمل المسلمون ما بوسعهم لأداء حق الميت – وقد قال رسول الله ﷺ : ((**إذا أمرتكم بأمر فأتوا منه ما استطعتم**))[2] .

ومن أصولنا الفقهية أيضاً أنه **يرتكب أخف الضررين** ، والضرر على الميت هنا أخف من الضرر على الحي ، فطالما أن القانون لصالح ورثته من غير المسلمين ، ولا يستطيع المسلمون فعل شيء ، وإلا أوقعوا ضرراً بأنفسهم في مخالفة القانون ، فإنهم يقومون بغسل الميت وتكفينه والصلاة عليه ، ثم يسلمونه إلى غير المسلمين ، وهذا ما يستطيعون فعله حالياً ثم يعملون من خلال منظماتهم وجمعياتهم ومؤسساتهم الإسلامية في بلدانهم ، على استصدار قوانين تحفظ حقوق المسلمين بممارسة شعائرهم الدينية أسوة بغيرهم من المواطنين.

دمشق في ١٤١٨/١١/٢هـ الموافق لـ ١٩٩٨/٣/١م.

**د. الشيخ أحمد كفتارو**

**المفتي العام للجمهورية العربية السورية**

**رئيس مجلس الإفتاء الأعلى ومجمع أبي النور الإسلامي**

(١) المغني ( ٥٤١/٢ ).

(٢) رواه ابن ماجة عن أبي هريرة.

LETR2234

سوريا ـ دمشق ركن الدين ـ شارع الشيخ امين كفتارو ـ هاتف ٧٧٧٢١٥٣ ـ ٧٧٧٢٠٣٢ تلكس ٤١١٨٥٦ فاكس ٧٧٧١٥٦٧ ص.ب ٤٦٥٦

図 2-1　ファトワー2

慈悲深く慈愛遍きアッラーの御名において

アブー・アル＝ヌール・イスラーム学院

番号 3034　S/KH

ファトワー2

**質問：**

日本のような非イスラーム社会で、ムスリムの親戚がおらず、その遺族が火葬を含む彼らの伝統的葬儀に固執する新しいムスリムの遺体についてはどうすべきでしょうか。彼ら（ムスリムでない遺族）は、その遺体を引き取ることが自分たちの法的権利であるとみなしています。そしてこの問題について、遺族と外国人ムスリムたちの間で問題が起き、憎悪と恨みをかっています。

ファトワー請求者：Dr. ハサン中田考

**回答：**

殉教者だけに沐浴と死に装束の関連事項の一部が特例になる以外、埋葬前に沐浴を施し死に装束を着せ葬礼を挙げた後で、イスラーム的方式で遺体を埋葬することが、連帯義務であることには、イスラーム法のコンセンサスが存在する。

これが原則である。それゆえムスリムは自分に害が及ばない範囲で自分にできることを行うべく努力しなければならない。しかし死者に関わることについての行為が生きている者に害を及ぼすようなら、生きている者の権利が死者の権利に優先される。イブン・クダーマは言う。「なぜなら生きている者の不可侵性と、その生命を守ることは、遺体をムスラから護ることよりも大切である▼1」（「ムスラ」とは、遺体を傷つけることである）。

この問題においては、死者の不可侵性と権利と生きている者の権利が衝突しており、それゆえ、ムスリムが死者の権利を満たすために関して自分たちにできることを行った後には、生きている者の権利が死者の権利に優先されるのである。アッラーの使徒は言われている。「私があなたたちに何かを免じたなら、そのうちであなたたちができることを行いなさい▼2」。

また我々の法原則の一つにも、「二つの害悪があれば、軽い方を行え」とあるが、ここでは死者に対する害悪は生きている者に対する害悪より軽いのである。それゆえ法律が遺族に有利であり、法律に背いて自分たちが損害を被ることなしにはムスリムには何もできないのであれば、遺体に沐浴を施し死に装束を着せ葬礼を挙げ、それからそれを非ムスリムたちに引き渡す。これが現在彼らにできることである。そして、彼らの国のイスラーム集団、組織、機関を通じて、ムスリムがそれ以外の住民への手本となるように、自分たちの宗教儀礼を行う権利を保護する法律を定めるように努力するのである。

ヒジュラ暦1418年11月2日 - 西暦1998年3月1日　ダマスカス

Dr. アル＝シャイフ・アフマド・クフタロー

シリア・アラブ共和国総ムフティー

イフターゥ最高評議会議長／アブー・アル＝ヌール・イスラーム学院院長（署名）

▼1　『アル＝ムグニー』2/541。

▼2　イブン・マージャがアブー・フライラから伝えている。

図 2-2　ファトワー2を邦訳したもの

مجمع أبي النور الإسلامي

بسم الله الرحمن الرحيم

**الفتوى الثالثة**

**السؤال :**

يقول د. وهبة الزحيلي في كتابه الفقه الإسلامي وأدلته ج٣ ص ٦٨٩: لا مانع من أكل الذبائح المستوردة من البلاد النصرانية حتى وإن لم يسم عليها ، وعليه هل يجوز أكل اللحوم المستوردة من أمريكا أو أستراليا التي تباع في الأسواق بدون كراهة في الوقت الذي يمكن فيه الحصول على اللحوم المذبوحة بالأسلوب الشرعي بطريقة فيها كلفة ؟

**المستفتي : د. حسن كوناكاتا**

**الجواب :**

يجوز أكل اللحوم المستوردة من البلاد النصرانية ، ولا حرج في تناولها لعموم قول الله تعالى : ﴿ **وطعام الذين أوتوا الكتاب حلٌ لكم** ﴾[1] ولا يشترط التسمية على ذبيحة الكتابي ، ولا يشترط كذلك التسمية على ذبيحة المسلم[2] للحديث (( **جاء رجل إلى النبي ﷺ فقال : يارسول الله أرأيت الرجل منا يذبح وينسى أن يسمي الله تعالى ؟ فقال : اسم الله في قلب كل مسلم** ))[3]

فلذلك لا حرج البتة في أكل ذبائح أهل الكتاب ، ولا يكلف المسلم بشراء ذبيحة المسلم إذا كان في ذلك كلفة.

دمشق في ١٤١٨/١١/٢هـ الموافق لـ ١٩٩٨/٣/١م.

**د. الشيخ أحمد كفتارو**
**المفتي العام للجمهورية العربية السورية**
**رئيس مجلس الإفتاء الأعلى ومجمع أبي النور الإسلامي**

(١) سورة المائدة : [ الآية : ٥ ].
(٢) مغني المحتاج ٦/صفحة ٩٥ ومابعدها.
(٣) نصب الراية ١٨٢/٤

-٣-

سوريا ـ دمشق ركن الدين ـ شارع الشيخ امين كفتارو ـ هاتف ٧٧٧٦٦٥٣ ٧٧٧٢٠٣٢ تلكس ٤١١٨٥٦ فاكس ٧٧٧١٥٦٧ ص.ب ٤٦٥٦

図 3-1　ファトワー 3

慈悲深く慈愛遍きアッラーの御名において

アブー・アル＝ヌール・イスラーム学院

ファトワー3

**質問：**

ワフバ・アル＝ズハイリー博士はその著書『イスラーム法とその典拠』第3巻689頁において、「キリスト教国からの輸入肉は、たとえ屠殺時にアッラーの御名が唱えられていなくても食用が許されている」と述べています。それではシャリーアに則った屠殺肉が多少の負担で入手可能な場合でも、店で市販されているアメリカやオーストラリアからの輸入肉の食用は許されるのでしょうか。

ファトワー請求者：Dr. ハサン中田考

**回答：**

「啓典の民の食物は汝らに許されている」▼[1]との至高なるアッラーの御言葉の一般原則に基づき、キリスト教国からの輸入肉は許され、それを食べることに問題はない。

啓典の民の屠殺肉にはアッラーの御名を唱えることは条件とならない。また同様に「ある男が預言者（彼にアッラーの平安と祝福あれ）のもとにやってきて『アッラーの使徒さま、我々の中の一人の男が屠殺をするのに至高なるアッラーの御名を唱えるのを忘れたのをご存じでしょうか』と尋ねたとき、彼は『アッラーの御名はすべてのムスリムの胸中に存在する』と言われた」▼[2]とのハディースに基づき、ムスリムの屠殺肉にもアッラーの御名を唱えることは条件とならない▼[3]。

それゆえ啓典の民の屠殺肉を食べることにまったく問題はない。またムスリムは負担になるなら、ムスリムによる屠殺肉の購入が義務として課されることはない。

ヒジュラ暦1418年11月2日－西暦1998年3月1日　ダマスカス

Dr. アル＝シャイフ・アフマド・クフタロー

シリア・アラブ共和国総ムフティー

イフターゥ最高評議会議長／アブー・アル＝ヌール・イスラーム学院院長（署名）

▼1　クルアーン第5「食卓」章第5節。

▼2　『ナスブ・アル＝ラーヤ』第4巻182頁。

▼3　『ムグニー・アル＝ムフタージュ』第6巻95頁以降。

図3-2　ファトワー3を邦訳したもの

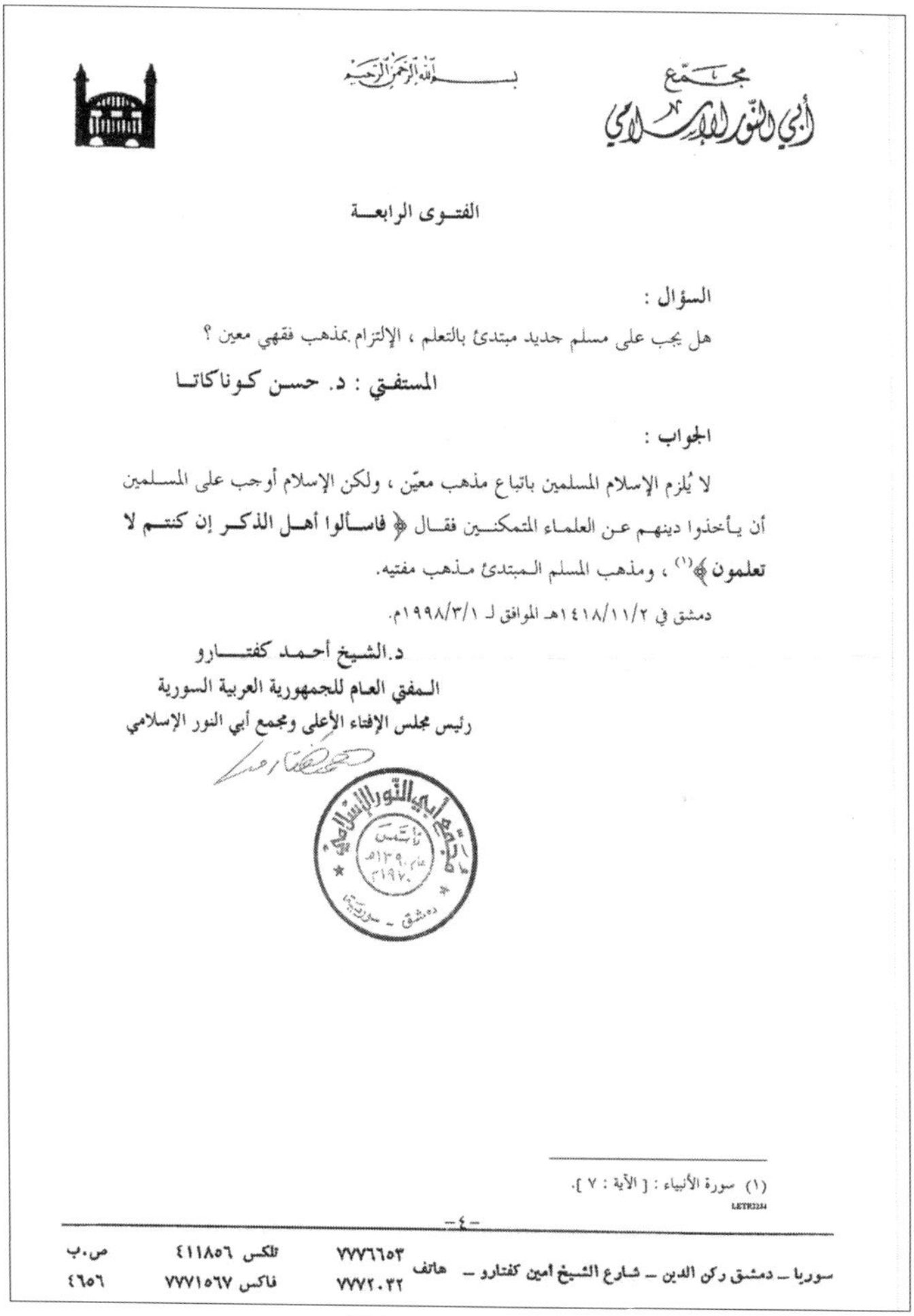

مجمع
أبي النور الإسلامي

بسم الله الرحمن الرحيم

الفتــوى الرابعــة

**السؤال :**

هل يجب على مسلم جديد مبتدئ بالتعلم ، الإلتزام بمذهب فقهي معين ؟

**المستفتي : د. حسن كوناكاتا**

**الجواب :**

لا يُلزم الإسلام المسلمين باتباع مذهب معيّن ، ولكن الإسلام أوجب على المسلمين أن يأخذوا دينهم عن العلماء المتمكنين فقال ﴿ **فاسألوا أهل الذكر إن كنتم لا تعلمون** ﴾[1] ، ومذهب المسلم المبتدئ مذهب مفتيه.

دمشق في ١٤١٨/١١/٢هـ الموافق لـ ١٩٩٨/٣/١م.

**د.الشيخ أحمد كفتارو**

**المفتي العام للجمهورية العربية السورية**

**رئيس مجلس الإفتاء الأعلى ومجمع أبي النور الإسلامي**

(١) سورة الأنبياء : [ الآية : ٧ ].

LETR2234

-٤-

سوريا ـ دمشق ركن الدين ـ شارع الشيخ أمين كفتارو ـ هاتف ٧٧٧٦٦٥٣ ٧٧٧٢٠٣٢ تلكس ٤١١٨٥٦ فاكس ٧٧٧١٥٦٧ ص.ب ٤٦٥٦

図 4-1　ファトワー 4

慈悲深く慈愛遍きアッラーの御名において

アブー・アル＝ヌール・イスラーム学院

ファトワー 4

**質問：**

イスラームを学び始めたばかりの新しく入信したムスリムは、イスラーム法の特定の法学派に専属しなければいけないのでしょうか。

ファトワー請求者：Dr. ハサン中田考

**回答：**

イスラームはムスリムに特定の法学派に専属することを義務付けてはいない。そうではなくてイスラームはムスリムが宗教を篤実なイスラーム学者《ウラマーゥ》から学ぶことを義務付けている。「それゆえもしあなたがたが知らないなら、知識ある者に尋ねよ」▼1。そしてムスリムの初学者の学派は、彼のムフティーの学派なのである。

ヒジュラ暦 1418 年 11 月 2 日 - 西暦 1998 年 3 月 1 日　ダマスカス

Dr. アル＝シャイフ・アフマド・クフタロー

シリア・アラブ共和国総ムフティー

イフターゥ最高評議会議長／アブー・アル＝ヌール・イスラーム学院院長（署名）

▼1　クルアーン第 21「預言者たち」章第 7 節。

**図 4-2**　ファトワー 4 を邦訳したもの

クフタロー師と著者

# 附録三　イスラーム神学・法学派の見取り図

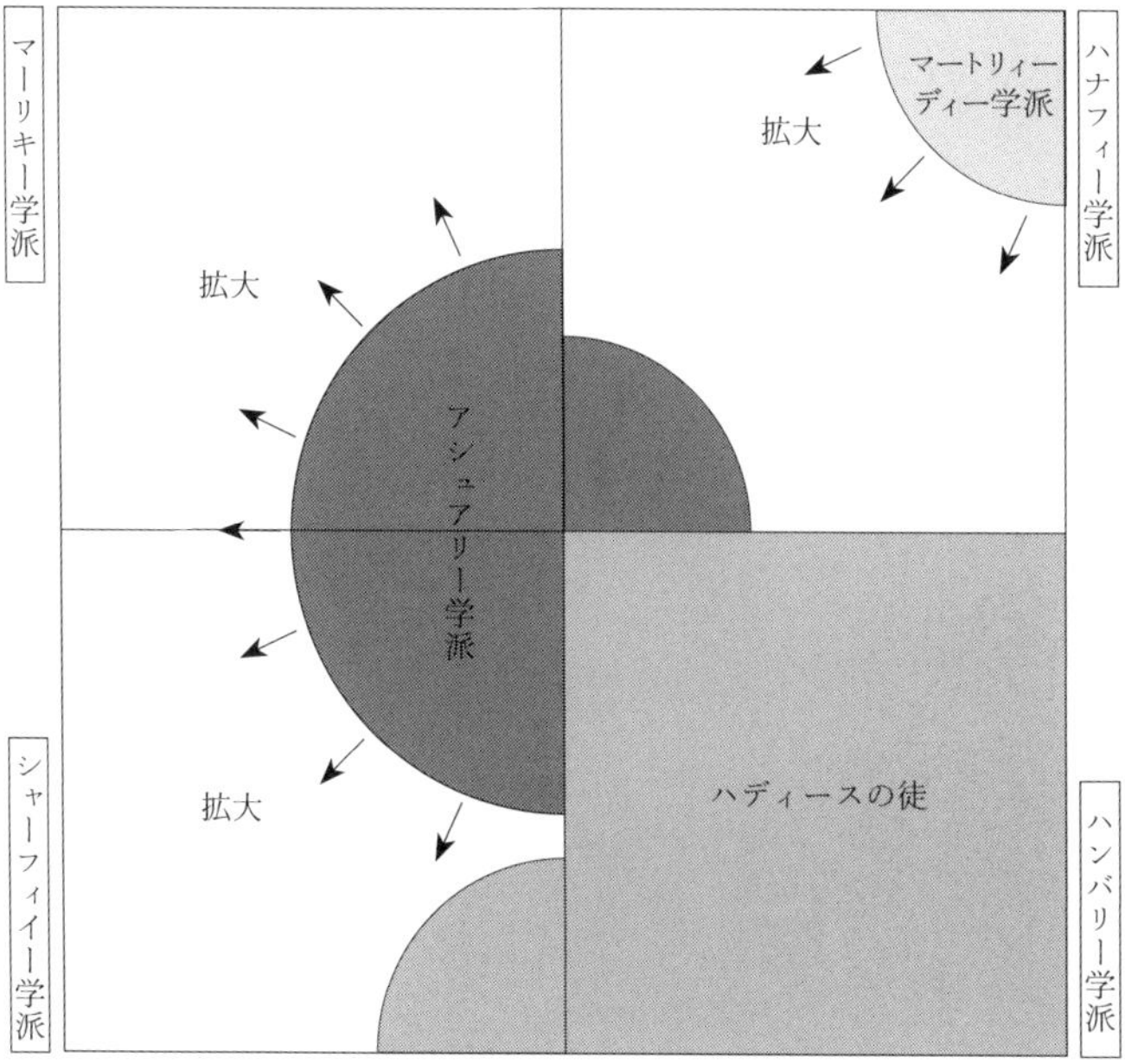


図1　10世紀ごろの神学派と法学派の関係

10世紀以降、アシュアリーを師とみなす神学潮流は、シャーフィイー学派とマーリキー学派の学者集団に受容され、拡大した。初期にはアシュアリー学派に帰属するハナフィー学派の学者も存在したと言われるが、同法学派内では、アシュアリーと同時代に生きたマートリィーディーを名祖とするマートリィーディー学派が圧倒的な形で拡大したため、アシュアリー学派に帰属した学者は無視できる程度である。ハンバリー学派は一貫して「ハディースの徒」の立場をとるが、初期には、シャーフィイー学派のなかにもハンバリー学派と神学的な立場を同じくする学者も存在したと言われる。

製図：松山洋平

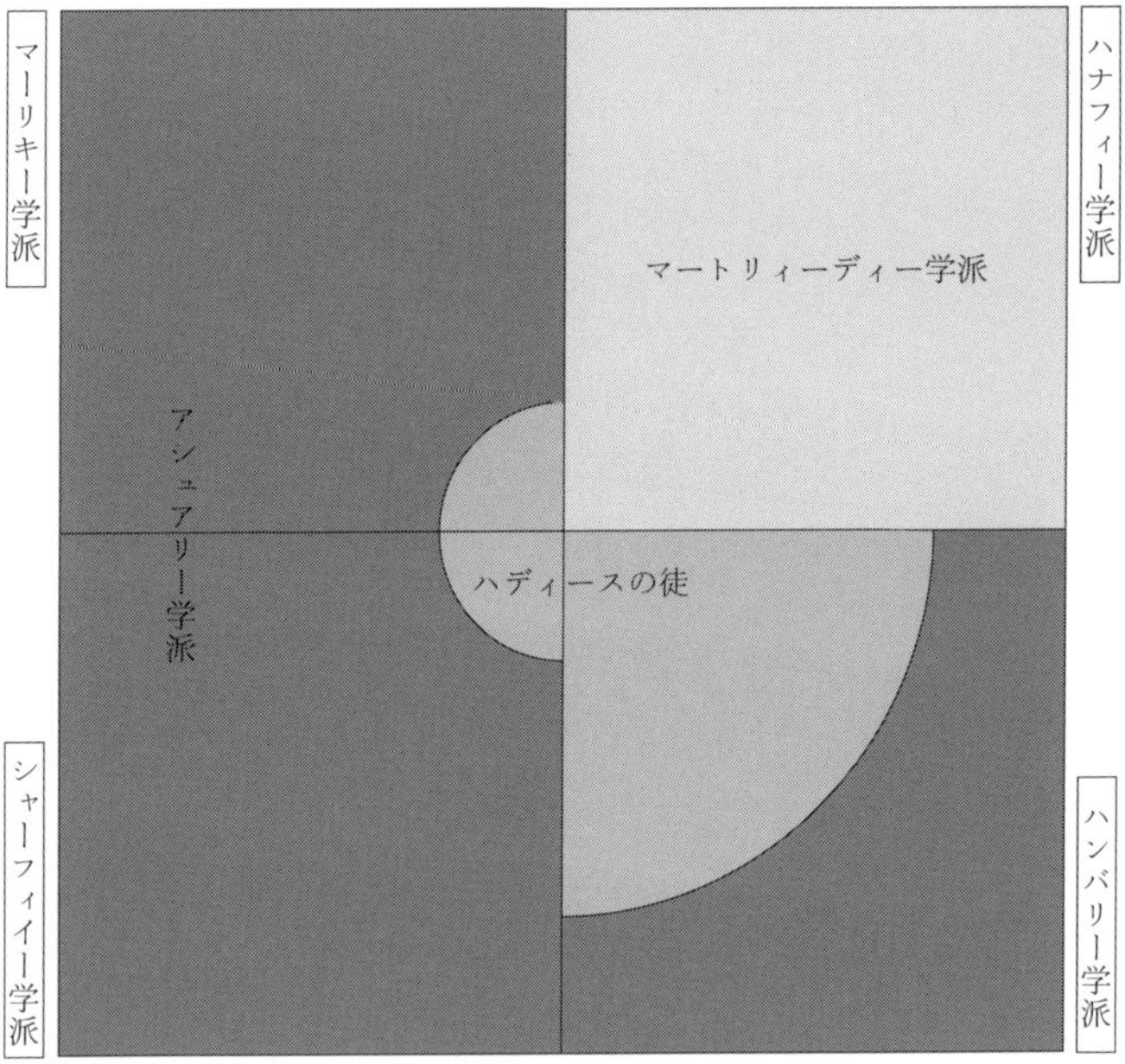

図２　14世紀以降の神学派と法学派の関係

14世紀から17世紀には、4つの法学派と3つの神学派の対応関係がより明確になってくる。すなわちこの時代には、シャーフィイー学派とマーリキー学派はほぼ例外なくアシュアリー学派神学の立場をとり、ハナフィー学派はマートリィーディー学派に帰属するとの認識が一般的となった。「ハディースの徒」の担い手はハンバリー学派が多くなった。法学派と神学派のこの対応関係は、今日にいたるまで基本的に維持されている。

製図：松山洋平の原案をもとに中田考が制作

# 附録四　イスラームにおける法システムの比喩

血液→シャリーア

心臓などの循環器系→法学者《ファキーフ》

毛細血管→ムスリムの善男善女

肺動脈・静脈→裁判官《カーディー》

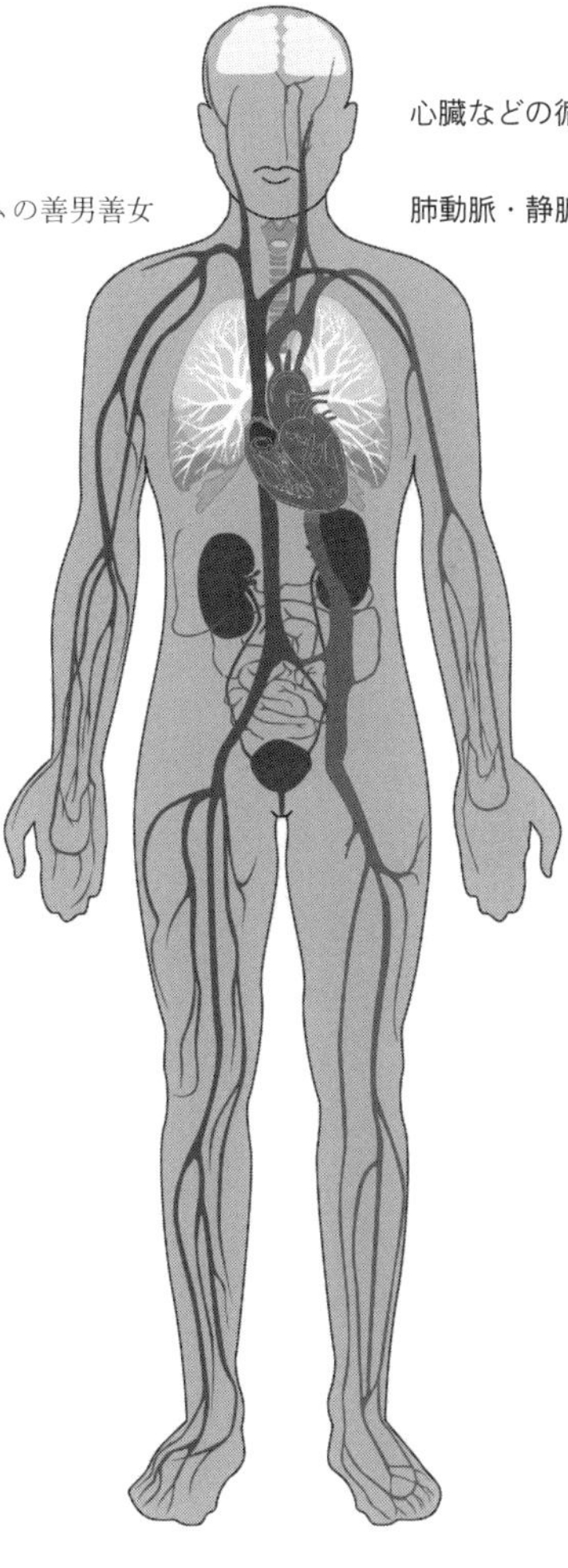

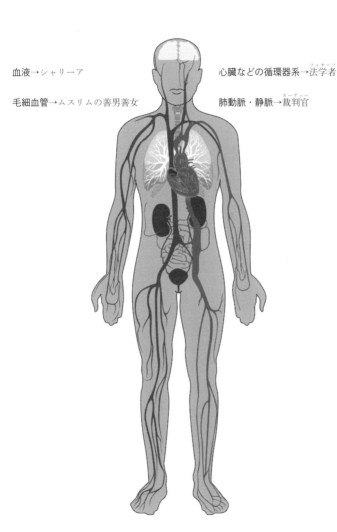

# 増補部　未来のイスラーム法

## 1．末法においてイスラームを語ること

　そもそも日本人には「法」は理解できない。既に述べたようにまず義務教育で「殺人罪」や、「窃盗罪」のような初歩の法学さえ教えない日本人には「法」を理解するための基礎教養が決定的に欠けている。

　日本だけでなく、西欧もまた法を理解できない。それは近代西欧の世俗主義と三権分立のイデオロギーによる。世俗主義が法の理解を妨げる、というのは、「この世」を超えた存在への問いを封印する世俗主義には、国家による法律の制定の先に遡る超越的起源を有する法を認識することが方法論的に不可能だからである。また三権分立のイデオロギーは主権者の代表からなる立法府を国権の最高機関とし、その制定した法律を法とし、軍と警察という暴力装置を傘

下に収める行政府の命令を貶価する。それは国家による暴力の独占とその暴力を背景とした強制力が法律と行政命令の実効性の根拠であることから目をそらさせ、両者がともに支配権力の命令でしかないことを隠蔽し、これら支配者の命令から区別されるべき法の本質を見失わせるためでもある。

それゆえ日本人は、「法」を知らない一般人だけではなく、大陸法を継受した日本の実定法を大学で専門的に学んだ法学徒、法学者ですら「法」を理解できないことになる。従って、日本人にとってイスラーム法の理解が難しいのには、幾重もの覆いがあるからである。そしてその最初の覆いは、法一般の本質に対する無知であり、その覆いが取り上げられて初めて、法の中でも特別な性格を有するイスラーム法に向き合うことができるのである。

しかし法の理解を深めて、いよいよイスラーム法を学び始めようと考えた者にも、また新しい覆いが立ちふさがる。それは末法の覆いである。仏教が廃たれその教えは残っていても修行者も悟りを開く者もいなくなる荒廃した時代を末法と言うが、キリスト教にも終末思想がある。「末法」とは歴史ある伝統宗教に共通する普遍的な思想であり、イスラームにも「最後の時《アーヒル・サーア》」という同様の思想がある。末法の覆いとは、まず現代世界が末法の時代であり、名目的にどの宗教に属していようとも実質的には国《リヴァイアサン》と金《マモン》の偶像崇拝者でしかなく、いかなる宗教も理解できない、ということである。

更にイスラームの場合、問題は末法の世にあっては名目的なイスラーム教徒が説くイスラームが国家と富の崇拝を虚礼と言葉遊びで糊塗した宗教の内実を欠く絵空事のママゴトでしかないというばかりでない。日本人の絶対多数はイスラーム教徒でないために、日本でイスラームを理解しようにも、宗教の「原点」に返って末法の現状を自ら見直す自己批判の契機さえない。イスラームについて理解しようと思うと、この末法のイスラーム教徒を自称する偶像崇拝者たちの言説を媒介とせざるを得ない。

実のところ、日本でイスラームを語る最大の困難は、世界に一五億人とも言われるイスラーム教徒、日本国内にいる一〇万人ほどの外国人ムスリムならびに日本人ムスリムの存在である。ここまで述べてきたような現代の「一般的」日本人にイスラームを語る困難に無自覚に安易にイスラームを語る者の言葉は、「ムスリム」、「非ムスリム」、「日本人」、「外国人」の区別なく、イスラームの理解を妨げるベールであり、イスラームの理解の役に立たないばかりでなく、むしろ誤解を増幅し有害無益なのである。

読者が、イスラーム法について理解するのにまず必要なのは、私の著書も含めてイスラームについてこれまで読んだことをすべて忘れることである。

## 2.「法」とは何か

「『法』とは何か」について、法理学者の間にも合意がない、というような話をしているのではない。そもそも日本語の「法」と英語のlaw、フランス語のdroit、ドイツ語のRechtは同じものを指しているのだろうか。

古典アラビア語にはそもそも「法」にあたる言葉が存在しなかったことは既に第一章で述べた。しかし、そのような説明も実は、アラビア語、イスラームが特殊であり、「イスラーム法」の理解が難しいのは、「イスラーム法」がイスラーム文化という我々とは異質で特殊な文化的背景を有するからだ、との誤解を与えるベールである。

法というものを理解できなければイスラーム法も理解できない。しかしそもそも「法」とは何か。『「法」とは何か」との問いに答えるとは何を意味するのか。「答え」はどこにあるのか。『「犬」とは何か」との問いには様々な答えがありえる。しかし、「犬」が何であるかについての意見が違っていても、「犬」の語が指す対象については広範な一致が存在するだろう。小さなチワワも巨大なグレートデーンも犬であることにかわりはない、ということに異議を唱える者はあまりいないだろう。

しかしそれと同じことが「法」についても言えるだろうか。とりあえず西欧的近代「領域国民国家」の法に対象を限定しても、「悪法は法か」とは古くて新しい問題である。ナチス・ドイツの全権委任法ははたして「法」だったのか。また国連などから承認されていないソマリランドの「法」とは、かの地を実効支配するソマリランド共和国の法律なのか、それとも国連の認める正式な国家「ソマリア連邦共和国」の法律なのか。ブラジルには未だに外部との接触を持たない未接触民族が存在するが、その未接触民族の法はブラジル連邦が定めた「自治」なのか。

『『法』とは何か』には、「法」が「客観的」に「実在する」と考える著者自身が取る法哲学の規範的アプローチの他に、法を社会現象と考え、社会の中の「生きた法」を扱う法社会学の記述的アプローチが存在する。しかし法社会学の記述的アプローチにしても、たとえ漠然としたものであっても、社会を構成するメンバーの多くと研究者の間で共有される法についての共通概念、先行理解がなくてはならず、それは「生きた法」という概念自体の要請からして明文化されたものではありえず、研究者が定立した分析概念として、規範的なものとならざるをえない。

しかし近代言語学、記号論の教えるところでは、語と意味、記号と指示対象の間には必然的、自然的結びつきは存在せず、その関係は恣意的である。「法」を「暴力装置によって強制される行為規範」の意味で使おうと、「ネコ目イヌ科イヌ属に分類される哺乳類の一種」の意味で使おうと「自由」であり、誰もが「法」を自由に定義することはできるが、それを強制することは誰にもできない。

本書（『イスラーム法とは何か』旧版）では行為規範としてのイスラーム法を語るにあたって、言語の規範性のレベルまで掘り下げた議論はしてこなかった。しかし理解を阻む幾重ものベールの後ろにあるイスラーム法に少しでも迫ろうと思うなら、言語の問題は避けて通ることはできない。

語と意味の結びつきが恣意的であるため、誰でもどんな語であれいかなる意味で使おうとも「自由」である、と述べたが、そもそも「『自由』である」とはどういう意味か。現代世界を支配しているイデオロギーは科学である。科学には事実があるだけで、善も悪もない。

## 3．科学と価値

存在するものはすべて科学の法則に従って存在し、法則に背くものは存在しない。もし法則に背く事態が存在したとすれば、間違っているのは、法則であって、その事態ではない。すべての事象が自然法則に則って生じた以上、そこに善と悪などあるべくもない。殺人であれ、窃盗であれ、強姦であれ、詐欺であれ、科学の用語で記述されるなら、量子の集合体の運動方程式に則る離合集散があるだけである。たとえ量子力学が決定論でないこと、観測者問題を考慮に入れたとしても、確率論が自由意志を正当化できるわけではない。

西欧近代科学は、アリストテレス自然学の否定によって成立した。アリストテレスは物事の原因を四つに分類し、健康のために散歩をする、といった目的を原因の一つに数えた。アリストテレスの自然学にあっては「目的因」を持つのは人間だけではない。万物の動きは、神への愛という目的因によって説明される。アリストテレス自然学の否定の上に成立した近代科学は宇宙から「目的」を追放した。この宇宙の森羅万象はいかなる目的もなく無意味に生起する。存在するものはただあるがままにあり、次の瞬間にはただ消えさる。人間が科学的真理に則って暮らそうと、迷信と狂信に生きようと、清廉潔白を貫こうと悪逆非道を尽くそうと、愛する家族に囲まれて希望に満ちて幸せに生きようと、病苦と絶望のうちに孤独死しようと、科学的には人間を構成する粒子が自然法則に従い無目的に集まり無意味に離散するだけのことでしかない。

この宇宙にはいかなる意味もなく、善も悪もない。これは近代科学の基本中の基本である。取り立てて新しい認識ではない。紀元前一〇世紀にソロモン王は既に言っている。「知者の目はその頭にある。しかし愚者は暗やみを歩む。けれども私はなお同一の運命が彼らのすべてに臨むことを知っている。私は心に言った『愚者に臨むことは私にも臨むのだ。それでどうして私は賢いことがあろう』。私はまた心に言った『これもまた空である』と。そもそも知者も愚者も同様に長く覚えられるものではない。きたるべき日には皆忘れられてしまうのである。知者が愚者と同じように死ぬのは、どうしたことであろう」(『旧約聖書』「コヘレートの書」。聖書学によると紀元前三—四世紀に成立)。

## 4．善悪の客観性

この宇宙には「客観的」な善悪もなければ目的も意味もない。現代世界で「法」を有意味に語るためには先ずこの「科学的」前提条件が守られている必要がある。但し、宇宙に「客観的」な善悪、目的、意味がない、ということは、人間が主観的に「善悪」、「目的」、「意味」と呼んでいる現象が存在しない、ということではない。

私が鯖寿司が好きで、鯖寿司を美味しく食べることで痛風が悪化し死ぬとしても食べる価値があると思っているということは、そのことを量子と運動方程式で物理学的に記述することができなくとも、「主観的」な「事実」である。しかしそれは鯖寿司が「客観的」に「美味しく」、命をかけてまで食べる「価値」があることを意味しない。「善悪」も同じであり、個々人の「主観的」な感情にすぎず、その意味では「事実」ではあっても、「客観的」な実在性は持たない。法的価値もまた同じであり、たとえ国家であれ、国連のような国際機関であれ、他のどんな集団、組織から同意を取りつけ、「公的」、「普遍的」などの美名で飾り立てようとも、いかなる「客観性」も一切持ちえず、特定の個人たちにとって「主観的」感情として事実であるだけでしかなく、食べ物の趣味と全く変わりのない個人の趣味にすぎない。

善悪に客観性がなく主観的でしかないなら、互いに異なる善悪の基準を持つ人間の間では、正否を論ずることはできない。善悪の基準が違っても、相違する当該の基準に比べて抽象度の高い基準において合意があればその上位の基準に照らして両者の妥当性を比較考量することは可能であるが、「生命」、「自由」、「快楽」など最上位クラスの善悪の価値の基準が対立する時には、「神々の闘争」（M・ウェーバー）が生じ、そこではもはや「正否」を「客観的」、「記述的」に決定する議論は不可能であり、利害打算で妥協点を探る政治的議論しかありえない。

それゆえ「法」を含む価値をめぐる議論はすべて、論者の拠って立つ「主観的」価値を仮に正しいと認めた場合にのみ成り立つ「〜ならば、〜せよ」という仮言命法である。西欧近代哲学の祖とも言われるカントは、このような条件を必要とせず「客観的」、「普遍的」に妥当する規範を追求し、有名な「あなたの意志の格律が常に同時に普遍的な立法の原理として妥当しうるように行為せよ」との「定言命法」を見出した。しかしこの「定言命法」もまたカント独自の「実践理性」概念に基づく「意志の自由」、「自律」などの価値を前提としており、普遍的に認められた客観的な命題ではない。それどころか、カント以降の法学者、倫理学者で彼の定言命法を基礎付けに用いる者はおらず、彼以降、客観的な価値の基準、普遍的な規範を定立しようと試みる者はほとんどいない。

## 5. 形而上学的世界

しかし、その後、人間社会の歴史を経済という物質的下部構造の「客観的」な法則に従う動きとして把握できるとし、科学を僭称しその価値観を暴力的に強制し数千万単位の死者を出したマルクス主義の破綻にもかかわらず、この宇宙には善悪の客観的基準がなく共同主観的に合意が存在する者の間でしか議論が成り立たないことについては、現在に至るまでその重要性が十分に理解されているとはとても言えない。もちろん現実の紛争の解決に関わる当事者の実務家が、議論の哲学的基礎付けに興味を持たないのは理解できる、というよりはむしろ当然である。しかしいやしくも社会科学者であるなら、少なくとも学問の場においては、善悪の基準、価値観を共有しない他者に対しては、自らのそれを強要することは禁欲すべきであり、もしそれを行ったら、それはたとえ学術誌に寄稿した論文であっても政治的プロパガンダにすぎないことは自覚すべきである。

しかし実際には、西欧は価値相対主義の名で、価値相対主義を取らない他の文明圏の他者に自分たちの正義の基準を強要する粗雑な議論が横行している。先ず、こうした粗雑な価値相対主義の洗脳から解放されない限り、法もイスラーム法も理解することはできない。

これまで、現代世界でイスラーム法を語るには、絶対的に支配的な科学の世界観の語彙で語らなければならず、そして科学的世界観とはこの宇宙には「客観的」な善悪もなければ目的も意味もないばかりではなく、科学的世界観には善や悪を帰属させうる倫理的主体が存在する余地もないと述べてきた。しかしそれはあくまでも、この宇宙に限ったことであり、この宇宙の「外」に「客観的」な善悪、意味が実在する可能性を否定するものではない。

取りあえず「この宇宙」とは、五感で感知しうる時空の中に位置を有する物質、と考えればよい。五感で感知し知りうるこの宇宙を超えた「形而上学的世界」の存在は西欧だけでなく、中国文明、イスラーム文明、インド文明、東方正教、古今東西を問わず古来より様々なヴァージョンが知られている。プラトンのイデア界は西欧的伝統における形而上学の古典的例であるが、その伝統は現代においても科学哲学の最先端においても続いている。よく知られた例は、数学的対象は感覚的に経験しうる時間と空間の外に客観的に実在する、との数学的実在論である。また現代の最も影響力のある科学哲学者カール・ポパーが唱える物理的対象からなる世界1、心的事象からなる世界2から独立に実在する科学理論や社会制度などの思考の産物からなる世界3も一種のイデア界と言うことができよう。

プラトンのイデア界とそれを批判的に継承したアリストテレスの形而上学においてはイデアの世界は最高善、不動の動者である神と結びついており、道徳的、宗教的色彩を強く帯びていたが、必ずしもそれは必要条件ではなく、現代のイデア論の中心的主題は価値論ではない。ここで現代のイデア論に触れたのは、まず第一に、自然・社会・人文科学におけるイデア論の現状に疎い読者に、感覚によって認識できるこの宇宙を超えた世界の存在は現代の欧米でも正当な学術的な主題であることを示すためであり、この感覚で認識できる宇宙における量子の離合集散からなる事象だけが「客観的」事実として「科学的」議論の対象となり、善悪、意味、価値などは一切の例外なく「主観的」な感情でしかないことを改めて確認するためである。

西欧文明圏であれ、中国文明圏、東方正教文明圏、インド文明圏、イスラーム文明圏などの別の文明圏であれ、現代世界では、感覚で知りうる物質だけがその存在の真偽を客観的に証明しうる実在であり、それ以外の一切の事象は主観的でしかない。これが世俗主義のイデオロギーの要諦、現代世界の世界観の最大公約数であり、本章が出発点とする前提となる。

しかしこの前提は、この宇宙の「外」に感覚では真偽を確定しえない世界が実在することも、主観的判断が正しくもありうることも排除しない。ここで簡単に整理しておこう。

五感で知りうる物質からなるこの宇宙の外にいかなる存在も実在しない、との立場が素朴唯物論である。素朴唯物論はしばしば価値相対主義をとる。どの主観的価値も正しさを主張できないと価値相対主義は主張するが、価値相対主義自体が客観的に正しいと主張する「絶対的価値相対主義」は自己矛盾であるため、価値相対主義とは「相対的相対主義」でなければならない。つまり価値相対主義はそれを信ずる者の心の中に存在するだけの主観的存在でしかないために、それに賛同しない者には何の価値もなく、それを強制することは正当化できないからである。素朴唯物論のより徹底した立場はそもそも客観的な善悪のみならず、主観的な善悪も含めて一切の善悪の存在を認めない倫理的虚無主義《ニヒリズム》である。

一九世紀末にニヒリズムの来るべき二世紀を予言したのはニーチェであった。ニヒリズムの二世紀はまだ半ばを過ぎたばかりであり、現在の世界はまだニヒリズムの真の姿を直視していない。現時点では、素朴唯物論は、リチャード・ドーキンスの「科学的合理主義・無神論」のような粗雑な議論に留まっている。既に述べたように科学は「事実」のみを認識し記述するのみであり、いかなる価値も認めずどんな規範も立てない。この種の「合理主義」とは時代の流行の「常識」の無批判で凡庸な盲従にすぎない。現代世界はこれまでのところ支配的な西欧キリスト教文明と、中国、イスラーム、インド、東方正教文明などの宗教の遺産のアマルガムを食いつぶして生きている。

　しかし末法とはいえ現在は、まだ総人口の約九割が名前だけでもなんらかの宗教の信徒でありまだ信仰の残滓が残っているため深刻な問題になっていない。しかし彼らの形骸化した「信仰」にはもはや次の世代の世界観を基礎づける力は残っていない。我々が本当に虚無の深淵と向き合うことになるのはこれからである。

　現代世界の本当の宗教は銭神《マモン》と国家権力《リヴァイアサン》の偶像崇拝であり、キリスト教であれ、仏教であれ、イスラームであれ、人間の行動原理とはなっていない。国家や社会のようなマクロなレベルでの人間の行動は金と権力によって規定されており、世俗主義、政教分離の名によって、宗教は排除されている。また個人レベルでも「宗教」は、自分の好みでその場その場の流行のファッションの「平等」、「自由」などの内容空疎な綺麗ごとと、パターナリズムなどの社会の因習に合うものだけに施したメッキにすぎない。現在もはや宗教は社会の動因ではなくなっているが、行動を後付けで正当化する建前としてはまだかろうじて機能している。

　欧米やイスラーム世界などだけではなく、「世俗化」が進んだ日本でさえも、国家権力は国民の支配のために宗教のシンボルを利用し、時には国民を戦争に動員することさえある。しかしそれらはあくまでも表層的なレトリックの域をでるものではない。宗教的シンボルを利用してはいても、目的は公益を偽装した国益、即ち私益の集合でしかなく、宗教のみせかけを剝ぎ取れば、そこにあるのは支配階級による「国民」の利用と搾取であり　その搾取された「国民」が今度は「他国民」を搾取することでその埋め合わせをする「弱肉強食」の論理でしかない。

## 7. 宗教的利他主義

しかし「弱肉強食」は古今東西、社会の実体であり、それ自体は特に現代世界の特徴だと言い立てるべきことではない。そうした実体を糊塗する建前を提供することが宗教の役割であったのであり、宗教がその役割を終えつつあることが問題なのである。たとえば「人権」、「生命の価値」、「平等」、「自由」のような世俗主義においても「普遍的な価値」とされているスローガンも「偽善」の名にさえも値しない絵空事、あからさまな嘘にすぎない。「先進国」の「LGBTの権利」なるもののためには莫大な公費が蕩尽されても、飢餓線上にある八億人とも言われる「発展途上国」の人々は「基本的人権」の中でも基本中の基本の自然権である「移動の自由」すら奪われ、「領域国民国家」の檻に閉じ込められ、たまたま「先進国」に生まれた我々が共有している「健康で文化的な生活」をおくる権利は言うまでもなく生存権さえ脅かされている。「先進国」はCOVID-19対策の高度先進医療のために何百億円もの予算を計上しても、コレラや赤痢などの伝染病で年に一〇〇万人以上が死んでいる「発展途上国」の子供たちが「発展途上国」の内部に封じ込められ伝染を防ぐための清潔な水さえ与えられないままでいることには目を瞑っている。

「先進国」の「偽善」を糾弾しているのではない。誰も真面目に守る気がない建前にすぎないにもかかわらず、こうした言説がまだ流通していることは決して当然ではない。現行の資本主義、領域国民国家システム、あるいはマモンとリヴァイアサンによる身体と精神に対する支配の下では、「他国」の困窮した「外国人」を自分たちと平等な生活水準に引き上げることで、「先進国」の「国民」にはこの宇宙において確実に見通せる短期的、個人的、直接的、物質的利益は存在せず、またそれを暴力によって強制する公権力も存在しない。にもかかわらず、建前が建前として機能しているのは、その建前を基礎づけるこの世での利害を超えた「利他主義」を説く宗教の命法の残響ゆえである。

宗教、文明圏の違いにかかわらず現代世界の支配的イデオロギーはマモンとリヴァイアサンの崇拝であるが、この世での利害を超えた「宗教的利他主義」の残響である「人権」などの形骸化した「建前」が拘束力を持たない「主観的価値」を持つことには理由がある。

長期的には他人を裏切り短期的な利益を追求するよりも互恵的に協力する方が全体の福利を増大させることはゲーム理論が教えることであり、経済学は雇用を増やし失業者を減らし貧困者に金を与え有効需要を増やすことが結果的に国民所得を増やすことを示し、最新の進化生物学によると個体レベルでの「利他主義的」行動が遺伝子レベルでの淘汰に有利に働く。

日本でもアメリカでも支配階級は弱者を切り捨て強者が利益を総取りする「新自由主義」を唱えつつも、アメリカでは「キリスト教保守派」、日本では「神道」を利用し、国家を聖化し個人の権利を制限している。それは領域国民国家システムにおいて「先進国」が「発展途上国」の資源と労働力の収奪によって獲得した富の一部によって自国の貧困層に、絶対的貧困線上にある「発展途上国」の国民と比べて「健康で文化的な最低限の生活」を保証することで、その貧困層が自ら低賃金でも既成の秩序に逆らわずルールを守り支配階級による富と権力の独占に自発的に「協力」するように「政教分離」、「世俗主義」によって牙を抜かれ換骨奪胎された宗教を利用して洗脳し飼い馴らされることによって（覇権の維持が）可能になるからである。

### 8．ニヒリズムの時代の本格的到来

これはまだニヒリズムの入り口にすぎない。しかしニーチェが予言したニヒリズムの半世紀が過ぎた今、本格的なニヒリズムがおぼろげながら姿を顕しつつある。現在のところまだ新自由主義を唱えるマモンとリヴァイアサンの祭司たちも、あからさまに伝統宗教を否定することはなく、大衆の馴化に便利な主観的な事実としての価値としてのその「利他」の精神の存在は否定しない。しかしそれより重要なのはマモンやリヴァイアサンの祭司たちもまた表向きの「顕教」伝統宗教の陰で「密教」として金《マモン》と権力《リヴァイアサン》を確かに信じていることである。

『プロテスタンティズムの倫理と資本主義の精神』において、勤勉に働き資本を増やし成功することが救済の証しだと信じたプロテスタントが資本主義の国アメリカを建てた、と論じたマックス・ウェーバーは、既に二〇世紀の初めに、資本主義の精神がキリスト教の宗教倫理的意

味を失っていることを指摘し、「精神のない専門人、心のない享楽人。この無（Nichts）は、これまで到達したことのない人間性のレベルにまで上昇したと自認する」と述べている。

物質的成功を神の救済の証しと考えるアメリカ人は自分たちを「特別な選ばれた民であり、現代のイスラエル」（メルヴィル）とみなす。金儲けの才がなく成功者になれなかったアメリカ人もアメリカ人であるというだけで選民であると思いこむことができる。成功者が密教としてマモンを崇拝し、失敗者のために顕教としてのリヴァイアサンの司祭として振る舞う。マモン崇拝とリヴァイアサン崇拝が結びつく由縁である。ウェーバーはこうしたリヴァイアサンの祭司、マモン崇拝者を「精神のない専門人、心のない享楽人」、「無（Nicht）」とまで呼ぶ。しかし彼らは自分たちこそ最高に進歩した人間だと信ずる。

ニーチェが予言し、ヴェーバーがアメリカに見出した「無」は、ドイツで仇花を咲かす。ナチス・ドイツのユダヤ人の民族浄化は決して単なるユダヤ人に対する差別感情によるものではない。それはドイツを強国にするための「優生学」に基づく「科学的」プログラムの一環であり、ユダヤ人だけでなくロマ人（ジプシー）などの少数民族と並んで精神障碍者と先天性の聾唖者や盲目者などの身体障碍者が殺され、遺伝性の身体障碍者、精神障碍者が強制的に断種させられた。一九三九年から一九四一年八月までに七万人の障碍者が「生きるに値しない命」としてガスで殺され、キリスト教会などから激しい非難を浴び一九四一年八月に公式には中止された後でも敗戦まで殺害は続けられた。

ユダヤ人が「劣等人種」であるとのナチスの理論は、現在は科学的に否定されている。現代の生物学ではヒトにはホモサピエンス一種しか存在しない。しかし身近な犬の例からも犬にはヒトイヌ（亜）種しか存在しないが、チワワからグレートデーンまで身体能力、形質、「性格」に顕著な差異がある「変種」はあり、その「科学的」な差異に応じて扱いを変えることは不合理ではない。チワワを猟犬や牧羊犬にしようとは誰も思わない。科学は可謬であり、常に書き換えられている。もし将来、「科学的」に人類に「変種」が発見されたなら、変種ごとに扱いを変えることは、正当化されるのか。

ナチスの歴史は宗教の掣肘がなければ人類は国益のために「科学的」に障碍者を殺害できることを教えている。現代の個人主義、物質主義、世俗主義において、すべての価値は金と権力に換算される。金も権力もなく自分の生活費を稼ぐこともできない障碍者や老人などの弱者は生きる価値がない。何も生産しないばかりか多大なコストと負担を強いる子供を生み育てることを忌避する者が増えるのは当然の結果である。既述の通り現在はまだ絶対的貧困を「発展途上国」の国境線の中に囲い込み見て見ぬふりをし、「先進国クラブ」の仲間内だけで「人権」、「平等」、「民主主義」などの内容空疎な言葉を恣意的に解釈し「個人的趣味」を押し付けあうことができている。しかし欧米の覇権の衰退、グローバリゼーションの進行、発展途上国の人口増加などによって国境による結界が緩んだ結果、宗教的偽装を剥ぎ取られ弱肉強食の論理が表に現れつつある。

しかし富と権力の崇拝は古来よりすべての伝統宗教がそれに惑溺することを警告してきたものであり、宗教の力が衰えるに比例して顕在化することはむしろ当然でもあり、ニヒリズムの二世紀の序章にすぎない。既に述べたドーキンスの粗雑な「非科学的」戦闘的無神論の二一世紀における隆盛は次のフェーズである。既に述べたように科学は「事実」のみを認識し記述するのみであり、いかなる価値も認めずどんな規範も立てない。そしてそのような科学的「事実」以外に、「客観的」に合意が可能な事象はこの宇宙の中には存在しない、というのが、現代世界の科学的世界観である。この「非科学的」無神論は、「科学的」に理解可能なこの宇宙の外に「神」は存在しないとし、代わって「科学的であるべき」であることを規範として要求する「科学教」である。

## 9.「無」の崇拝と真のニヒリズム

科学は誰にも何も求めない。青酸カリを飲めば死ぬとしても、青酸カリを飲むか飲まないかは、人それぞれの価値観と目的次第であり、科学は誰にも何をすべきかを指示しない。地球温暖化が事実であり、二酸化炭素の排出を減らすことでそれを止めることができるとしても、そうすべきかどうかは、人々の価値観次第であり、価値観が違う人々の意志をどう調整すべきかについて科学は何も告げない。しかしそれだけではない。青酸カリを飲めば死ぬという事実があり、ある人が死にたくないという価値観を持っていた場合、その人間が青酸カリを飲まない選択をすることは「科学的」ではなくとも合理的（価値合理的）であり、青酸カリを飲むのは非合理的（価値非合理的）である。しかしこの宇宙に「客観的」価値がないなら、「合理的」であることにも客観的価値はなく、死にたくないのに青酸カリを飲んで死ぬという「非合理的」行動も客観的に批判することはできないことになる。

その「客観性」に合意があるとの前提で議論を進めてきた「科学的」であること自体も同様であり、「人間は青酸カリを飲めば死ぬ」、「自分はヒト科ヒト属ホモサピエンス種である」という「科学的」命題と三段論法の正しさを認めつつ、「自分だけは死ぬはずがない」と考えて（というか考えなしに）、「非科学的」に振る舞い青酸カリを飲むことも「客観的」に批判することはできない。科学的な振る舞いも、非科学的な振る舞いも、科学的には、粒子の集合の力学の法則に従った運動であるにすぎず、善も悪も存在しないからである。

戦闘的無神論は「非科学的」で理論的には粗雑であり、その意義はこの宇宙の中に存在しない「客観的」価値の源泉としての神の存在の否定ではなく、神の信仰の「主観的事実」までもを「妄想」として否定する点にある。信仰の「主観的事実」を「心理学的」に「妄想」として「説明」することは、信仰の宗教的価値だけではなく、真善美のような、哲学的、倫理的、美学的な「主観的価値」も心理学的、医学的、生物学的、そして最終的には化学・物理的現象に還元し否定することになる。

ニヒリズムの二世紀はまだ幕を開けたばかりであり、この粗雑な戦闘的無神論の科学主義は物神崇拝のレベルにとどまっている。つまり科学主義とは富と健康をもたらすがゆえに科学は正しいとするイデオロギーであり、豊かで健康に物質的快楽を共有して長生きすることが善であることを無批判、無条件に前提としている。しかしたとえ豊かさを「先進国」に囲い込もうとしても空間を占める物質は有限であり何億人もの「先進国」の国民にさえ全員に豊かさを保証することはできず、生命にいたってはせいぜい百数十歳までしか延命できない。この宇宙に科学的に存在する物質にのみ価値を見出す限り、いかに激しく求めようとも満たされることはなく、最後には求める自分自身をも含めてすべては無に帰す。物神崇拝の極北には「無」の崇拝しかない。そしてその時が真のニヒリズムの時代の始まりとなる。

## 10. 法の共同主観性

この全面開花したニヒリズムに対して、イスラーム法がどう向き合うか、については後述することにし、ここでは、この宇宙の外に「客観的」な善悪や価値は存在しないが「主観的」な善悪や価値は存在し、それは物質的な富と権力であり、そしてそれを享楽する前提となる生命と健康である、という現代世界を支配する世俗主義のイデオロギーの語彙の中でイスラーム法をいかに語るべきか、との問いに戻ろう。

善悪や価値には一切「客観性」がなく、例外なくすべて「主観的」でしかない、ということは、善悪や価値についての合理的な議論が成り立たないことを意味しない。既に述べたように、善悪、価値については「客観的」な基準はないが、それを信ずる者にとっては「主観的」事実である。そしてそうした主観的信念が複数の人間の間で共有されている時、それは「共同主観」となり、主観を共有する共同体の間ではその「共同主観」は「客観的」事実と同じように議論の前提として用いることができる。

法は客観的事実ではなく主観的事実であるが、事柄の性質上、一人だけの法というものはなく、集団を対象とするため、共同主観的事実となる。社会学は人間集団を、有志が特定の目的を持って自発的に加入し一定の明示化された権利と義務を遂行する「組織」と、そこに生み落とされるなどで生活を共にし、非明示的な慣習の範囲内で全人的なコミットメントを要求される「共同体」に大別する。巨大な人間集団である近代国家は基本的に共同体であるが、国家機関は「組織」であり、共同体と組織の複合体である。

そして法を有するような大規模な共同体は高度に社会分化した全体社会であり、共同体の多くの成員が従う「法」と、法専門家からなる部分社会が使用する「法」とは法社会学が教える通り、乖離しているのが通例である。

法に則って業務を行う一般の公務員、裁判官や検察のような法務官僚、立法府の議員、弁護士、大学の法学教員、そして司法書士、行政書士、公認会計士、税理士のような経済法の専門家、そして私企業でも法務部の社員など、現代世界では法に日常的に関わる法専門家は膨大な数にのぼるが、そうした法専門家でさえ現代国家の肥大した法令の全体を見渡すことはできない。ましてや一般の市民は法令など全く知らないのが普通である。

法もこの宇宙に客観的に実在するものではなく、人間の主観の中にしか存在しない。しかし現代国家の法のような大規模で複雑な共同体の規範の場合、誰の主観の中にどのように存在するのであろうか。現実にはそれぞれの共同体の法の性質によっても異なるが、どの共同体においても成員一人一人の法の理解は異なる。また同じ人間であっても法に対する理解、態度は刻々と変わっていくものである。

取り敢えず、難解な社会における法の存在論は棚上げし、個人における法のあり方を考えてみよう。法が人間の主観の中に存在するとしても、法が共同主観的存在である以上、個々人に一定程度に共通するものがなければならない。成文法が存在する社会ではその成文法が参照される。しかし近代国家のような巨大な共同体では法専門家でさえ法令の全体に目を通していない。それは都道府県市町村のような公的な地方自治体だけでなく、民間企業や学校などのレベルでも同じであり、成員が内部の規則のすべてを知悉していることはなく、法務担当者が必要に応じて参照できる程度の知識を持っているのが通常である。

強制力を伴う社会規範としての特徴は、法の具体的内容が成員全体に周知されていることではなく、事実としてはどうであれ、総体としての法体系の実効性と妥当性が、一定数の成員に共有されていることである。ここでいう実効性とは、法が犯された場合に制裁が「実際に」科されることであり、妥当性とは犯罪に対して制裁が科されるその法体系が「規範的に」、「正しい」ことである。法の実効性が社会の一定数の成員に共有されている、とはその法の妥当性を認めるか否かにかかわらず、法を破った者の相当数が実際に制裁を科されるであろうとの事実的予期を一定数の成員が有していることである。妥当性が共有されている、とは実際に制裁が科されるか否かにかかわらず制裁は科されるべきである、との信念を有する成員が一定数存在することである。

## 11. 理念型としてのイスラーム法

この強制力を伴う社会規範としての法の一般的特徴に照らすと、理念型としての「イスラーム法」とは、以下の三つの条件を満たす法ということになる。第一にイスラーム教徒の大半が全知全能の創造主による最後の審判の日における公正な裁きの実効性を認めていること。第二にダール・アル＝イスラーム（イスラームの家）に住む一定数のイスラーム教徒と非イスラーム教徒がイスラーム法廷、行政法廷《マザーリム》、各宗教法廷の裁きによって犯罪者の相当数が制裁を被る実効性を信じていること。最後にイスラーム法体系が時代と場所を超えて人類の福利に最も適う公正な法であるとの妥当性にイスラーム教徒の大半が「めくら判」を押しているということである。

言い換えれば、イスラーム法の現状は、たとえ来世におけるその実効性と妥当性の信仰が「世俗主義者」を除くイスラーム教徒の大半にはまだ共有されているとしても、現世におけるダール・アル＝イスラーム（イスラームの家）内でのイスラーム法の実効性は、非イスラーム教徒は言うまでもなくイスラーム教徒にとってさえもはや失われているのである。そうであるとすれば、現世での実効性と妥当性しか視野に入らない近代西欧法の枠組みで「イスラーム法」を考えたのでは、その法としての特徴を根本的に捉え損なうことになることは明らかであろう。

以上の分析は、前述の通り、あくまでも「イスラーム法」体系を総体的に考えた場合について言えることであり、個々の具体的な規定について当てはまるものではない。というのは、イスラーム法に限らず、法とは成員たちの間で具体的な法規定が周知されていることではなく、その体系の総体としての実効性と妥当性が当該社会における一定数によって承認され、共有されていることによって成立する現象であり、具体的な個々の法規定に関する個々の成員間の理解は千差万別である。というより、日本人と日本の法令の関係からも分かる通り大半の成員はそのほとんどを知らないことが通例だからである。

一四〇〇年以上の歴史を有し現代においてはダール・アル＝イスラーム（イスラームの家）を超えて日本にまで広がっているイスラームのような宗教において、すべての信徒の法理解の一般論を語ることは端的に不可能である。しかしイスラーム文明が啓典クルアーンのアラビア語の保存に努めイスラーム学が九世紀に成立し、教育・研究パラダイムが固定化し一三世紀頃までに書かれた古典が現在にいたるまでイスラーム世界全域で今日に至るまで教えられ続けていることによって、一〇〇〇年にわたって広大なムスリム世界で学徒と一般信徒の間で共有されてきたイスラーム法の素材を我々は知ることができる。

ムスリム世界では一般信徒のレベルではクッターブと呼ばれる日本の寺子屋のような通常はモスクに併設された初等学校で、アラビア文字で書かれたクルアーンの読み方と義務の礼拝の法的に有効な方法などを実際に先生と一緒に礼拝をしながら身につける。引き続き学習を続ける者はマドラサと呼ばれる学校で法学、神学、スーフィズム（霊学、修道）、法学に関しては、責任能力、法的義務、法的有効性、法源などの法理学の基本概念を学んでいく。

イスラーム学を専門的に学んでイスラーム法の専門家になる者は限られている。イスラーム法は、神と人間の関係を定める、「宗教儀礼」とも訳されるイバーダート（崇拝行為、神事）とムアーマラート（社会行為、人事）に分かれるが、すべての信徒が学ぶべきとされているのは礼拝、喜捨、斎戒、巡礼のようなイバーダートだけである。

イスラームの拡散は緩やかに進行し地域差もあるので正確な把握が不可能なのは言うまでもないが、そもそも神ならぬ人間には、自分であれ他人であれ、一人の人間の特定の時期の特定の主題に関する考えでさえ、たとえ当人が正確な陳述を記録として残していた場合ですら過不足なく正確に理解することはできない。ましてや社会、宗教、法、文明などの「大きな主語」で語ることは本来ならば端的に不可能なはずであり、それらの言葉遣いが許されているのは、それが歴史的に認められてきた、という以上の理由はない。そしてその慣習に従うなら、ヨーロッパに植民地化され、「近代学校教育」の名の下に、領域国民国家などの西欧のイデオロギーの洗脳が進む以前の前近代のムスリム世界のイスラーム法意識については、以下のように三つの類型に大別することができよう。

第一にイスラーム化が遅れた地域、および遊牧民などクッターブ（寺子屋）のネットワークから外れた地域の住民で、彼らのイスラーム法意識については例外的に旅行記などが残されている場合を除いて想像の域を出ない。第二に、モスクや寺子屋などがある地域の住民であり、法学の基礎概念と、礼拝、喜捨、断食などのイスラーム法の宗教儀礼を行うのに必要なイスラーム法の規定の最小限の知識を有していると考えられる。第三にイスラーム法学を修めた法専門家であり、最低限、一つの法学派のイバーダートとムアーマラートの通説を知り、法回答者《ムフティー》、裁判官《カーディー》、法学教師《ムダッリス》、（モスク）導師、説教師などで、著作や伝記資料などが残っている場合については、この第三のカテゴリーについては文献学的研究が可能であり、それなりに研究が蓄積されている。

しかし実のところそれらの研究は「イスラーム法」それ自体ではなく、イスラーム法の参考資料となるもの、クルアーン、ハディース、イスラーム法学（フィクフ）などの意味論的研究であり、イスラーム法自体の研究ではない。古典イスラーム法学は法学者の師弟間の知の相承（修学免許《イジャーザ》システム）によってその同一性を維持してきた。前近代のイスラーム法については、法の本質論、意味論を棚上げして、様々な時代と場所で成立したイスラーム法の関連文献で用いられる語の意味を近似的に同一であると考えて論じられてきた。

## 12. 現代のイスラーム法

しかしイスラーム法学者たちも西欧式学校教育に組み込まれ、イジャーザ・システムによる知の継承の連続性が破壊され、市民革命、科学革命、産業革命を経た西欧帝国主義列強による植民地化を経て劇的な生活様式の変化を被ったムスリム世界における現代のイスラーム法学者たちは、たとえイスラーム法学の古典テキストを祖述していても、全く別のことを語っていると考えなくてはならない。

イスラーム法学とはクルアーンとハディースの明文から行為規範を導出する学問であり、その目的は、具体的な状況下で何を行うかを示すことである。たとえば礼拝の定刻について、イスラーム法学はハディースに基づき日没《マグリブ》の礼拝の定刻は日没時から始まる、と教える。「日没時」の辞書的意味（Sinn）は「太陽が地平線に沈みきった時刻」であるが、イスラーム法学文献の目的とするところはそれを読んだ信者が正しく日没《マグリブ》の礼拝を行うことができることにある。同じテキストを読んでも赤道直下のマレーシアの首都クアラルンプールの信徒にとってはその指示対象としての意味（Bedeutung）は一年中ほぼ一九時半前であるが、東京の信徒にとっては夏至の頃は一九時頃、冬至の頃には一六時半と季節によって大きく変化していく。イスラーム法学の仕事は、クルアーンとハディースのテキストをそこで用いられている単語の辞書的意味

（Sinn）に基づきその文意を厳密に確定した上で他のテキストを参照し最も整合的な解釈を施し、曖昧さを殺ぎ落として法学的にアーティキュレートされた専門用語で表現し直すことにある。

しかしいかにアーティキュレートし曖昧さを避けようとも、無限に複雑な現実の有限な記号の組み合わせである法規定は無限に複雑な現実の事態の一つに焦点を結ぶことはない。O・W・ホームズ（一九三五年没）によると法とは、個々の具体的ケースにおける裁判所の下す判決の予言である。法律の文言に基づく人々の裁判所の判決の予想は一定の範囲内に収まるが、裁判官自身を含めて判決を読み上げる瞬間まで一つに収束することはない。コペンハーゲン解釈によると、量子力学の状態は異なる状態の重ね合わせであり、電子はぼんやりとした雲状に広がって存在しており、観測によって初めて一点に収束すると言われる。イスラーム法もまたそのようなものであり、イスラーム法学が導出した法規範の文言ではなく、それに照らして解釈される個々のケースにおける判断であるが、それは曖昧さを残した多くの可能な解釈の広がりであり、個々のムスリムの行為の決断として現実化する時に一つに収束する。

イスラーム法の本当の知、理解とはテキストの意味（Sinn）を知ることではなく、そのテキストによる自分がその時点でなすべき事態の指示対象（Bedeutung）を読み解くことに他ならず、イスラーム教徒は誰もがあらゆる瞬間に各自の知識と知力と意志の力に応じて自分の置かれた状況においてイスラーム法規範の文言の意味（Sinn）が自分に課すと信ずる一つの事態（Bedeutung）を選ぶことを不断に迫られているのである。

イスラーム法学に書かれた諸規則（アフカーム）とは解答ではなく、変数Xの関数Yにおいて入力Xに対して出力Yの値を決める規則のようなものである。マグリブ礼拝の開始時刻Yは「太陽が沈み終える時点」という規則に自分の現在地Xを当てはめることで求められる。同じ規則であってもXが東京とクアラルンプールとで違えば、Yには違いが生ずる。イスラームの教え自体は同じであっても、冬至の時期に東京で礼拝をするイスラーム教徒とクアラルンプールで礼拝するイスラーム教徒を比べると、一方は会社で一七時にまだ就業中に事務所の片隅で独りで礼拝しており、一方は帰宅し夕食を食べてから二〇時にモスクに行って礼拝していたりで、外部の観察者の目には現象的には全く違って見えることもある。

Xの変化によるYの変化が緩やかなものもあれば、指数関数のようにXの変化が大きくなるにつれてYが急激に大きく変わるものもある。日本とクアラルンプールの違いはそう大きなものではなく、時刻の相違による礼拝の状況の違いも想像の範囲である。しかし北極圏の国々では夏至近くになると太陽が沈まない日が続く。その場合、マグリブの礼拝がいつなのかは簡単にはわからない。それどころか二〇〇七年にはマレーシア人の宇宙飛行士が宇宙に飛び立っているが、宇宙空間Xにおけるマグリブの礼拝の時間Yは「太陽が地平線に沈みきった時刻」というイスラーム法の規定からどうやって導き出すことができるのだろうか。

実のところ、西欧近代化以降のムスリム社会の変化はクアラルンプールの日没と宇宙船における日没の違いと同じほど大きいのであるが、問題はムスリム世界にはその自覚がないことである。著者は日本の女子高校生が生徒会長になってカリフを宣言する、というライトノベル『俺の妹がカリフなわけがない！』を書いたが、その目的は現在のイスラーム法の再生にはどれだけラディカルな発想の転換が必要であるかを示すためには、表現の媒体自体を根本的に変えねばならず、いわゆる「学術的」文体では表現が不可能であると考えるに至ったからである。しかし古典イスラーム学の訓詁学に終始する復古主義、伝統主義のイスラーム学者にも、自由な思考を標榜しながら西欧の科学信仰に盲従するばかりの近代主義者たちにも、ムスリム世界の堕落の現状を認識する能力も、その解決策をラディカルに再考しようとの意欲もない。末法が末法たる所以である。

### 13. イスラームの二重性

イスラームは血縁であれ、地縁であれ、創造主と自分の間にいかなる仲保者も認めず、神の前に独り立つ典型的な唯一神教であり、イスラーム教徒になるとは、唯一神アッラーへの帰依を自ら決断することによる。しかし一方でイスラームは仏教、儒教、キリスト教のような創唱「普遍」宗教の中で唯一教祖の存命中に巨大な「政治共同体」を形成した宗教である。つまり歴史的にイスラームは、預言者ムハンマドのカリスマによる唯一神教の緊張感が正統四カリフなど古参の信徒たちの間にまだ残っている間に、預言者ムハンマドともその高弟たちとも直接の接触のない信徒と、「生まれながらのイスラーム教徒」である彼らの子供たちからなる巨大なウンマ（信徒共同体）が形成されたのである。入信儀礼、秘蹟のないイスラームには「幼児洗礼」の問題は存在しない。預言者ムハンマドが、イスラームは、人間は唯一神に帰依する天性の下に生まれる、と教えており、イスラーム教徒の共同体の中に生まれた人間はその事実によってイスラーム教徒であることは当然と考えられている。

現在イスラーム教徒の数は一〇億人とも一五億人とも言われるが、その九九パーセント以上は自らの主体的決断によってイスラームに入信したわけではなく、親がイスラーム教徒だからいつの間にか気が付いた時にはイスラーム教徒になっていたにすぎない。子供が親や周囲の人間の見よう見まねで言葉を覚えていくのと同じように、イスラーム教徒の絶対多数は他人真似《ひとまね》でイスラーム教徒の言葉遣いを覚えていくのが実体である。哲学・神学的推論によって神の存在と預言者ムハンマドの啓示の真実性の認識に辿り着き、啓示の神への帰依の実存的決断によってイスラーム教徒になる者などほとんどいないのが現実であり、イスラーム法についても同じである。

人は時代も場所も生まれも育ちも選ぶことができず、いつの時代かのどこかの場所の誰かの子供として生まれ気が付いた時には何かの言葉で考え話している。意識の上では「言語的に分節化された自己」はそれ以上に遡ることができない超越《トランセンデンタル》的な主体であるが、発生論的には宇宙の中で人間が生存可能な奇跡的に限られた物理的環境のみならず、社会経済文化的な様々な制約の下に生成する現象にすぎない。

「この宇宙の中には『客観的』には善悪の基準はなく、人間の行為はすべてただ物理法則に従って生成消滅する粒子の運動でしかなくいかなる価値もなく、人間は何をするのも絶対的に『自由』であり『客観的』に妥当する規範や当為は実在しない」という信念は意識にはその根拠を見出すことのできないトランセンデンタルな事実として与えられるが、発生論的、因果的には、物理生物心理的、社会経済文化的諸因子の作用に過ぎない。

## 14. 超越論的遂行論

自己の歴史性を理解すれば、「トランセンデンタルな主体である言語的に分節化された自己」が、意識にとってそれ以上に遡り得ない、という意味でトランセンデンタルな主体であるのが事実であるとしても、言語的に分節化された自己に、何物にも支配されず思考を生み出す形而上学的な「自由」が存在するとの幻想から解放されることができる。形而上学的な自由を有する神秘的な主体という虚構が解体されれば、意識は主体ではなく客体であり、遡り得ないのは一定の時間の中で生成される言葉であり、意識はむしろその発現の場でしかない、という事実が露になる。

人間が言葉を選んで文章を作る、といったことは習いたての外国語を使用する場合のように例外的にしか生じない。我々にはヘレン・ケラーの「water」のような「最初の言葉」の体験はない。我々は言語の中に生み出され、気が付いた時には、言語を用いて生きている。意識にとって言語はアプリオリであり、言語「行為」それ自体が文の生成のトランセンデンタルな「主体」なのである。

人間が思考を生み出す無制約な自由な主体と考えるから、この宇宙の中に客観的な善悪の基準はなく、あらゆる行為を自由に選択することができる、という理路になる。しかし言語「行為」それ自体が主体であるとすれば、それは成り立たない。どの言語においても「〜をしなさい」、「〜をするな」のような命令文、「〜は良い」、「〜はいけない」のような行為を指示する規範文は、その体系の不可欠な部分である。子供にしてはいけないこと、してもよいことを伝えることは、言語の最も原初的な機能の一つである。しかしそれだけではなく、それよりも更に根本的に重要なのは、約束を守る、嘘を言わない、などという道徳規範の遵守が言語の成立の条件であるばかりか、言語において記号と指示対象の結びつきが恣意的であるために、意味論的に正しい用語の規範性はかえって絶対であり、文法の統語論の規則は意識すらされないほどに血肉化していることである。

道徳的虚無主義、無規範主義は虚構の自由な主体については成立しうるとしても、言語行為については成り立たない。というよりも、むしろ道徳的虚無主義、無規範主義が有意味に語られるためには、本質的に共同体のものである言語による相互行為が成り立つための言語の内的道徳、規範の存在が論理的に前提されるからである。「この宇宙の中に客観的な善悪の基準がなく、あらゆる行為を自由に選択することができる」という言葉が正しければ、事実として言語共同体が存在しえない、と主張するよりも以前に、この文が「この宇宙の中に客観的な善悪の基準がなく、あらゆる行為を自由に選択することができる」を意味し「卵から孵ったばかりの水棲のチワワの幼虫は二次元ではグレートデーンの好物であることをピタゴラスが対角線論法で証明した」といった意味で言われていないことを決定することがそもそもできない。人間が自由であるなら、いかなる語もいかなる意味で使われているかの確定ができない。本人に聞いてみても無駄である。説明する語の意味も同じようにどんな意味で使われているのか分からないし、そもそもその言葉が嘘でない保証がどこにもないからである。一応、前記の例では単語のレベルではその言語で意味をなす語を用い、統語論の規則は守っているが、「w□ sぢ7□□お.:□l0おr□tr7□ゆ□い.j□□」のような文字列で話された場合、読解の手掛かりすら見出すことは難しい。

共同体の言語行為には否定すれば「遂行的矛盾」に陥るために必ず前提しなくてはならない規範が存在すると論じ、討議の合理性を根拠づけたのがカール＝オットー・アーペルの超越論的遂行論である。著者は超越論的遂行論を原理的に支持するが、それは討議の「主体」を虚構の自由な個人の意識ではなく、共同体の言語行為そのものと考える限りにおいてである。言い換えれば、超越論的遂行論の有効性は、言語行為に限られるのであり、「拳で語り合うような」非言語的コミュニケーションの場では機能しない。また言語の先在性は反省的思考によって了解可能であるとはいえ、哲学的には確実性、明証性を持たないという限界がある。ラッセルの世界五分前創造仮説のような極端な考えを持たないまでも、心身二元論のデカルト的な自律的で自由な自我の概念の信奉者は現在も多く、超越論的遂行論はまだ「現実に」現代世界で議論のベースとして間主観的な合意は成立していない。特に日本では「超越論的遂行論」はドイツ現代哲学の研究者の狭いサークルの中でしか知られていない。また道徳的虚無主義者、無規範主義者に対して超越論的遂行論が議論のベースとならないことは言うまでもない。

そしてなによりも重要なのは反省的にいかなる自己像を持とうとも、その自己の当否にかかわらず、どの時点であれ意識にとってその時点における意識だけが意識にアプリオリに与えられたトランセンデンタルな明証性を有することである。そのトランセンデンタルな自己理解は長期的には修正可能であっても短期的に議論のその時点においては反証不能であり、意識の明証性を盾に自由な主体を価値の担い手とする方法論的個人主義に固執する者を論駁することは決してできない。

## 15. 世俗主義の共同主観的価値

現代世界を支配する世俗主義の共同主観的価値は、物質的な富と権力とその前提の生命と健康である。しかし今も昔と変わらずすべての人間にとって死が必然である以上、この世俗主義の共同主観的価値はこの宇宙を超えた存在への信仰の残滓が消滅すると共に消え去る運命にある。富も権力も生命も何の意味も価値もない束の間の泡沫にすぎないことが明らかになった時、人間には何ができるのか。富、権力、生命に執着しその追求に狂奔することで死から目を逸らして生きるのか。これがニヒリズムの現在のフェーズである。「無（Nichts）」が免れえない運命ならば、「それが自らが望んだことなのだ」と自分に信じ込ませ、「無」を意志する、本来の「虚無主義《ニヒリズム》」が次のフェーズとなろう。自分を、他人を、そして存在するものすべてを滅ぼし無に帰さしめることが自らの「望み」であるかのように振る舞う。二一世紀の人類はこのニヒリズムの様々な形の変奏を生きることになる。

整理しよう。現在世界の支配的イデオロギーは科学主義である。西欧であれ、中国文明圏であれ、イスラーム文明圏であれ、インド文明圏であれ、小中学校で共通して教えられているのは自然科学であり、宇宙は自然科学によって「客観的」に認識される、と信じられている。それは勿論、事実ではない。科学の進歩とは、それまでの科学が正しいと信じていたことの過ちの判明の繰り返しに他ならない。現実には一般的な「科学」などというものはなく、自然科学だけでも、物理、化学、医学、生物、地学、薬学、天文学など様々な個別科学があるだけである。そして新型コロナウイルス問題でも明らかな通り、それぞれの学問の内部でも論者によって言うことはばらばらであり、正否を言う以前に、その通説が何かさえ言えないことが珍しくない。科学が正しい、というのは、事後的にその時点で正しいと「証明」されたものだけを科学とみなすことによってのみなりたつ同義反復にすぎない。

科学主義はイデオロギーでしかなく、著者はこの科学主義の世界観は根本的に誤っていると考えるが、それは法学ではなく神学の主題となる。本稿では、イスラーム法を記述するにも、その媒体となる現代日本の学術用語が、世界には人間の主観とは独立に客観的事実が存在し科学がそれを明らかにするとの信憑が文明圏の相違を超えて広く共有されているのに対して、人間の行為規範や価値はそのような客観的存在ではなく主観的存在にすぎず「法」もそうした主観的存在にすぎないとの科学主義の世界観に親和的であることを指摘するにとどめる。

## 16. イスラーム法と超越論的遂行論

イスラーム法は、全知全能の創造主が使徒に下した啓典とこの宇宙を超えた最後の審判を本質的要素とする点において、この科学主義の世界観の西欧近代法の用語に還元して記述することには慎重でなければならない。しかし逆にその宗教性に幻惑されて、存在しない相違を読み込まないように気を付ける必要もある。啓示と理性を対立させるキリスト教神学の思考様式も誤解を招く。啓典クルアーンには、アラブ人が理解できるようにとアラブ人の使徒によって明白なアラビア語で啓示された、と明記されている。

クルアーンは啓示と理性を対立させない。というよりも、クルアーンのアラビア語にはギリシャ的な理性の概念は存在しない。クルアーン自体がクルアーンが「明白なアラビア語で（bi lisān ʿarabī mubīn）」（第26章第195節）啓示された「明白なクルアーン」であると述べている。イスラーム法の一番の特徴は文盲の農民や遊牧民の羊飼いやラクダ牽きでも誰にでも分かることである。クルアーンはムハンマドを文盲の預言者と呼ぶ。イエスは「災いなるかな法学者（γραμματεῖς：識字者、律法学者）。人々を天国から妨げる」（マタイ福音書第23章第13節）と述べているが、ムハンマドは法学者ではなく一介の商人であった。クルアーンは万人への救済の指針であり、学者にしか分からない専門用語ではなく誰にでも分かる言葉で語られているが、しかし法の内容が理解できることは、クルアーンの教えを聞いた者がそのすべてに納得することを意味しない。

　クルアーンは信ずる者にしか導きにならない。それは有限な知識しか持たない人間には何が自分にとって「良い（有益な）」ことかが分からないからである。「あなたがたには戦闘が書き定められたが、それをあなた方は嫌う。あなた方は自分たちに良いことを嫌うこともあれば、自分たちに悪いことを好むこともある。アッラーはご存知だがあなた方は知らないのである」（クルアーン第2章第216節）。

　イスラーム法が創造主アッラーによって定立された法であるとしても、イスラーム法におけるアッラーと人間の関係は絶対的なものではなく、クルアーンはそれがある特定の言語共同体を対象に与えられている時点で、超越論的遂行論の対象となる。つまり、イスラーム法もまた言語の統語論的規則、意味論的規則、語用論的規則に従わねばならず、語用論には嘘をつかない、約束を守る、といった道徳規則も含まれる。

　しかしクルアーンが超越論的遂行論の対象となるからといって、イスラーム法において立法者であるアッラーが特権的地位を占めないということにはならない。法が強制力の威嚇を伴う法規範である以上、法の妥当性を認めないが威嚇により法を守る者、法の妥当性を認めるが法を破る者などの存在は前提されている。彼らとは対話ではなく権力関係が結ばれる。

イスラーム教徒は、イスラーム法の妥当性を認めている者と仮定される。人間の内心を知る者は神だけである、と考えるイスラームは、キリスト教の告解のように信徒の信仰を査問する制度を持たない。イスラームを信じずイスラーム法の妥当性を認めないがイスラーム教徒のふりをしている者は「偽信者（ムナーフィク）」と呼ばれる。偽信者の存在は預言者ムハンマドがマディーナに後のイスラーム帝国の原型となる都市国家を築いて以来のイスラームの宿痾となるが、イスラームは偽信者をあぶりだす制度を発展させる代わりに、外面的にイスラーム教徒として振る舞っている限り、偽信者の内心の信仰は詮索してはならない、との慣習を確立させる。

## 17. イスラーム国際法

偽信者はイスラーム教徒として振る舞いながらイスラーム法の妥当性を認めない者だが、イスラーム法は、イスラーム法の妥当性を認めないことが当然である「市民」の存在を認めている。イスラーム教徒以外の庇護民である。イスラームを信じない庇護民は当然ながらイスラーム法の妥当性を認めない。庇護民はイスラーム法を守る義務はなく、カリフと庇護契約を結び契約を守ることで、家族法などを含む「宗教的」自治を保障され子々孫々にわたって永代居住権を与えられる。イスラーム教徒にとってのイスラーム法の妥当根拠がアッラーとその使徒への信仰であったのと異なり、庇護契約の妥当根拠は、イスラーム教徒と庇護民の間での約束である。つまりイスラーム法は内部に異教徒を抱えることによって、成立当初から、イスラーム教徒の間の信仰による基礎付けと非ムスリムとの約束による超越論的遂行論的基礎付けにより、二重に基礎づけられているのである。そしてダール・アル＝イスラーム内部で非イスラーム教徒との庇護契約を認めるイスラーム法は、ダール・アル＝イスラームの外、ダール・アル＝ハルブ（戦争の家）の異教徒との条約をも戦時国際法（スィヤル）として発展させた。非ムスリムとの契約も、イスラーム教徒にとっては、「ムスリムは契約に拘束される」とのハディースを法源とするが、相手方の非イスラーム教徒が何を根拠に契約を守るか、を問うことはない。言い換えれば、言語コミュニケーションの作動それ自体によって条約もまた超越論的遂行論的に基礎付けられるのである。

イスラーム戦時国際法はハナフィー派の大法学者シャイバーニー（八〇五年没）によって基礎を置かれたが、今日に至るまでイスラーム戦時国際法は一二〇〇年にわたって、非イスラーム教徒にイスラームの価値観を押し付けることも、イスラーム以外の文明、文化、民族、国家の価値観との「最大公約数」的なものを「普遍的価値」として抽出し、その上に「国際（宗教際）公法」のようなものを作ろうともしなかった。それは「客観的」な「普遍性」を持たない特定の時代の特定の地域の価値観にすぎないものを仲間内だけで「普遍的人権」などと名づけ、暴力的に他者に押し付ける西欧の法思想と顕著な対照をなしている。

既に述べた通り、対等で合理的な議論が成り立つ条件は、超越論的遂行論が前提とする意味論、統語論、語用論のような言語規則と、嘘をつかない、約束を守るという言語の内部道徳のみであり、それ以外のいかなる善悪、価値観も、個人の主観であり、それらの主観をめぐる議論は、主観を共有する共同体の内部、「仲間内」のもの以外は、強者による弱者への暴力を背景とした押し付けであり、あるいは利害打算による政治経済的バーゲニングによる妥協でしかない。

帝国主義の世紀一九世紀に、西欧は世界を支配し、その価値観を世界に強権的に押し付けた。領域国民国家システムである。しかし二〇世紀の二度にわたる世界大戦で西欧が自滅し二〇世紀の後半に西欧の植民地支配が終わり、中国、インド、ロシア、トルコなどのかつての文明圏の中核の世界帝国が復権しつつある現在、西欧と西欧の破産管財人であるアメリカにはもはや諸文明圏の価値観の相克、あるいは価値観の相克を装った利害対立を軍事的にも経済的にも政治外交的にも抑え込むだけの余力はない。

この文明の復興と帝国の再編の時代にあって、これまで価値観が異なる他者との「敵対的共存」の技法を発展させてきたイスラーム法が今こそ再評価されるべきだと著者は考える。といっても、イスラームの信仰を前提とするイスラーム法をそのまま現代世界に適用することはできない。そこで補助線として超越論的遂行論を用いることで問題を抽象化し整理することができる。超越論的遂行論は言語的コミュニケーションの場でしか機能せず、独我論者、哲学者、虚無主義者、無規範主義者に対しては議論を根拠づけることはできない。しかし、法人類学の対象となる無文字社会の法などを除く文字テキストを有する社会の法については、法が個人的な言語コミュニケーションではなく全体社会を対象とする共同体的言語行為であることが前提とされているため、超越論的遂行論による根拠づけが可能となる。

　イスラーム法は当初から法の支配が及ぶ共同体の内部に根本的に価値観を共有しない他者である庇護民や面従腹背の偽信者を抱えるだけではなく、法の支配が及ばない外部の価値観を異にするのみならず戦争状態にある敵との敵対的共存をも戦時国際法として組み込みながら、古典法学の確立期から数えても一〇世紀以上の歴史を持つ。イスラーム法の歴史は超越論的遂行論による法の根拠づけの豊富な実例を与える。結論を先取りするなら、イスラーム法を参照すると、価値観を異にする他者との敵対的共存を可能とする言語コミュニケーションの必要十分条件は、言語規則と嘘をつかない、約束を守るという言語の内部道徳だけであり、法の特徴はそれらの規則が守られなかった時に、対内的には刑罰、対外的には戦争による制裁が科されることにある。

　イスラーム法において、契約は公正で自由な合意による必要がある。しかし権力関係にある非ムスリムとの庇護契約は必ずしもそうではなく、生命財産は保障され一定の自治は認められるが、差別的待遇を受け「市民権」の一部は制限される。しかし一方で庇護契約はイスラーム教徒にとっては確定契約であり永久に取り消せないが、非イスラーム教徒側はいつでも契約を解除し財産を身に携えてダール・アル＝イスラームを退去することができる。

他方、イスラーム戦時国際法においては、休戦協定は通説では一〇年で恒久和平は認められていない。それゆえ休戦の条件は状況の変化、力関係の変化に応じて変わる。休戦協定はダール・アル＝イスラームと敵国との関係を定めるものであるため、ダール・アル＝イスラームのイスラーム教徒が従うイスラーム法には干渉することはない。またイスラーム法は、もともとダール・アル＝ハルブの非イスラーム教徒の内心には興味を持たないので、彼らの思想信条に干渉することもない。条件は両者の力関係によって決まり一〇年ごとに改定されるが、イスラーム教徒はイスラーム法に反する行為を条件づけることはできない。

思想信条は「流行」にすぎず急速に移ろいゆくものなので、客観的でないことは言うまでもなく共同主観的にも価値観を共有しない他者との敵対的共存においては、一切のイデオロギー的偽装を廃して、言語規則、虚言の禁止、約束の遵守という超越論的遂行論の形式的ルールのみを「国際法」の枠組みとし、具体的内容については弱肉強食の力関係を反映した利害対立の打算の妥協の結果であり「不公平で正義に悖る」ことを前提とし、一定の期限の後の改定を待つことで忍従される個々の協定の条項に任せることが、諸文明圏の復興とそれに伴う価値観の対立、帝国の再編の時代に相応しいと著者は考える。

国際関係は最終的には、総合的な力関係によって決まり、法学にできることは限られている。しかしイスラーム法の比較法学的分析に基づき、超越論的遂行論によって基礎づけられる最小限のルールに則る言語的コミュニケーションと、それもまた法の本質である非対称的な権力関係に基づく威嚇的要素を区別することで、どこまでが超越論的遂行論によって基礎づけられる共同主観的価値観に基づく合意で、どこからが「友好」、「和平」、「正義」、「平等」、「自由」のような外交辞令で偽装された利害の打算、権力関係の妥協の産物であり、そして何がいかなる言語コミュニケーションとも無縁な「生の暴力」であるのかを見極めることが法学者の務めであると著者は信じている。

## 18. イスラームの神（イラーフ）

ＡＩ（人工知能）が人類の知能を超える技術的特異点《シンギュラリティ》が仮に実現するとしても、それが技術的に人類全体に普及し人類の認知形態と生活様式が二一世紀の前半に劇的に変化する可能性はほとんどなく、今後三〇年にわたってイスラーム法を語るための語彙は本章で論じた科学主義の西欧近代的世界観が主流であり続けるであろう。既に述べたように科学主義は科学とは似て非なるもので、むしろ客観的な真偽を語りうる事実と主観的な価値や規範を峻別し、後者を扱う対象から排除する科学の精神とは真っ向から対立する語義矛盾である。科学主義は科学ではなく、神に成り代わろうとして善悪を知る知恵の実を食べて楽園を追放されたアダムとイブの原罪のようなものである。クルアーンは「自分の欲望を神とする者」（第45章第23節）と述べる。多神崇拝の一つの形態に自己神格化があるが、自己神格化とは何でも自分が好きなことをしているようで、実のところ欲望の奴隷になっているにすぎない。

日本語で「神」と訳されるアラビア語「イラーフ」は、日本語の「神」とは全く違い「マァブード（崇拝されるもの）」を意味する。イラーフとは何かの客観的な属性ではなく、対象との関係において決まる。人が崇拝する時、それはイラーフとなる。ただの木石も、人がそれを拝めばイラーフとなる。唯一神教であるイスラームは、「真のイラーフ」は全知全能の世界の創造主アッラーだけであり、行為の選択の自由を授けられている人間は、アッラー以外のいかなる被造物も神として崇めてはならないとする。木石であれ、太陽や星辰であれ、天使や人間であれ、民族や祖国であれ、名誉や欲望であれ、魔術や知識であれアッラー以外で崇められるものはすべて偽のイラーフであり、その崇拝の禁止がイスラームの根本教義である偶像崇拝の禁止である。

諸行無常は日本人も慣れ親しんだ思想であるが、万物は時の一点において無から生じ無に帰する。イスラームの教義では存在を属性《スィファ》付けられるものはアッラーだけであり、アッラー以外のあらゆるものにとって存在は非本質的な偶有《アラド》にすぎない。真実在《ウジュード・ハック》はアッラー唯一者であり、それ以外の被造物は唯一者アッラーの存在の顕現の仮象にすぎず固有の存在を持たない無にすぎない。これがイスラームの存在一性論《ワフダ・ウジュード》である。

既に述べたように、アラビア語において神《イラーフ》とは特定の性質によって定義されているのではなく、人間によって崇拝されることであらゆるものがイラーフとなる。イスラーム学によると、あらゆるものに存在を与える永遠の自存者である創造主アッラーだけが真のイラーフ、イラーフとされたそれ以外のすべてのものは偽のイラーフである。いかなるものであれアッラー以外の偽のイラーフを偶像として崇拝することは決して許されない多神崇拝《シルク》として厳禁される。

現代世界ではイスラーム教徒といっても絶対多数は名ばかりで誰もがリヴァイアサンとマモンの偶像崇拝者である。イスラーム学では、多神崇拝《シルク》は、現世でムスリム共同体から追放され最後の審判でも決して赦されず永遠の火獄の懲罰の裁定が下されるシルク・アクバル（大シルク）と、現世では法的にイスラーム教徒の身分を保持し最後の審判での裁定を待つシルク・アスガル（小シルク）に分ける。伝統イスラーム学は金銭欲、権力欲、名声欲などをこの小シルクに数えており、リヴァイアサンとマモンの偶像崇拝もこの小シルクである。

「神」の概念がイスラームとは根本的に違うキリスト教の文化的背景を有する近代西欧において、宗教は民主主義、自由主義、無神論、科学主義などと別のカテゴリーに分類される。しかし崇拝されるものを神《イラーフ》とみなすイスラームにおいて、人間の行為を統制する指針となる価値の体系はすべて宗教《ディーン》であり、モーセやイエスやムハンマドなどの創造主の教え以外はすべて多神崇拝《シルク》である。現代における法文化の中でイスラーム法を考える時、キリスト教、仏教、ヒンズー教といった宗教の外見にまどわされず、人道主義や科学主義などそれらの信仰の残滓も含めた様々な主義主張、政治経済的価値を、イデオロギー的偽装を剥ぎ取り、超越論的遂行論に則り価値中立的に分析する必要がある。

特に気を付けなければならないのは、合意の遵守は超越論的遂行論においても認められている根源的な規範であるが、権力関係が前提される法システムにおいては、合意は必ずしも公正であるとは限らない、ということである。それゆえ国際関係における条約が、利害打算による妥協にすぎず、イスラーム戦時国際法のように常により公正な改定に向けて開かれている時限契約であることが重要である。

## 19. 未来のイスラーム法

他にここでは、近代西欧法とイスラーム法との根本的な相違として、法人概念と代表概念の不在の二点だけを挙げておこう。全知全能の創造主による最後の審判にその妥当性の根拠を持つイスラーム法には、最後の審判によって裁かれることがない法人の存在の余地はない。生身の身体を持つ自然人だけがイスラーム法の主体となりうる。イスラーム法において条約を締結するのはカリフであり、カリフはムスリムが服従すべき指導者であるがムスリムの代表ではない。イスラーム法には代表概念はないが、代理《ワキール》の概念は存在する。誰にも自分以外の他人の意志、意見を代表することはできない。しかし特定の行為を任せる代理を選ぶことはできる。

合意の擬制によって正当化できるのは、自分が自発的に選んだ代理人に委託した行為までであり、それ以外は権力による強制と服従の関係である。自分が作ったのでもない制度で自分が選んだのでもない誰だかも知らない人間（議員）によって何時決められたのかも、どこに発表されているのかも、どんな内容かも知らない法令に人が従うことを正当化するのは、代表によって表現された主権者の合意を守る義務ではなく、権力には逆らえない、という力の論理でしかない。人は人間であれ人を動かす偶像の空名であれ、自分の考えを委ねることはできず、ただ独り自分の能力の及ぶ範囲における責任だけを負う。イスラーム法を理解することと、「法人」や「代表」のような虚偽の概念から解放され、「主権」、「人権」、「民主」、「自律」などの建前の粉飾を剝ぎ取り、人間が本来負うべき「行為責任能力」に基づく法的責任と、無力により忍従を強いられる服従を区別し、人間と世界の真実を直視することとは一つなのである。

人類は現時点ではまだ過去の宗教の遺産であるこの宇宙を超えた超越的なものへの信念を食い潰すことで、民主主義、自由主義、社会主義、科学主義、功利主義、国家主義、拝金主義などの様々なイデオロギーを正当化する主観的な価値観の一定のリアリティーを維持している。この時代においては、超越的遂行論によって再解釈されたイスラーム法は、文明圏、帝国間の価値観を異にする他者の敵対的共存のモデルとなりうる。

五感で認識できるものだけにしか客観的実在性を認めない物質主義的世界観は、それらの物質はすべて永遠の時の中で一瞬のみ仮象し無に帰する以上、虚無主義《ニヒリズム》に陥るしかない。そして世界的な世俗化の進行、「無神論」、「無宗教」の増大と伝統宗教の形骸化による超越者への信仰の残滓の消滅と共に、ニヒリズムが全面的に開花し、既に客観的実在性の信憑を失っていた主観的価値までもが否定されることになる。善悪の実在を否定し、健全な言語コミュニケーションの成立条件であるような超越論的遂行論の最小限の言語規則と虚言の禁止と約束の遵守という言語の内部道徳を含むいかなる倫理にも拘束されず、むしろ「無」そのものを望むフロイトが仮定しタナトスと名付けたようなニヒリズムの最終形態に対しては、言語コミュニケーションの一部である法の学問である法学はもはや無力であり、この世界を超えたものへの探求である形而上学の革新が必要とされる。

## 20. 終わりに

著者は西欧近代科学的世界観が少なくとも今後三〇年にわたっては主流であり続けると信ずるが、それが不変の真理であるとは考えない。二一世紀後半の虚無主義《ニヒリズム》の処方箋となる新たな形而上学を生み出すための物質主義的な西欧近代科学的世界観の見直しは、すべての存在（Sein）者の世界の唯一の創造者であると同時に当為（Sollen）の世界の価値定立者でもある真実在のみを崇拝すべき対象である真の神《イラーフ》とし、真実在の仮象であり本質的に「無」にすぎないあらゆる被造物をイラーフとして崇拝することを許し難い「多神崇拝《シルク》」として断罪してきたイスラーム神学の仕事となる。

ヤ行



ラ行



ワ行



索引および註の参考文献

al-Ziriklī, Khayr al-Dīn, *al-A'lām: Qāmūs Tarājim li-ashhar al-Rijāl wa al-Nisā' min al-'Arab wa al-Musta'ribīn wa al-Mustashuriqīn*, 7 vols., Beirut, 2002.
Kaḥḥāla, 'Umar Riḍā, *Mu'jam al-Mu'allifīn: Tarājim Muṣannifī al-Kutub al-'Arabī*, 4 vols., Beirut, 1993.
al-Zuḥaylī, Wahbah, *al-Fiqh al-Islāmī wa Adillatu-hu*, vol.1, Damasqus, 2014.
al-Zuḥaylī, Muḥammad, *Marji' al-'Ulūm al-Islāmīyah*, Damasqus, n.d..
イブン・イスハーク『預言者ムハンマド伝』全 4 巻、イブン・ヒシャーム編註、後藤明・医王秀行・高田康一・高野太輔訳、岩波書店、2010–2012 年。
イブン・タイミーヤ『シャリーアによる統治――イスラーム政治論』湯川武・中田考訳、日本サウディアラビア協会、1991 年。
菊地達也『イスラーム教 「異端」と「正統」の思想史』講談社選書メチエ、2009 年。
小杉泰『イスラーム 文明と国家の形成』京都大学学術出版会、2011 年。
佐藤次高『マムルーク――異教の世界からきたイスラムの支配者たち』東京大学出版会、1991 年／新装版 2013 年。
中田考『イスラーム法の存立構造――ハンバリー派フィクフ神事編』ナカニシヤ出版、2003 年。
フィリップ・K・ヒッティ『アラブの歴史』上下巻、岩永博訳、講談社学術文庫、1982–1983 年。
『岩波イスラーム辞典』大塚和夫ほか編、岩波書店、2002 年。

制作：下村佳州紀

カ行



サ行



ナ行



ハ行



マ行

# 索引

ア行

**中田考**（なかた・こう）
一九六〇年生まれ。一九八四年、東京大学文学部卒業。一九八六年、東京大学大学院人文科学研究科修士課程修了。一九九二年、カイロ大学大学院文学部哲学科博士課程修了（博士号取得）。一九九二年、在サウディアラビア日本国大使館専門調査員。一九九五年、山口大学教育学部助教授。二〇〇三年、同志社大学神学部教授。現在イブン・ハルドゥーン大学（トルコ）客員教授。クルアーン釈義免状取得、ハナフィー派法学修学免状取得。
主要著書に『イスラームの論理』（筑摩書房、二〇一六年）、『帝国の復興と啓蒙の未来』（太田出版、二〇一七年）ほか多数。共著書に『ハサン中田考のマンガでわかるイスラーム入門』（サイゾー、二〇二〇年）。監修に『日亜対訳クルアーン』（作品社、二〇一四年）。また、ライトノベルにも挑戦しており、作品に『俺の妹がカリフなわけがない！』（晶文社、二〇二〇年）がある。

**増補新版　イスラーム法とは何か？**

二〇二一年二月一五日　第一刷印刷
二〇二一年二月二五日　第一刷発行

著　者　中田考
発行者　和田肇
発行所　株式会社作品社
〒一〇二-〇〇七二　東京都千代田区飯田橋二-七-四
電話　〇三-三二六二-九七五三
ファクス　〇三-三二六二-九七五七
振替口座　〇〇一六〇-三-二七一八三
ウェブサイト　http://www.sakuhinsha.com

編集協力　黎明イスラーム学術・文化振興会
本文組版　大友哲郎
装　丁　伊勢功治
印刷・製本　シナノ印刷株式会社

ISBN978-4-86182-842-3　C0014